丛书主编　诸大建　　绿色发展文丛

Enough is Enough
Building a Sustainable Economy in a World of Finite Resources

适度经济

在有限资源的世界里构建可持续经济

［美］罗伯·迪茨（Rob Dietz）
［加］丹·奥尼尔（Dan O'Neill）　著

曹莉萍　译

上海科技教育出版社

图书在版编目(CIP)数据

适度经济:在有限资源的世界里构建可持续经济 /(美)罗伯·迪茨(Rob Dietz),(加)丹·奥尼尔(Dan O'Neill)著;曹莉萍译. -- 上海:上海科技教育出版社,2024.12. -- (绿色发展文丛). -- ISBN 978-7-5428-8280-6

Ⅰ. F061.3

中国国家版本馆CIP数据核字第202490HQ64号

丛 书 总 序

第三个里程碑的思想经典

可持续发展战略的发生、发展,在世界上有3个里程碑式事件。第一个是1972年在瑞典斯德哥尔摩举行的联合国人类环境会议,第二个是1992年在巴西里约热内卢举行的联合国环境与发展大会,第三个是2012年在巴西里约热内卢举行的联合国可持续发展峰会(又称"里约+20"峰会)。

每个里程碑的时间相差20年,这期间出现了一批各具代表性的绿色经典著作,累积形成了可持续发展的思想宝库。20世纪90年代,北京大学吴国盛教授牵头在吉林人民出版社出版了第一个里程碑时代的一些绿色经典著作,包括《只有一个地球》(1972)、《增长的极限》(1972)、《我们共同的未来》(1987)等。21世纪初,由我主持在上海译文出版社出版了第二个里程碑时代的一些绿色经典著作,包括《超越极限》(1992)、《商业生态学》(1994)、《超越增长》(1996)等。在上海科技教育出版社支持下,策划出版这套"绿色发展文丛",是要介绍第三个里程碑时代的一些绿色经典著作。

在过去的50年中,可持续发展的思想是不断深化的。如果说1972年第一个里程碑提出了经济社会发展需要加强生态环境保护的问题,1992年第二个里程碑强调了要用可持续发展整合环境与发展的思想,那么2012年第三个里程碑以来的思想进展,主要表现在对可持续发展的认识需要从弱可持续性向强可持续性进行升华,大的趋势可以概括为如下5个方面:

第一,可持续发展思想需要区分强与弱。可持续发展的基本问题在于一种选择,即主张没有地球生态物理极限的经济增长,还是追求地球生态物理极限之内的经济社会繁荣。强调前者是弱可持续性观点,强调后者是强可持续性观点。过去10年间的科学研究,发现地球上的9个生态物理边界已经有4个被人类活动突破,其中最典型的就是全球气候变化和生物多样性问题,这证明自然资本与物质资本之间具有重要的不可替代性和互补性。学术界提出了人类世的强可持续性概念,强调人类发展需要在地球生物物理极限内实现经济社会繁荣。

第二,可持续发展要求从技术优化向系统创新迈进。绿色发展通常有两条路线:一条是路径依赖的技术优化和效率改进路线,不涉及科学技术和经济社会的系统变革;另一条是非线性、颠覆性的系统创新路线,要求通过经济社会发展模式变革来大幅提升资源生产率。在经济社会发展存在生态环境红线的背景下,人类社会的可持续发展需要强调颠覆性的系统创新,而非普通的技术优化。联合国通过的《巴黎气候变化协定》,实质就是非线性的系统创新和社会变革,人类发展要变换跑道,在30~50年的时间里用新能源替代化石能源,最终实现碳中和。

第三,可持续性导向的转型需要有不同的模式。与传统增长主义的A模式有别,可持续发展导向的社会转型,理论上需要区分两种模式:一种是发达国家的先过增长(overgrowth)后退回模式,国际上称之为B模式或减增长(degrowth)模式,即发达国家的物质消耗足迹已经大大超过了地球的行星边界,需要在不减少经济、社会福祉的前提下将其降回到生态门槛之内;另一种是发展中国家的聪明增长(smart growth)模式,即发展中国家的当务之急是提高人民的生活水平和生活质量,但要利用后发优势使物质消耗足迹不超过生态承载能力,这是我们做可持续发展研究时强调的C模式。

第四,文化建设需要独立出来,发挥软实力作用。联合国"里约+20"峰会和2015—2030年全球可持续发展目标(SDGs),强调可持续发展战略包括经济、社会、环境和治理4个支柱。近年来越来越多的研究认识到,文化建设需要从社会建设中独立出来,强化成为具有黏合性和渗透性的可持续发展的软实力:一方面起到整合物质资本、人力资本、自然资本3种发展资本的作用;另一方面起到协调政府机制、市场机制和社会机制3个治理机制的作用。"五位一体"的中国式现代化包括经济建设、政治建设、文化建设、社会建设和生态文明建设5个方面,已经强调了文化建设是可持续发展的重要独立维度。

第五,可持续发展需要发展可持续性科学。可持续发展的推进和深化需要理论思维,而可持续性科学正是有关可持续发展的学理研究。过去10年来的研究进展,充分认识到没有可持续性科学指导的可持续发展实践是盲目的,没有可持续发展实践作为基础的可持续性科学是空洞的。可持续性科学的发展,不是单个学科所能承担的,也不能变成各个学科的大杂烩,而应定位为不同学科面对共同问题去创造可以共享的元概念和元方法,各个学科需要在整合性的范式之下各显身手去研究可持续发展的具体问题。可持续性科学的发展趋势,是超越多学科(multi-)和交叉学科(inter-)的研究现状,走向跨学科(trans-)的知识集成和整合,发展具有范式变革意义的崭新本体论、价值观和方法论。

2019年6月,习近平主席在第23届圣彼得堡国际经济论坛全会致辞时指出,可持续发展是破解当前全球性问题的"金钥匙"。可持续发展是在联合国大会上一致举手通过的发展理念和全世界认同的国际通用语言,中国生态文明和中国式现代化的实践是当今世界上最大的可持续发展实验室。出版这套丛书,我们希望有助于社会各界特别是决策者、企业家和研究者去了解可持续发展第三个里程碑以来出现的一系列新思想、新理念,在中国式现代化与可持续发展之间加强对话,进而能够运用中国故事和中国思想加速国际上可持续发展的深入推进。

"绿色发展文丛"主编　诸大建
2019年7月于同济大学

序

长久以来,我一直想就"适度"(enough)主题写本书,但终究未能实现。现在这已经没必要了,因为迪茨和奥尼尔这两位学者完成了这项工作,而且他们思考与写作的方式比我更清晰易懂。因此,能够为他们这本书作序,我特别高兴,在我看来这可以表达我对他们所做贡献的重视程度。

"适度"(足够)本就应该成为经济学的核心概念,它意味着"足以(sufficient)过上美好的生活"。这便带出了一个永恒的哲学问题——什么才是美好的生活?这个问题并不能轻易作答,但至少我们目前可以说肯定地说,把"多多益善"(having ever more)当成答案肯定是错误的。为了适度拥有而努力工作并付出某些牺牲是值得的;但若是为了满足过度的需求而超负荷工作,那就是在干蠢事了。至于在索求无度的情况下又自己不肯努力反而靠对别人的剥削,更是一种道德败坏的恶事。适度生活与分享密切相关,但后者这种美德如今却常被视为"阶层之争"。然而,不同阶层间的矛盾之源并非分享,而是受"促进增长"名义掩护的精英阶层的贪婪,因为他们几乎攫取了增长带来的所有利益,对他们来说要"分享"的仅仅是成本罢了。

"适度"可以理解为希伯来神话中吗哪(manna)那样的故事主题。如同晨露凝于草叶,每日的天赐食粮足够当天填饱肚子。但人们如果不满足于饱腹而想要更多,于是把食物囤积起来,那么它们就会变质为垃圾。因此,上天的赏赐已经足量分装并分享给每个人了——之后这一信念在祷词"请赐予我们每日份的食粮"中得以强化。不需要乞求为余生囤积更多的食粮或者拥有多余的"食粮"去买自己觊觎的奢侈品,其实我们只需要适量的面包,便足以维持生计并享受生命本身所带来的完整惠赠。

《出埃及记》中的这个吗哪故事与生态经济学先驱、诺贝尔化学奖得主索迪(F. Soddy)的思想有异曲同工之妙。索迪经观察后发现人类的生存依赖当下阳光的收益(revenue),植物在适宜的土壤和水分条件下将每日阳光中的能量收集起来,存储、积累在体内。但与吗哪不同的是,有一部分太阳能已经在漫长的地质年代中通过地质运动过程存储、积累在地下。我们以铺张浪费的方式大肆挥霍这笔化石能源财富,其结果可谓喜忧参半。如今,我们开始试图积累太阳能收入(income)的盈余(surplus),以便兑换永久留置(lien)未来太阳能收入的权利。然后,我们指望着可以将盈余转化为按复利记账的银行债务。但是,基于未来太阳能的收益(也就是银行债务针对的留置权)根本无法维持数学意义上的指数型增长,结果导致债务违约、经济萧条。

对荒野求生的希伯来人而言,适度适量是预设在吗哪经济内部的一项固有特征。但我们的经济体系中并没有这种自动调控机制。因此,我们必须意识到"适度"这一概念的价值,并将其纳入我们的经济制度和文化。让我们感谢迪茨和奥尼尔,在他们的帮助下这一点得以实现。

赫尔曼·戴利(Herman Daly)

马里兰大学公共政策学院荣休教授

前　言

数据并不沉默：

- 地球上有70亿人，*其中27亿人每天的生活支出不到2美元。
- 大气二氧化碳浓度已达到394 ppm，**威胁着全球气候的稳定。
- 美国有15万亿美元的公共债务，***这个深不可测的"大坑"要由下一代来填。
- 成年人中最富有的2%占据了全世界家庭财富（household wealth）的一半以上。
- 全球的海洋中出现了400个毫无生命迹象的区域，其中位于墨西哥湾的"死区"（dead zone）面积几乎可以覆盖整个新泽西州。

这些数字的背后是真实世界里活生生的人，他们陷入了实实在在的大麻烦，可谓水深火热。也许最重要的数字正是一个大写的"壹"——我们只有一颗共同的蓝绿色星球，不得不共享有限的资源。

但我们要如何共享这颗星球，并为所有人提供高质量生活呢？风行全

---

* 2022年11月15日，联合国宣布世界人口在当天已达到80亿。本书脚注均为译者注。

** 全球变化科学中普遍使用ppm作为二氧化碳浓度单位，意为百万分之一。世界气象组织（WMO）2023年的报告显示，2022年大气二氧化碳浓度的全球均值已达417.9±0.2 ppm。

*** 根据美国财政部数据，2023年底美国政府债务总额已突破34万亿美元，按美国人口3.36亿来计算，相当于每个美国人负债10万美元以上。

世界的正统经济学理念（economic orthodoxy）已经无法与时俱进地应对这项挑战了。从加拿大到智利，从美国到阿拉伯联合酋长国，从瑞士到斯威士兰王国，从正统经济学核心观点中产生的经济战略正让全世界所有国家都陷入困境。这种战略指导人们永无止境地追求经济增长，已经变得机能失调。随着时光一天天飞逝，我们正在亲眼见证越来越多的**不经济**（uneconomic）增长——即成本超过其价值的增长。一种经济体系在生产和消费上追求**持久不断**的永恒增长，换言之总是在追求"更多"，那它显然不可能实现长久的繁荣。

我们全人类必须拿出更好的行动方案，并且最好尽快落实。我们要找到方法来扭转我们自身引发的气候变化，并阻止人类的灭绝危机。与此同时，我们必须从根本上消除贫困以及横亘在贫富群体之间的鸿沟。是时候了，人类现在应该将目标从追求"更多"的迷狂转变到符合伦理的"适度"上来，去接受经济增长存在极限，然后建立一种既能满足人类需求又不会破坏地球生命支持系统的经济体系。好消息是"创建在生态意义上健全的经济体系"这一思想已经在全世界如雨后春笋般涌现。事实上，本书的写作动机正是希望将这些涌现的思想加以整合，一并呈现给读者。

《适度经济》的写作构想是提供一套政策集合，这些政策旨在实现一种繁荣但不再增长的经济体系（也被称为"稳态经济"，steady-state economy）。本书概述了一种计划，用以解决前述数据所描述的各类社会与环境问题。此类计划显然不可能仅仅出自一两个人的头脑。事实上，前述信息大多来自2010年夏英国利兹大学召开的重要大会中的各场演示报告、研讨会以及会后交流。这次稳态经济大会的参与者提出了丰富的想法，这些想法构成了本书的核心。此次会议集中讨论的棘手问题是如何建立一个更好的经济体系，应大会要求，与会者给出了众多可行方案。

要搞清如何改变经济学范式，使经济发展目标从"更多"转变为"适度"，这项任务令人充满期待。如果我们能够运用自身所掌握的专业知识与技能，成功地改造现有的经济制度，那么我们将开启一个康复进程——治愈退化的生态系统,修复邻里关系(从人与人之间到国与国之间),为被当前经济体系抛弃、遗忘的人群改善生活。历史学家将会把这样的康复实践视为一个转折点,一项由人类共享的独一无二的非凡成就。

罗伯·迪茨
丹·奥尼尔

请读者注意:本书为合著,但书中经常采用"我"字,在这种情况下该代词通常指代的是作者之一迪茨。这种第一人称写法有助于更简明易懂地描述概念。

目 录

001 — **第一编 适度问题**

003 — 第一章 你受够了吗?

015 — 第二章 为什么要以"适度"为目标?

032 — 第三章 多少算够?

045 — 第四章 哪种经济系统能够提供"适度"模式?

059 — **第二编 适度的策略**

061 — 第五章 吞吐量已经够多了
　　　　　　——限制资源的使用和废弃物的产生

073 — 第六章 人已经够多了
　　　　　　——稳定人口规模

087 — 第七章 不平等已经够严重了
　　　　　　——配置收入和财富

100 — 第八章 债务已经够多了
　　　　　　——改革货币金融体系

115 — 第九章 误判失算已经够多了
　　　　　　——改变我们衡量进步的方法

129 — 第十章 失业率已经够高了
　　　　　　——保障有意义的工作

142 — 第十一章 "一切照旧"情景已经让人受够了
　　　　　　　——重新思考商业模式

161 — 第三编　推进适度经济

163 — 第十二章　物质主义已经让人受够了
　　　　　　　——改变消费者行为

173 — 第十三章　沉默已经够久了
　　　　　　　——推动政界和媒体参与

184 — 第十四章　单边主义已经让人受够了
　　　　　　　——改变国家目标，提升国际合作

197 — 第十五章　时不我待，无须再等
　　　　　　　——采取行动，开始转型

212 — 注　释

244 — 汉英人名对照表

248 — 致　谢

250 — 作者生平

第一编

适度问题

第一章

你受够了吗? *

故知足之足常足矣。**

——老子(公元前6世纪)***

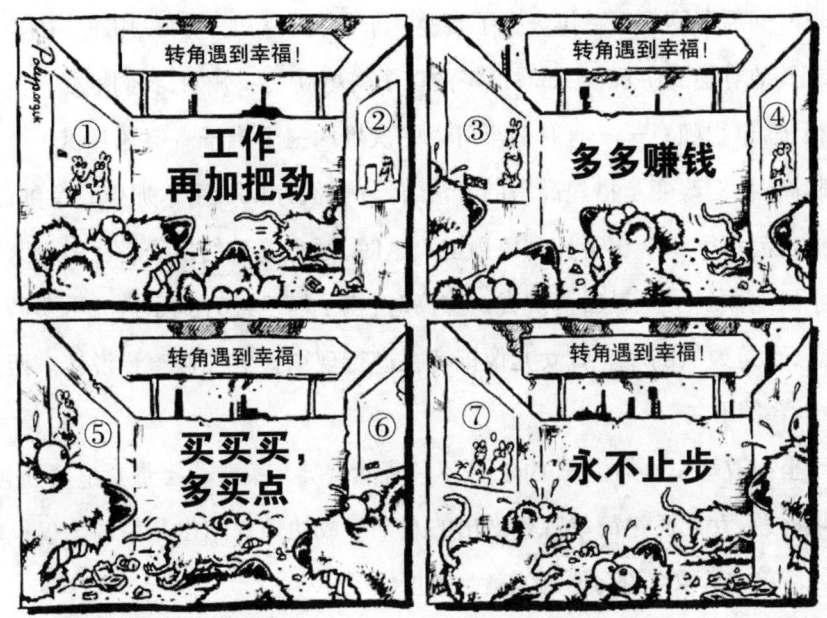

① 更光滑,更亲近
② 品尝心满意足的滋味
③ 快人一步,保持领先
④ 爽滑如真丝,柔顺如奶油
⑤ 最性感的辣妹鼠
⑥ 宠溺自己,尽享奢华
⑦ 逃离尘器

* 章名原文为"Have you had enough?",其和书名"Enough is enough"一样,同时具有较为平和的"君知足否"与更接近于质问与控诉的"你受够了吗"两层含义。由于章首引用的《老子》原文已点出"知足",故将章译为"你受够了吗?",与后续部分章名中的"够了"形成照应。

** 出自老子《道德经》第四十六章,原作者将本句英译为:A person who knows that enough is enough will always have enough.

*** 一般认为老子生于公元前6世纪上半叶,逝世于公元前5世纪上半叶。

为了解决社会与环境领域交叠纠结的全球性难题而去跳棋里寻找洞见，这恐怕是缘木求鱼，至少我曾经是这么想的。在某场特定的跳棋对弈中，我的对手以一系列鲁莽的移动开局，使一个又一个棋子陷入险境。当我跳出第一步并吃掉对面的一个棋子时，突然陷入了疑惑：我是否被诱进预先设好的陷阱里了？旋即疑惑自解，毕竟我的对手只有5岁。

我是在和自家女儿玩跳棋。她刚从幼儿园放学回家，我便凭借自身有限的跳棋技巧给她辅导博弈策略。她的跳棋策略表现出稳步提升，但玩了一段时间后我俩都对跳棋失去了兴趣。于是我们发现也可以用跳棋的棋子改玩其他有趣的游戏，比如看谁搭的棋子塔更高。一开始，我们堆棋子的速度很快，也很随意——有时甚至可以一次堆两三个棋子。但随着棋子塔越堆越高，我们改变了搭建高塔的方法，像外科医疗队做手术那样轻拿细放，我俩轮流将一个个棋子加到塔顶上。这时，原本笔直的棋子塔已经令人惴惴不安地倾斜了。最后一次尝试加高时，棋子塔已经升到了避无可避的引爆点，于是轰然倒塌。我女儿像记者在进行现场报道那样解释说："东西太大，就会倒下。"*

坐在散落一地的棋子中间，我不禁哑然失笑。关于人类最紧迫的社会、环境问题，女儿通过简单观察得出的八个字成功地总结出其根源。仅仅从问题清单中选取一部分听起来就足够严峻了：

- 温室气体排放正在破坏全球气候的稳定。
- 数十亿人正生活在贫困中，他们每天都要为满足自身的基本需求而全力挣扎。
- 森林、草原、沼泽、海洋和其他野生地域正在退化，且退化的程度已经导致地球在经历物种灭绝危机。
- 各国政府债台高筑，全球金融体系在毁灭的边缘摇摇欲坠。

---

* 此处有讽刺资本主义市场金融危机中"大而不倒"（too big to fall，指公司或其他金融机构规模太大以致政府不能任其倒闭必须挽救）概念之意。

人们迫切希望解决上述问题,但大多数人却忽视了其根本原因:我们的经济已经增长得过于庞大了。这座经济"高塔"正在因为自身的体量面临坍塌的威胁;除此之外,庞大的经济体量还威胁到整个"棋盘"的完好(integrity)和局中人的福利。对作为容器的广义社会、生态系统来说,这样的经济体量简直大得太过分了。

这是对经济增长的强烈控诉,而这种控诉还得到了对环境和社会系统进行的科学研究的证据支持(见下一章)。研究证据表明,对更大经济体量的追求正在侵蚀地球的生命支持系统,而且并未改善我们的境况——可以肯定,局势相当严峻。但让问题变得更加严重的是:我们缺乏行之有效的应对措施。目前在学校课堂、公司董事会和新闻媒体发布会上传播的种种计划,无非都是在维持向棋堆上继续摞棋子的操作罢了。

追求"更多"的经济模型在环境和社会研究领域都失效了,然而实际上几乎每个人都仍在为其加油欢呼……如此情势压得你恨不得爬上最高的楼顶,然后大喊一声"**够了!**"

这类呐喊表达出我们面对看似棘手的环境和社会问题的深深挫败感,但其实呐喊本身也承载着这些问题的基本解决方案。*当经济系统中的生产和消费能"适可而止"(stop at enough),而非无止尽地追求"更多",我们就可以恢复环境健康,同时实现广泛的人类福祉。这个好消息是如此充满希望,简直令人难以置信,但它也会因此引出各种问题。例如,适度的经济看起来会是什么样子?适度的经济体系需要建立哪些新机构?在新的经济体系中我们如何保障就业岗位?本书试图通过构建"**适度经济**"(economy of enough)的蓝图并提供详尽的政策和策略,推动从"**贪多经济**"(economy of more)向适度经济转型。

在深入阐释为什么适度经济比贪多经济更可取这一问题(见第二章)之

---

* 这是因为单词enough同时涵盖了感性的呐喊"(受)够了"和理性的经济概念"适度"两层含义。

前,我们有必要先从常识视角直接思考这个问题——甚至很可能从幼儿园小朋友叠棋子的智慧中就可以总结出该问题的答案。当你的所有物并不充足时,拥有"更多"自然是件好事,正所谓韩信将兵,多多益善(the more the better)。比方说,如果你找不到够吃的,那对你来说食物当然是越多越好。如果闹钟响起时你还没睡够,那么你的身体本能反应就是按下贪睡按钮,再多睡几分钟感觉更棒。如果你一向不曾好好学习,应考时总是临时抱佛脚,那么平日里多花些时间在啃书本上对你来说肯定是有用的。但是,当你已经拥有足够多的东西时又会如何呢?饮食过量会导致肥胖;睡眠时间过长也会被定为疾病;在学习上投入太多时间则可能意味着错过生活中的其他妙事。因此,"更多"在不同条件下既可能意味着对我们有益,也可能意味着有害,但"适度"只意味着一种情况,那就是数量正好,不多也不少。

人们常常忽视"更多"与"适度"之间的关系,尤其是在处理经济事务时。为此我花费了很多时间在诸多事物间连点成图(dot-connecting),甚至通过一些自剖内省才得到领悟。我对于两者关系的理解之路始于多年前的一处奇异之地。

还是个孩子时,我住在佐治亚州亚特兰大市的郊区。住所的卧室墙上贴着张海报,里面的远景是海边悬崖上的华丽豪宅。黄昏时分,天空沐浴在柔和的橙色霞光中,一条步道从大厦出发蜿蜒而下,通往大型车库,这一画面占据了海报的整个前景。车库的拱门里有五辆豪车(一辆保时捷、一辆法拉利、一辆奔驰、一辆宝马以及另外一辆我已经记不清品牌的豪华跑车),车身被尾灯照亮,显得十分醒目。海报顶端书写着潦草的标语:"高等教育的正当性"。

这张海报最奇怪之处就是我找不出一点奇怪的地方。文化——当时我所属的文化——的主体便是对事物的"拥有"观念,而且多多益善。期望拥有一座豪宅和一两辆高价轿车,这成了人们上大学的正当理由。我那杂乱的壁橱(就在海报旁边)为这种文化观念提供了进一步的佐证。整个壁橱的隔层里满是魔方类解谜玩具、星球大战人偶还有圣诞节用过的塑料幽灵。我就像一条鱼活在消费文化的水里，一天到晚游来游去，却完全没有意识到文化本身的存在。这种文化重视对物品的拥有和消费，认为其价值远超物品的制作、形成与联系，它与贪多经济堪称携手并肩、紧密相连。

有一天，我终于下定决心要打扫房间。当时我盯着乱七八糟的壁橱，突然间灵光一闪，我意识到自己从这些东西里获取的快乐少得可怜。它们给我带来的新鲜感已经消失，而我为了做其他事情——其他任何一件事情——都不得不花时间将其整理到一边！我最终采取了明智之举——把它们送人，那时我备感轻松与自由。我觉得自己好像已经受够了，同时又因为明白了何谓"知足"而感到全新的满足。

几年以后，我考上了大学，主修环境研究。但由于担心毕业后求职所得岗位的薪水不够高，不足以证明"高等教育的正当性"，我同时还修了经济学学位。说真的，我当时一心希望能将两个领域的课业结合起来——使用经济学工具来解决环境问题，诸如气候变化、水质和空气质量的退化、持久性毒物和土壤生产力的丧失。这些问题被舒马赫（E. F. Schumacher）称为"发散性问题"（divergent problems）[1]，意思是（由于同其他事物的普遍联系）你不可能仅仅在系统中进行几次微调（tweaks）就试图一夜之间解决问题。

相比之下，经济学的学术规程似乎掩盖了这些环境问题的存在，它们几乎从未在经济讨论中被提及，而相关的社会议题如贫困和不平等得到的关注也只能说聊胜于无。得到切实讨论的问题，如怎样预测商品未来的价格并消解商业周期的起伏，采用的大多是循序渐进式"处方"。理论上你的确可以通过若干系统微调（以及某些几乎无法理解的数学方法）来解决这些问题。

因为试图用经济学方案去解决环境问题，无论是在学术界的圈内还是圈外，我都曾经历一段艰难时期。毋庸讳言，有些错误确实应归咎于从业者自身，但我还是发现经济学（至少是我正在学习的这种经济学）理论在处理发散性问题方面存在能力不足现象。我并不想过分苛责经济学方法。这门学科无疑为分析尘世纷扰(worldly matters)*提供了若干有用工具和有益方法,但当我试图将其教诲用于实践时,却每每遭遇失败。

研究受挫时,找到全新的视角是大有裨益的。农民作家兼活动家贝里(W. Berry)对如何实现这点提出了一个优秀建议。他坚持认为重大问题不可能靠在远方高谈阔论得到解决,你必须亲临现场观察。贝里曰:"只有在出问题的地方我们才能找到它的解决方法。"² 我后来去美国鱼类和野生动物管理局(FWS)** 工作时有幸听到贝里的这一建议。此间风景教会了我关于"适度"的一些要事。

美国新墨西哥州中部的阿帕奇(Bosque del Apache)*** 野生动物保护区风景宜人。冬日清晨,太阳从沙漠中的圣帕斯夸尔(San Pascual)山脉升起,照亮了里奥格兰德(Rio Grande)河沿岸的沼泽,成千上万的水鸟飞向天空。成群的雪雁和沙丘鹤形成了一幅十分壮观的景象,而大量手持望远镜的鸟类爱好者也很壮观。这些年来,游客遇到的野生动物能达到这等规模,可是相当罕见的事了。

此情此景对游客来说,可谓令人赞叹的神奇体验。但在某种程度上,他们其实是被骗了。鸟儿之所以成群结队飞来,是因为这里有它们需要的食物和其他资源,而鸟类栖息地所提供的这些资源并非天然,而是由尽心尽责的保护区工作人员有针对性地为鸟类准备的。要知道,里奥格兰德河作为保护区的核心自然资源早已失去了提供生态系统服务的天然功能,取而代之的功能是被人们用于修建水坝或改道用于灌溉。曾经能为鸟类提供食物的生态系统服务依靠的自然现象是河道泛洪,它已经无法恢复历史上的发生规模和频次了。因此,保护区的管理人员、生物学家和其他工作人员想方设法围绕保护区的水体和土地开展工作,只有这样,才能为鸟类提供足够的

---

* 在西方语境中,经济学大师被尊称为"尘世哲人"(worldly philosophers)。

** 英语全称为 Fish and Wildlife Service。

*** 阿帕奇为北美印第安人族名,Bosque del Apache 西班牙语原义为阿帕奇人的森林。

食物资源。在某些情况下，他们尝试通过人工洪水来模拟自然洪水构建的环境状态，例如，使用水泵和分流水渠来淹没农田，创造临时性湿地；另一些情况下，他们会种植玉米和其他农作物，从而为鸟类提供所需的食物。一旦离开这些人工干预措施，鸟群的规模将会比现在看到的小得多，甚至可能没有鸟群在阿帕奇保护区过冬。

问题就出在现代化的景观配置上，人们将太多的土地和野生动物生境(habitat)纳入了经济目标，这使得在景观尺度上成组互联的保护区体系高度缺乏，而拥有这样的体系才能实现强大的生态功能。在这种情况下，人力密集型保护区管理可能是保护野生动物的最佳选择，但这种方法相当于医疗体系中的分诊制(triage)，我们选出某些重症患者（景观与生态系统），使用绷带（设置集中管理野生动物的避难所）来止血（防止生境转变、物种灭绝和生态系统功能下降）。然而，正如任何好医生都明白的道理，对群体健康而言，预防疾病或创伤的发生比坐等症状出现后再进行治疗更为有效。这就意味着预防性"医疗"措施需要在经济活动的规模与野生动物保护区的设置数量之间进行权衡，这是一个适度原则的典型案例。

通过在阿帕奇保护区这类妙境的巡游，我学到了很多东西，我也希望自己能有更强的观察能力来展现保护区的生态保护智慧。但是，我在迈向"适度"这一目的地时所取得的进展大部分来自人而不是这块地方本身。当我还在美国鱼类及野生生物管理局(USFWS)工作时，我遇到了一个叫切赫(B. Czech)的人。切赫是个热诚的"野保主义者"(wildlifer)，更是个热诚的"适度主义者"(enougher)。他质疑经济增长——或者说，至少他对持续追求经济增长的观点持有质疑态度。当你和他初次见面时，他很快就会问起你对"经济增长问题"的看法。

在切赫的博士学位论文中，他分析了物种濒危的原因。研究结果验证了他提出的假设，正是一部美国经济的《名人录》(*Who's Who*)。农业、采矿业、城市化进程、伐木业、旅游业和其他经济部门是造成生境丧失和外来物种入侵的罪魁祸首。当切赫领悟了这一点,他便开始研究经济增长与环境保护之间的冲突。这项研究指引他找到了另一位导师。

戴利是一位经济学家,因为他对经济增长和人类发展的研究及其出版的相关著作而闻名于世。他的求知欲和坚忍不拔的精神在一定程度上使他变成了一条逆流而上的鲑鱼*,不断抗争着现代经济学的主流学说。在与追求经济增长的错误观念进行长年斗争的同时,他设法避免了陷入犬儒主义(cynicism)。通过当面沟通和论著写作,他努力表达一个发自内心的愿望,那就是要创造一个既关心人类又关心地球的经济系统。

我第一次见到戴利的场合是个学术会议,会上我有幸得到一本他与法利(J. Farley)合著(当时刚刚出版)的《生态经济学:原理与应用》(Ecological Economics: Principles and Applications)[3]。我把这本书从头到尾通读了一遍。我很清楚为了消遣去读经济学教材是种奇怪的举动,但正是在这种轻松的阅读心态下我获得了启示。我不停地问自己:"我上大学时怎么就没听过这么前沿的思想?"切赫通过质疑已知的经济假设为我打开了一扇通往新世界的大门,而戴利用可持续经济与公平经济的思想丰富了这个崭新的世界,他将其称为"稳态经济"(steady-state economy)。我想参与这一思想的发展、推广过程,做出自己的贡献。

不久之后,我同意帮助切赫管理他建立的机构——稳态经济发展中心(the Center for the Advancement of the Steady State Economy, CASSE),于是我成为了该中心的主任。很幸运,中心名称的缩写CASSE与高雅(classy)一词押韵。CASSE设立的目的是帮助人们理解无限制的经济增长为什么不可能且不可取,同时提出推进稳态经济作为一种正面替代方案。

读者可能已经阅读过戴利的著作或者浏览过CASSE网站,对稳态经济已有较多了解,既然如此,那么撰写本书的目的又是什么呢?要回答这个问题,我需要再介绍一位学者——丹·奥尼尔(Dan O'Neill),他是在英国利兹

---

* 鲑鱼有逆流而上洄流产卵的习性。

大学工作的一位生态经济学家,也是我的好友以及本书的合著作者。在我任职CASSE初期,他成为了CASSE的欧洲事务总监。

2010年6月的一天,我和丹肩并肩坐在他的大学办公室里。这是个宜人的好日子,虽然办公室的日光灯闪烁,令人困扰,让我们疲惫不堪、抱怨不休,但我们还是试图构建一份报告框架,它应该足以传递摆在我们面前的丰富信息。就在前一天,我们已经取得了巨大的成功。在利兹当地学者和社会活动家建立的论坛"经济公正为所有人服务"(Economic Justice for All)的协助下,我们在利兹大学组织举办了第一届"稳态经济会议"。这次会议汇聚了学者、商界领袖、政治家、社会活动家、媒体和群众,为他们探索稳态经济提供了平台,后者被视为对生态和社会负责的、可以替代经济增长的备选方案。

虽然我和丹都是戴利著作的书迷,但我们一直坚持独立思考稳态经济在实践中是如何运行的。戴利很早就指出了追求无限制经济增长的主要问题所在,并描述了一个替代性经济系统的广阔愿景。但我们亟须了解更多的相关细节,尤其是关于如何将他提出的愿景转变为现实的政策选项以及相应的转型战略。这就是我们决定为这次会议合作撰写报告的原因。我们希望能够通过自我帮助的方式深入理解稳态经济在实践中的重要内容,从而也有助于他人对此进行理解。

一连几个月,我们夜以继日地对大量争议内容进行讨论。终于,在无数学者卓有成效贡献的帮助下,我们的报告得以发布[4]。在这次会议中收集的大量信息被编进报告,同时也构成了支撑本书的骨架。

你对环境和经济的关注点可能在不少方面与我们近似。虽然我们不是悲观主义者(pessimists),但面对令人不安的一切现实状况,我们无一例外地感受到对未来世界的担忧。同时,虽然我们身陷忧虑,但仍有一丝希望。只要我们能放下对经济增长的痴迷,就可以专注于构建更好的经济系统这一工作。在稳态经济会议上,杰克逊(T. Jackson)(《无增长的繁荣》[5]这部杰作的作者)发起了一个时不我待的集会呼吁。他的呼吁内容如下。

现在正是我们的制度集中出错的时刻。我们的经济学不符合我们的目标。这种经济系统产生的后果是反常的。但这并不意味着绝望的大合唱。这里不是我们应该放弃希望的地方。现状中并不存在什么不可能性定理。看上去的不可能性来自我们的信念,相信目前这一整套经济规则为我们工作,对我们有益。一旦我们抛弃这套经济规则的假设,则一切皆有可能。[6]

本书试图提出一套能够为我们工作的新规则。当然,我们并不想误导你,让你以为我们已经掌握了一整套足以解决世上所有难题的精准指南——毕竟,经济系统以及将其包含在内的生态系统都是高度复杂的。不过,我们确实已经有了一个经济计划,它可以帮助人类走向更美好的未来,那时的发展目标将是可持续的、公平的人类福祉而非经济增长。该计划的成功实施取决于3个条件。

1. 人们普遍意识到自身所处的星球(在物质层面)是有限的。 人类(以及生活在地球上的所有其他物种)从有限的资源库中汲取生命和舒适的生活。对这一事实的认知需要我们改变对自身与自然关系的看法,尤其是在我们现存的经济制度下。

2. 能够实现稳态经济的实用政策。 一整套精心设计的政策可以实现以稳态经济取代、超越以增长为导向的经济政策,后者早已过时,理应被淘汰,而现行制度依然无休止地沿用它。不过,人们必须有能力对这些新政策进行较强的理性判断,然后他们才会欣然拥抱"稳态新政"。

3. 采取果断行动的意愿。 天上不会掉馅饼,我们想要的经济变革也不会凭空自行实现。我们必须主动去废除具有破坏性和不公平性的现行经济制度和政策。与此同时,我们必须激发并培育经济所需的变革。

本书围绕上述3个条件展开论述。如果你已经满足了第一个条件,那么在接下来的两章你可能会接触一些熟悉的概念。即便如此,在我们跳跃到实现"适度"的解决方案之前,先花一些时间去思考"过多"带来的问题,这样做还是值得的。不过,这本书的写作目的(实际上是它的与众不同之处)是描述如何建立一个繁荣但非增长性(prosperous yet nongrowing)的经济系统。当然,本书不会专注于讨论问题本身而将解决方案只放到最后几页。

也就是说,本书第一编——"**适度问题**"更多地关注"为什么"而非"如何做"。在这一部分,我们总结了一些对追求经济的无限增长进行宣判的科学证据。第一编还探讨了理想的人口规模和消费水平主要由什么构成,之后再转向探讨如何描述稳态经济的典型特征。

第二编是"**适度的策略**",其中提供了多种解决方案——即逃离第一编所述永恒增长陷阱的路径。本书在该部分阐述了稳态经济系统中可以实施的下列方案。

● 将物质和能源的使用限制在可持续水平。

● 通过同情关怀的非强制手段实现人口规模的稳定。

● 实现收入和财富的公平分配。

● 改革货币和金融系统以达到稳态。

● 改变我们对进步的衡量方式。

● 保障充分就业,提供有意义的工作岗位。

● 重构商业界的价值创造模式。

综合来看,第二编描述的政策方案形成了一个议程:将经济目标由"更多"转变为"适度"。然而,除非我们能够获得广泛的支持并协调一致,采取行动来落实适度经济,否则这些政策方案将被束之高阁。

第三编"**推进适度经济**"呼吁采取行动。该部分包含培育超越消费主义文化的思想,开启关于增长的负面影响与稳态经济正面作用的公开对话,并呼吁扩大国际合作。第三编的所有论述都指向稳态经济蓝图的构建,这一蓝图总结了稳态经济的构成内容及其实现步骤。

这份蓝图如久旱甘霖,在需求最迫切的时刻为我们提供了希望。它提出了一条切实可行的路径来应对我们所处的时代正在发生的深重环境与社会难题。关于我们不能做这做那的絮絮叨叨始终存在,已经变得既令人厌倦又徒劳无益。是时候了,现在就来梳理清楚我们能做些什么吧。我们可以构建一个更好的经济系统;我们可以在满足自身日常需求的同时充分关爱我们的星球;我们可以过上平衡的生活,包括有闲暇去时不时玩一盘跳棋。归根结底,这是我们的棋盘,我们没有必要再按旧规则去玩。旧规则已经让人受够了,理应适可而止。让我们迈向适度经济的时代!

第二章

为什么要以"适度"为目标?

任何相信指数级增长可以在有限的世界里永远维持下去的人,不是疯子就是经济学家。

——肯尼斯·博尔丁(Kenneth Boulding)[1]

考察一个永远贪多的经济系统，探讨为什么该系统会运行失败，这对理解为何要努力构建一个基于适度的经济系统大有裨益。现代经济学的主流观念不是什么秘密，这种经济哲学从原理上就将现代性直接解读为"更多"——更多的人口与更多的生产，更多的货币与更多的消费。员工试图获得更多的收入，管理者试图令企业的资产负债表呈现更多的营收，从政者试图保障经济不断上行，以大规模生产方式产出更多的商品和服务。表面上，贪多看似是个好主意。对员工来说，更多的收入会带来财务上的安全感；对管理者来说，更多的营收会带来晋升的机会；对从政者来说，更多的国民收入意味着在下一届竞选中会赢得更多选票。但是，如果你透过表象深挖本质，就会逐渐发现对"更多"的追求存在致命缺陷。

圣巴巴拉（J. Santa-Barbara）是深入探索贪多本质的研究者之一。他的职业生涯故事可以作为选择"适度"而非"更多"的个案。圣巴巴拉获得心理学博士学位后在学术界工作了一段时间，然后创建了企业健康顾问公司（Corporate Health Consultants, CHC），该公司的宗旨是帮助劳动者减轻压力并改善他们的心理健康状况。这家公司运营得很成功，既实现了创建宗旨，也获取了可观的利润。但赚钱从来就不是圣巴巴拉开公司的主要目的。他说："在我的职业生涯中，做这项工作仅仅是因为我认为它本身便是有益且有趣的。"他坚定追求其他兴趣爱好的过程也证实了这一观点[2]。

例如，圣巴巴拉曾以志愿者身份跟随国际防止核战争医生组织（International Physicians for the Prevention of Nuclear War，IPPNW，该组织在1985年获得了诺贝尔和平奖）前往尼加拉瓜访问。这次旅程加深了他对西方经济学发展模式的担忧。此后，他并没有把这些担忧抛到一边，而是深入研究了有关可持续发展的文献，其中包括一位朋友送给他的一本书——《为了共同的福祉》（*For the Common Good*）[3]，该书的作者是戴利和约翰·科布（J. Cobb）。*

---

* 该书中译本由王俊与韩冬筠翻译，中央编译出版社出版。2015年5月第一版将书名译为《21世纪生态经济学》，2017年再版时编入"新世界新思想译丛"，书名改为《为了共同的福祉》，更符合原版标题原意。

圣巴巴拉说:"那本书我不得不反复读了好几遍。书中的想法提出了一种截然不同的世界观,对此我需要酝酿消化一阵子。"这种世界观是基于新兴的生态经济学研究领域的论题产生的,该领域接受经济增长有其极限的观点,并质疑贪多的主流思想。

圣巴巴拉被这本书迷住了——他认为自己的余生只有投入推广生态经济学的事业才不算虚度。"我想参与推广生态经济学……但CHC公司的发展正如火如荼、财源广进,我无法两者兼顾。我知道,即使离开我,公司也能照样运营下去,所以我选择听从自己内心的召唤,迈出了新的一步。"圣巴巴拉卖掉了CHC,从那时起,他开始着手开展新的项目,旨在帮助人们理解"更多"的缺点和"适度"的优点。

圣巴巴拉的生活发生了深刻的转变。他本可以走上贪多的人生之路,继续发展自己公司的业务,他本可以赚到更多的钱,获取更高的声望,但有些东西让他领悟了:这种道路不会通往他想去的目的地。他的直觉到底从何而来?关于"更多"的思想到底错在哪里(尤其是当它应用在经济系统时)?

在本章的余下部分,我们将探索追求无限增长的负面影响,这些影响分为两大类。

1. 环境影响——永远贪多的经济系统注定会在环境方面出现问题,因为这类系统会耗尽自然资源,越过生态极限。

2. 社会影响——增长的回报是边际递减的,这意味着超过某一点后"更多"将不再带来人们生活质量的提高。

经济增长带来的环境问题

经济系统只是生物圈的一个子系统,这是追求永无止境的经济增长所带来主要问题的根源所在。经济系统中的所有输入都来自环境,而其产生的所有废弃物都会返还给环境。随着经济系统的扩张,它将消耗更多物质和能源，并排放更多废弃物。但我们生活在一个资源有限的星球上，无限增长的过程不可能永远持续下去。就像一个轮胎里的内胎部分，与将子系统包含在内的系统相比，子系统至多只能增长到一定程度。

经济规模（size）通常用国内生产总值（gross domestic product，GDP）来衡量。GDP是指一个国家一年内生产所有最终产品和服务所需支出的资金总额。由于某个人的支出对应另一个人的收入，所以GDP也是一个国家个人收入的总和。GDP作为一个指标，反映了经济活动的总体水平——即货币周转率（money changing hands）的总体水平。经济增长通常指的就是GDP的增长（至少在媒体报道中如此），而GDP的增长本质上是货币周转率的提升。

经济史学家麦迪逊（A. Maddison）在其著作中提出了转向在长期视角下研究GDP增长的观点。在麦迪逊杰出的职业生涯中，他编制一个引人注目的关于人口数量与GDP关系的时间序列，其中GDP的记录时段为公元1年至公元2008年。根据这套数据绘制的人口数量与人均GDP关系图讲述了一个扣人心弦的故事（图2.1）。

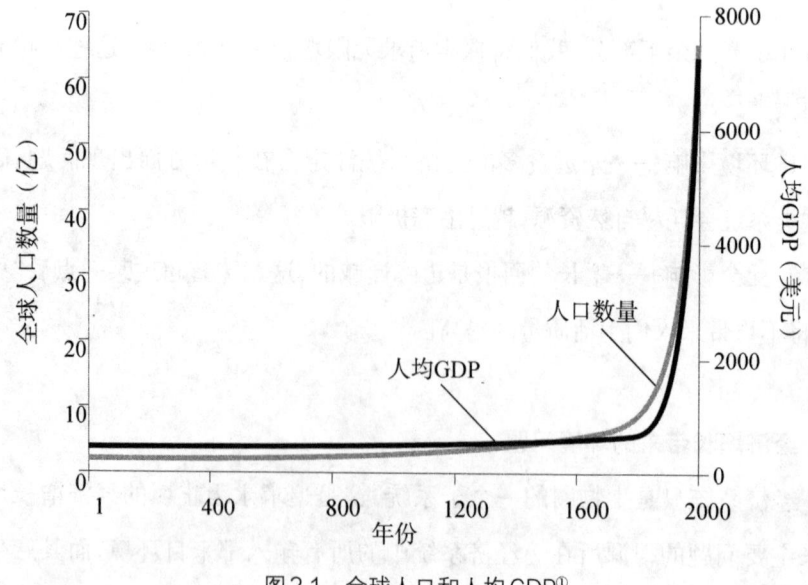

图2.1　全球人口和人均GDP[①]

在人类历史长河的大部分时间里,经济系统规模远小于生物圈规模。但在过去的100多年中,由于世界人口激增以及商品和服务的人均消费的增长,这种规模平衡发生了显著的变化。

从1900年到2008年,世界人口从15亿激增至68亿——增加了4.5倍以上。同时,人均GDP从1260美元增长到7600美元——增加了约6倍。这些变化导致的结果是:20世纪的全球GDP以超过25倍的惊人速度在增长,从2万亿美元左右增长到51万亿美元(该数据已剔除通胀因素)。[4]

单从经济系统本身来看,GDP的增长不成其为问题,然而现实的经济活动与能源、资源的使用存在密切联系。为了实现GDP增长,经济系统需要消耗更多的能源和资源,并产生更多的废弃物。麦迪逊的著作提供了GDP惊人增长的画面,而生态经济学著作提供的画面则是物质和能源的使用量伴随GDP的增长而增长。由于GDP的惊人增长,目前人类的日均能源使用量是一个世纪前的11倍,物质资源的日均消耗量则是一个世纪前的8倍(图2.2)。这些增长主要发生在过去的50年间。[5]

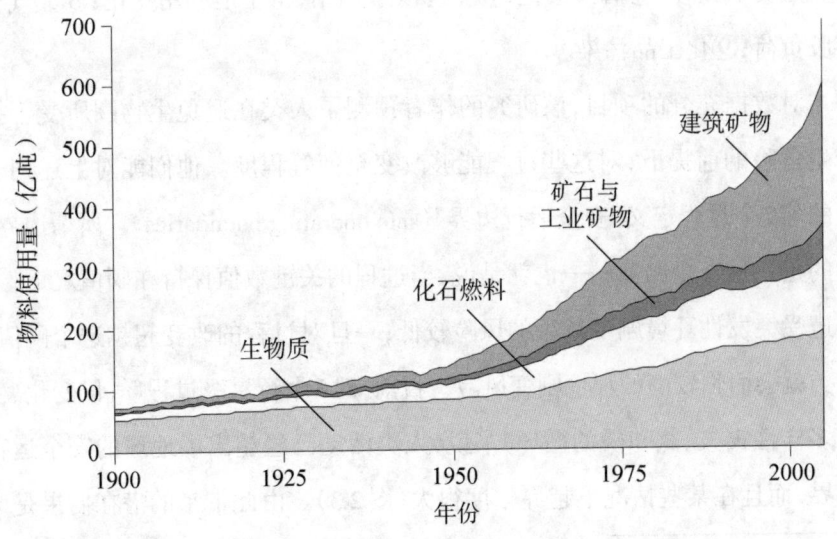

图2.2　人类的物质资源使用量[②]

GDP与物质消耗、能源使用之间的联系为我们提出了一个微妙而重要的关注点。本书讨论"经济增长"时，我们真正关心的不是GDP增长本身，而是随着GDP增长而增加的物质消耗和能源使用。归根结底，影响生态系统的是物质流和能量流（the flow of materials and energy），而非美元、美分形式的货币流（尽管后者推动了生态系统的变化过程）。

经济增长会给环境带来怎样的影响？大量证据表明：如今全球经济系统的规模已经扩大到足以破坏其赖以发展的自然系统的程度。这些证据表现为一系列影响广泛的全球环境问题，诸如气候变化、生物多样性丧失、平流层臭氧损耗、森林皆伐、土壤退化、渔业崩溃——这张单子还可以继续列举很多。

在2009年发表的一项里程碑式研究中，斯德哥尔摩恢复力研究中心（SRC）的罗克斯特伦（J. Rockström）*与其同事提出，经济系统正在对生物圈造成过重的负担[6]。为了得出结论，研究人员分析了9个对地球生命产生深刻影响的行星级过程：①气候变化；②生物多样性丧失；③氮和磷的循环；④平流层臭氧损耗；⑤海洋酸化；⑥全球淡水利用；⑦土地利用变化；⑧大气气溶胶负荷；⑨化工品污染。

对数据充分的项目，该研究的作者预测了人类在避免生物圈所受干扰产生危险的前提下，对这些过程能够改变至何等程度。他们能对上述列表中的前7个过程定义"安全运行边界"（safe operating boundaries）。所谓边界，指的是一种安全阈值——也就是说，当过程的关键数值保持在阈值之下，人类遭受突发性环境剧变危害的风险较低；一旦对过程的改变超越这个阈值，人类就会面临较高的环境剧变风险。目前，对3个行星级过程（气候变化、生物多样性丧失、氮和磷的循环）来说，人类活动已经超出了地球的安全运行边界，而且在某些情况下越界幅度很大（图2.3）。由此带来的潜在后果是十

---

* 罗克斯特伦是波茨坦气候影响研究所所长，波茨坦大学地球系统科学教授。资料来源：https://www.pik-potsdam.de/members/johanro。

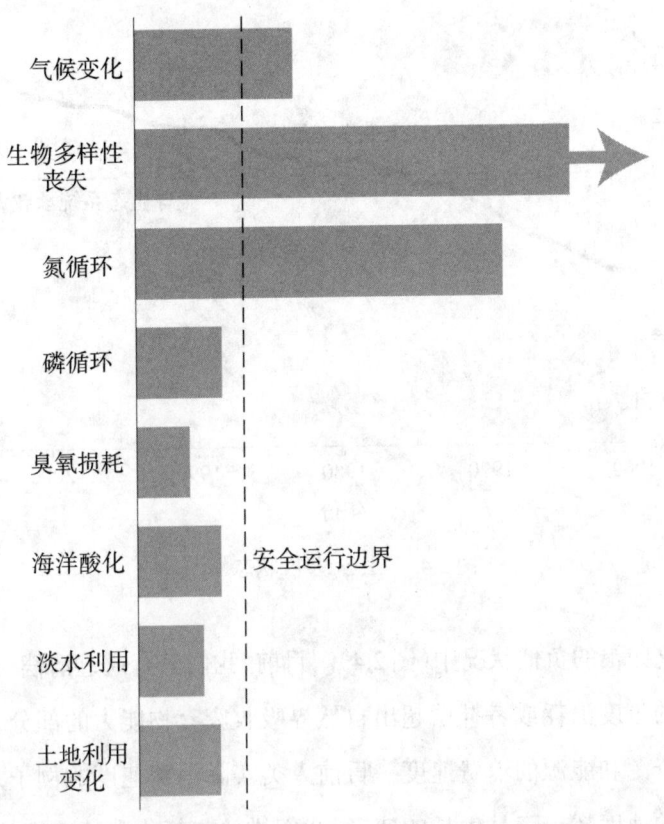

图2.3 人类活动与行星变化过程中的安全运行边界③

分严重的：研究作者警告，超越一个或多个行星安全运行边界可能导致大陆乃至星球尺度上的灾变。[7]

其他一些分析研究，例如全球生态足迹网络（Global Footprint Network）得出的研究结果也支持罗克斯特伦的研究。该机构分析的"生态足迹"指标指的是为了补充消耗的资源并吸收产生的废弃物，一个地区的人口需要利用的土地或水域的总面积（这些区域必须具有生态学意义上的生产力）。[8]根据最新数据，全人类的总生态足迹已经比全球生态系统的承载力还要高出50%。[9]这种情况被称为"生态过冲"（ecological overshoot），换言之，我们正

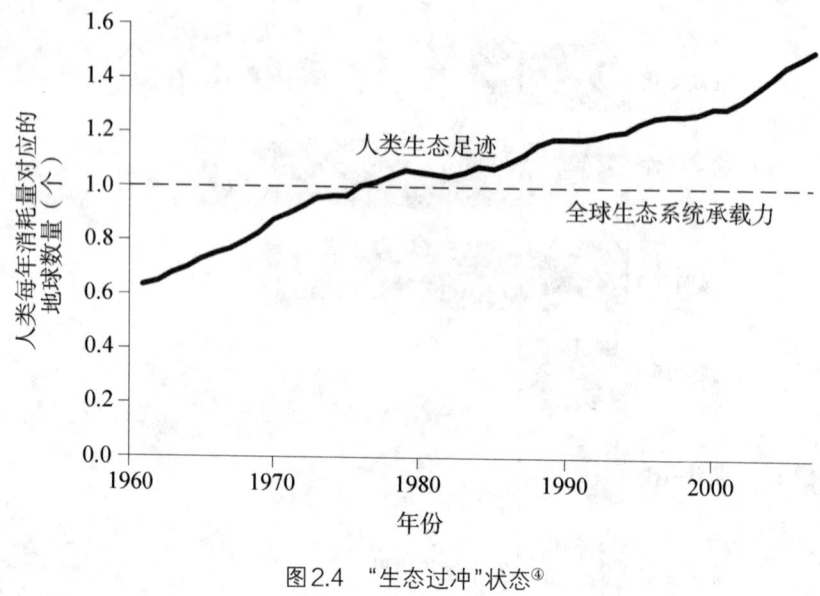

图2.4 "生态过冲"状态④

生活在寅吃卯粮的负债状况中(图2.4)。目前,我们只有通过清偿对地球上自然资源的过度消耗或者补偿超出自然界吸收废弃物能力的部分,才能维持自身对资源和能源的消费速度。目前人类实际消费速度的例子是:我们砍伐森林的速度超出森林生长的速度;我们排放二氧化碳的速度超出海洋和森林吸收二氧化碳的速度。虽然在短期内我们可以继续保持这样的速度并生存下去,但长此以往,这种生态过冲的发展方式终究会耗尽自然资源,而后者正是我们的经济和社会系统运行所依赖的。

对类似"生态足迹"和"行星边界"(planetary boundaries)等指标的科研分析表明:全球经济系统对于将其涵盖的生物圈来说已经变得过于庞大。只要这样的增长情形继续下去,我们就会面临环境灾变(environmental catastrophe)的风险。即使我们设法避免了环境崩溃,自然资源的持续退化也会威胁到地球的长期生态承载力以及我们子孙后代的繁荣发展能力。

这种令人不安的场景正使一些倡导经济增长的学者对其长期以来的观点开始进行质疑与反思。因对经济增长的理论研究贡献获得1987年诺贝尔经济学奖的索洛(R. Solow)*说过:"数十年后,美国和欧洲国家很可能会发现时间向他们证明:要么由于对稀缺的自然资源太过依赖,持续的经济增长对环境造成了毁灭性破坏;要么不得不占用人们的闲暇时间以不断提升资源生产率。"[10] 经济记者托马斯·弗里德曼(T. Friedman)进一步质疑经济增长的观点。他问道:"如果2008年金融危机代表的不只是深度经济衰退,还有比其层次更深的东西,那会是什么? 设想一下,金融危机告诉我们过去的50年里创造的增长模式是不可持续的,无论在经济领域还是生态领域都行不通,2008年只是一次'不撞南墙不回头'的警告罢了——大自然母亲和市场都对我们说'收手吧,别再继续了'(No more),那又会怎样?"[11]

无巧不成书,麦迪逊数据库的截止年份(2008年)恰恰是全球金融体系出现内爆(implosion)的时刻。从那时起,全球GDP的爬升之路开始变得磕磕绊绊。尽管现在就来判断经济发展的长期趋势是否已经改变还为时尚早,但越来越多的分析家认为未来很难再有实质性经济增长的可能。

海因伯格(R. Heinberg)就是一位这样的分析家。作为后碳研究所(Post Carbon Institute)的一名研究员,他也是能源供应状态和能源消费历史领域首屈一指的世界级分析专家。他认为,经济增长的时代已经终结,这是因为经济系统已成为交织在一起的三大危机的牺牲品,三大危机分别是:①化石燃料和其他关键资源的枯竭;②环境影响带来的负外部性呈滚雪球式叠加;③金融系统已无法适应新的经济现实[12]。在海因伯格撰写的《当增长停止》(The End of Growth)** 一书中,他对每种危机都做了详细的阐释,但他最关注的还是经济增长的限制因素——石油供应的枯竭问题。

为什么说石油枯竭问题如此重要? 因为一个规模不断扩大的经济系

---

* 索洛,生于1924年,美国经济学家,以新古典经济学理论中的"索洛经济增长模型"著称,在1961年被美国经济学会授予约翰·贝茨·克拉拉奖(John Bates Clark Medal,针对青年经济学家的奖项)。

** 中译版的译者为刘寅龙,机械工业出版社2013年7月出版。

统,其所有分支部门(从交通运输部门到农业部门,从制造部门到金融部门)都需要廉价能源的供应,而几十年来都是由石油供应来满足这一要求的。但事实上,我们正在耗尽石油资源。虽然石油濒临枯竭的境况尚未到来,但我们已经进入了石油生产峰值年代,此时仅靠埃克森美孚(Exxon Mobil)、英国石油(BP)、壳牌(Shell)和其他石油公司将无法满足日益增长的石油需求,而易于开采的廉价油田已经被全部开发完了。如今,我们陷入了困境,不得不试图通过高超的工程技术在那些存在巨大风险的地方获取石油。因此,石油的每桶均价很容易受到主要产品价格波动的影响,于是这些价格波动又会通过油价的传导对经济系统中的其他部门产生蝴蝶效应,造成级联扩大的动荡(cascading volatility)。

有一个统计数据名为"能源投资回报率"(energy return on energy invested, EROEI),它包含了能源供应状况和经济持续增长前景的关键信息。在开发特定能源资源时,为了获得一定数量的能源,必须先行投入能源(例如在勘探、开采和运输环节的能源投入),EROEI指的便是这种能源获取量相对投入量的比率。一个令人不安的消息是,纵观诸多能源资源的开采和使用历史,EROEI的数值一直在下降。1930年,美国开采石油的EROEI大于100∶1[13],这意味着钻井和炼油过程中每消耗1单位的能源,我们就可以获得100单位的能源。当时这很容易实现,你需要做的就是选择正确的地方打一口浅井,然后高能量密度的石油便会源源不断自行涌出。然而到了1970年,EROEI下降为30∶1,之后的2005年更是降至15∶1左右。[14] 随着时间的推移,不论是美国国内自产的还是进口的其他能源资源,其EROEI都呈现出下降状态。

与此同时,可再生能源的EROEI值显示,一旦我们获取能源的方式以太阳能电池板和风力涡轮机替代了石油和煤炭,我们便不能期望投资回报率维持在早已习惯的高位。例如,风力涡轮机的EROEI约为18∶1;光伏太阳能电池板的EROEI值是7∶1;生物柴油的EROEI值仅为1.3∶1。[15] EROEI的下降对经济有重要影响,因为经济产出与能源使用密切相关(图2.5)。[16] 随着

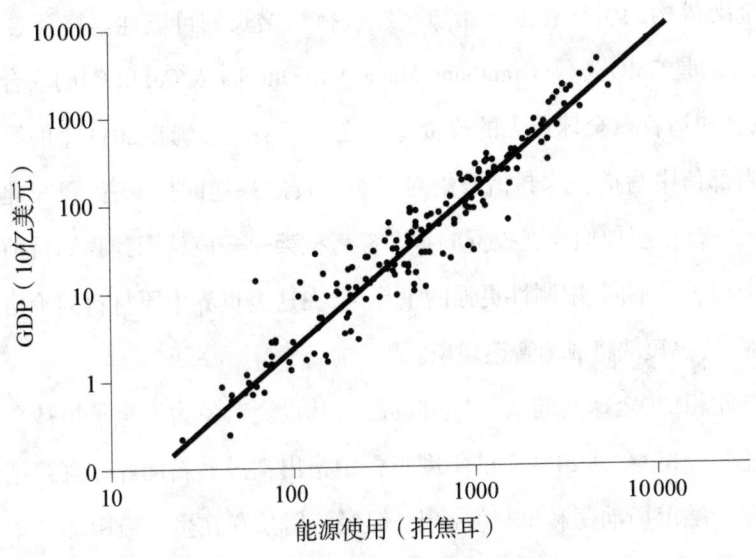

图 2.5　经济产出与能源使用高度相关⑤

传统能源的供应量下降以及被低 EROEI 能源替代,维持原有经济产出将变得越来越难(更不用说增加经济产出了)。

然而,新经济基金会(New Economics Foundation)在一份题为《增长已不再可能》(*Growth Isn't Possible*)的报告中指出,石油和天然气供应量的下降对经济增长的威胁可能小于这些化石能源的燃烧所产生的 CO_2 排放的威胁。作者主张:石油峰值的到来不会导致经济系统的崩溃,但很可能会导致从煤炭中提取的液体燃料的使用量增加,从而导致更多的 CO_2 排放。[17] 因此,气候变化可能是我们面临的生态极限挑战中更为紧迫的一项。

目前,大气 CO_2 浓度水平比工业革命初期上升了 40%。事实上,现在的大气 CO_2 浓度高于过去 80 万年(甚至 2 千万年)中的任何时候。[18] 2008 年,美国宇航局(NASA)的气候科学家汉森(J. Hansen)和同事警告说:"古地质气候证据和持续的气候变化现象表明,如果我们希望保护像地球这样一颗人类文明赖以发展的生命宜居行星,大气 CO_2 浓度需要从现在的 385 ppm 至少降低到 350 ppm 以下,很可能需要降得更低。"[19]

金融机构的引领者也开始质疑经济持续增长的可能性。格兰瑟姆(J. Grantham)是GMO公司(Grantham, Mayo, Van Otterloo & Co. LLC)的联合创始人,该公司运营着全球最大的投资基金之一。格兰瑟姆在2011年的第一份公司内部信中写道:"这封信写给对长线投资感兴趣的投资者,我写此信的目的……是说服他们改变投资的整个参考框架——应认识到我们目前生活在一个与过往不同、限制性更强的世界里,在这类世界中原材料的价格将不断上涨,资源短缺将成为普遍现象。"[20]

与此相似,全球共同基金 Portfolio 21(其投资对象为愿意承担社会与环境责任的公司)在其2011年的年度报告中指出:"虽然新闻媒体继续把头条聚焦在金融市场动荡和价格波动上,但经济增长存在生态极限才是本世纪的真实故事所在。随着经济增长试图挣脱自然、人为极限的斗争愈演愈烈,环境灾难也在日益加剧。"[21]

当全球顶尖的科学家、经济学家、投资专家和记者开始一致认为经济不可能永久增长,"适度"开始进入我们的视野,它看起来不仅是一个负责任的替代方案,而且似乎是唯一的可行方案。正如下一部分将要阐释的,还可能有其他理由令采用"适度"方案显得更为可取。

经济增长中的社会福利问题

尽管获取经济增长需要付出巨大的环境代价,但它也带来了许多切实的好处。人们可以享用比以往更多的物质收获,其中某些东西如开发的新药、更健康的饮食和不断进步的通信技术可以帮助提升人类福祉。那么,是否所有的新东西都会让我们的生活变得更好? 主流经济学家似乎都是这么认为的。他们基本上毫无质疑地接受了一个基本假设,即GDP与人类福祉直接相关,正是这一假设推动了对无限经济增长的呼吁。该假设对经济政策的决策支持作用是如此重要,对其不加检验的接受,仔细思考起来简直是种不理智的疯狂行为。

让我们假设人类可以找到这样一种方法:在不消耗资源或产生环境负

外部性的情况下增加GDP。那么在这种情况下,持续的GDP增长对英美等富裕国家来说是否仍是一个值得追求的目标?一个更大的经济系统能否提升人们的生活质量、减轻贫困程度、提供充分就业——或者反过来问,持续推进经济增长是否会阻碍这些目标的实现?

幸福感和生活满意度的调查数据可以帮助解答这些问题。在这类调查中,人们通常被要求用数字来度量他们的生活满意度(例如用0~10分来给生活满意度打分)。当我们用这些数据与GDP进行比较,出现了一幅惊人的画面。自1950年以来,尽管英美等国的人均GDP增长了2倍多,但人们的幸福感并未出现提升(图2.6)[22]。

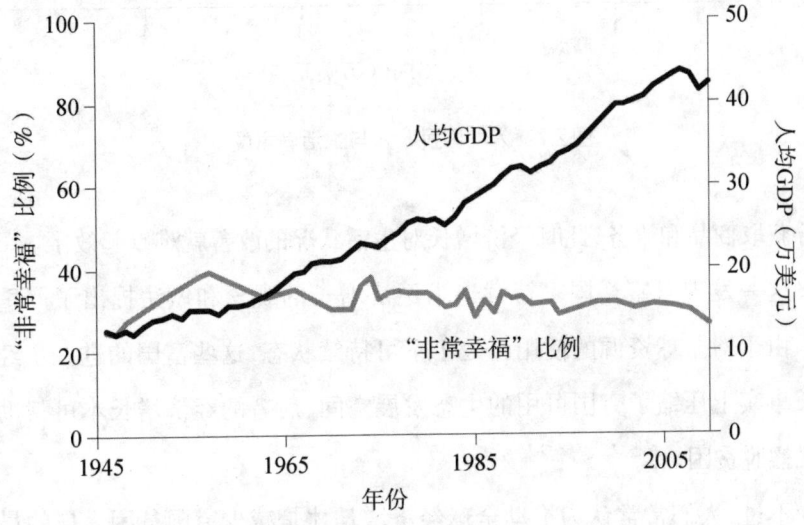

图2.6 美国的人均GDP与"非常幸福"者比例[⑥]

对各国数据进行比较时,情况会变得更加有趣。幸福感和生活满意度确实倾向于随收入增加而增加,但这种相关性只出现在一定区间内。人均国民收入超过每年2万美元之后,更多的钱似乎并不能买到更多的幸福(图2.7)[23]。这正是圣巴巴拉所意识到的,因此他改变了自己的职业路径,决定去追寻能够奉献激情的事业而非更多的经济利益。一旦人们能够满足自身的基本需求,

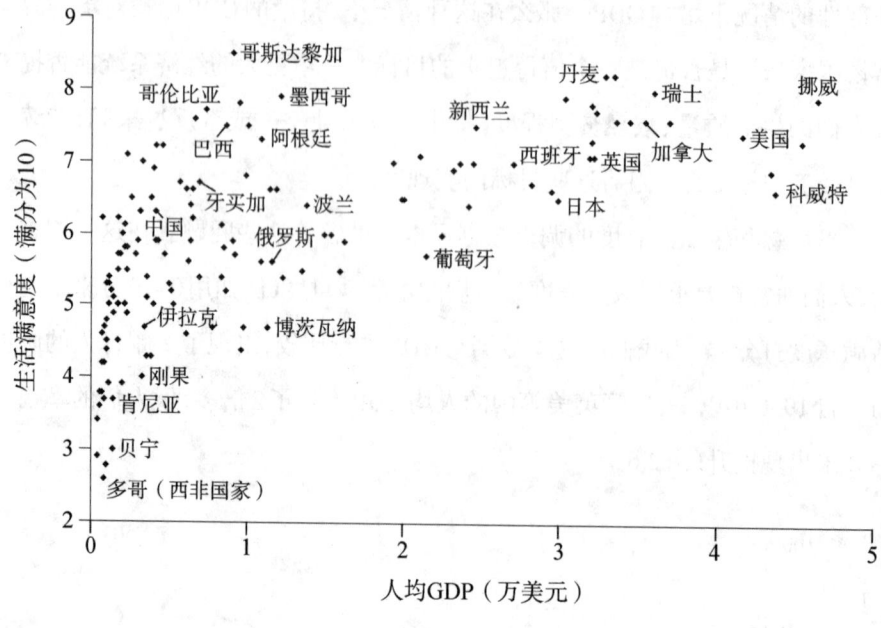

图2.7　人均国民收入与生活满意度①

充分获取商品和服务，此时经济增长对生活状况的改善就难以起效了。

这一发现对富裕国家持续追求经济增长的观念和做法提出了严重质疑。由于对全球资源的使用已处于不可持续状态，这些富国的进一步经济增长事实上压缩了穷国可用的生态发展空间，后者的经济增长本可帮助其国民摆脱贫困。

不过，人们常常认为推动全球经济增长才是减少穷国贫困人口的最佳途径。毕竟，如果离开了全球经济增长的助力，全球减贫就意味着需要将收入从富国转给穷国的再分配。但由于富国比穷国更有权势，再分配这一选择往往被描述为在可行性上不及经济增长。在国际货币基金组织(International Monetary Fund, IMF)的克鲁格(A. Krueger)*看来，"实现减贫的最好办

---

* 克鲁格，美国著名女性发展经济学家，1995年当选美国国家科学院院士，1996年当选美国经济学联合会会长，2001年就任IMF第一副总裁，2004年3月代行IMF总裁职务，2007年起任约翰·霍普金斯大学国际经济学教授。

法是把蛋糕做大,而不是试图改变切蛋糕的方式。"[24]

不断做大经济蛋糕是个诱人的想法(或者说在不受生物物理学限制的理想状态下是个好主意),但在现实中,它并未解决全球贫困问题,而且没有迹象表明它有能力解决。尽管在20世纪全球经济的规模增长了25倍,但仍有超过10亿人的每日生活费不足1美元,27亿人的每日生活费不足2美元。[25]经济增长被世界银行定为"持续减贫的关键因素"。[26]但1990—2001年期间,全球经济每增长100美元,其中只有60美分流向每日收入低于1美元者。换句话说,为了让世界上最穷群体中的某人每天多获得1美元,那就需要全球每天增加166美元的生产和消费。[27]某些人将从经济增长中获利,但这绝不会是世上的穷人。

这类获利者也不会是富国的普通公民。经济增长的受益者主要集中在最富有社会阶层的成员,这就导致世界各地的收入差距不断扩大。在过去的30年中,英国前10%最富人口和后10%最穷人口之间的收入差距增加了近40%。[28]也就是说,现在1/10最富人口的收入是1/10最穷人口收入的14倍。这样的收入差距在美国更大,甚至达到16倍。[29]这种收入鸿沟(income gap)会产生严重的问题。正如威尔金森(R. Wilkinson)和皮克特(K. Pickett)在其深入研究著作《不平等的痛苦》*(The Spirit Level)中所阐释的那样,高度收入不平等与大量健康、社会问题相关,这些问题包括精神疾病增加、吸毒普遍化、健康情况恶化、预期寿命缩短、受教育程度下降、暴力事件增多以及入狱率升高。[30]

此外,追求经济增长的模式在社会领域也是失败的,不仅表现在该模式带来的生活质量下降、贫困加剧以及收入不平等,而且其影响还延伸到了阻碍充分就业目标的实现。例如在过去的几十年中,美国的失业率起伏不定,

---

* 汉译本译者安鹏,新华出版社2010年11月出版。另有李岩译本《公平之怒》,新星出版社2017年9月出版。两位作者的后续著作《收入不平等》(The Inner Level)汉译本译者周媛,北京联合出版有限公司2023年4月出版。

从1969年的3.5%低点到1982年的9.7%高点,而近期失业率又再次升至9%以上。[31] 基于追求经济增长模式的美国经济系统并不能保障充分就业目标的实现,这主要是因为该模式下的经济景气程度呈现一种盛衰交替的"繁荣—萧条"(boom-and-bust)不稳定态。每个经济增长期过后无法避免地紧跟着经济衰退期,后者主要表现为大规模的失业。

推行无限经济增长的政策注定会在环境方面出现问题,这或许不足为奇,因为常识告诉我们,一个资源有限星球上的经济规模不可能永远保持增长。然而令人惊讶的是,经济无限增长的模式在实现社会目标方面也出现了问题。这类模式没有为减少失业和贫困提供持久的解决方案;一旦人们已经享受到充足的商品和服务,这类模式便无法再让人们感到更加快乐。在追求令人充实的生活的过程中,试图通过超越"适度"界限的消费来获取快乐,这种行为是徒劳的。有证据表明,生活在富裕国家的大多数人已经拥有足够的物质产品——他们面临的挑战是设法建立一个有别于"消费不断增长"模式的经济系统。

凯恩斯(J. M. Keynes)或许是20世纪最具影响力的经济学家,他也认识到了这一点。他写道:"离经济问题退居幕后那天已经不远了,我们真正要面临的问题是生活问题、人际关系问题、创造性问题、行为问题和宗教问题,这些问题将占据或重新占据我们的心灵与头脑舞台。"[32]

凯恩斯明白,克服资源匮乏的社会能力(即能够为自身提供充足商品和服务的能力)可以打开通往更美好场景的大门。以"适度"作为发展目标的社会可以满足人们的更高阶需求,并将他们的注意力转向文化和精神进步。因此,对富裕国家来说,凯恩斯笔下"不远"的那一天似乎已经到来。

图片注释

① 全球人口和人均GDP均以指数级增长,其中增长最快的时段发生在过去的200年间。图2.1中的人均GDP数据以1990年美元不变价格剔除通

货膨胀因素后计算得出。图2.1资料来源见本章注释4。

② 过去50年间，人类对物质资源（包括矿物产品、化石燃料和生物质能）的使用量急剧增加。图2.2资料来源见本章注释5。

③ 人类活动正在超越行星变化过程中的3个安全运行边界：气候变化、生物多样性丧失、氮和磷的循环。注意：对于每一个行星变化过程，安全运行边界的测量方法不同。生物多样性丧失的程度已经远超安全运行边界，以至于在图2.3中已经没有足够的空间来完全表现。图2.3资料来源见本章注释6。

④ 20世纪70年代中期，人类的生态足迹超过了全球生态系统的资源再生和废弃物吸收能力，从那时起，我们一直生活在"生态过冲"状态中。图2.4资料来源见本章注释9。

⑤ 图2.5中纵坐标GDP以2005年购买力平价（美元）表示。购买力平价是一种用于计算国家间汇率的技术方法，其计算依据为在不同国家购买相同的商品和服务所需支付的美元数量。横坐标单位为拍焦耳，1拍焦耳＝10^{15}焦耳，相当于163 400桶标准石油的能量。图2.5中展示了2007年175个国家的数据。由于各国GDP和能源使用统计口径差异较大，X轴和Y轴都采用了指数标度来表示数值。图2.5资料来源见本章注释16。

⑥ 尽管自二战结束以来美国的人均GDP稳步上升，但调查报告中"非常幸福"者的比例却保持不变。图2.6中的人均GDP以2005年美元不变价格剔除通货膨胀因素后计算得出。图2.6资料来源见本章注释22。

⑦ 对141个国家生活满意度数据的统计表明：一旦人均国民收入达到一定水平（我们可以姑且称之为"适度"），增加更多的收入并不能买到更多的幸福。图2.7中引用数据均为2000—2009年的平均值，其中人均GDP以2005年购买力平价（美元）表示。图2.7资料来源见本章注释23。

第三章

多少算够？*

全球经济活动异乎寻常的增速堪称史无前例。科学证据表明，人类生存所依赖的生态系统是基于有限的资源构建的，其实十分脆弱，因此这样的增长与我们的科学认知完全不符。

——蒂姆·杰克逊（Tim Jackson）[1]

---

* 本章章名原文为"How much is enough?"。美国世界观察研究所研究员 Alan Durning 曾出版同名著作，汉译本收入"绿色经典文库"第一辑：《多少算够——消费社会与地球的未来》，[美]艾伦·杜宁著，毕聿译，吉林人民出版社 1997 年 1 月第 1 版。

经济系统相对于生物圈可以增长到多大规模？这是一个尺度问题（a problem of scale），而正是"尺度"的概念造成许多人犯迷糊。我在沿着切萨皮克-俄亥俄（Chesapeake and Ohio, C&O）运河骑车旅行时就遇到过这样一位"大聪明"。在马里兰州绿树成荫、岩石遍布的乡间，C&O 运河开辟出一条长约 300 千米的狭窄通道。1850 年运河建成后，满载着煤炭、木材和食品的驳船便从马里兰州的山间沿着河道驶向首都华盛顿的中心。在长达 74 年的时间里，人们用骡子拉纤驳船的方式沿运河旁的纤道运货，直到竞争者铁路运输的冲击以及运河洪水的泛滥使其最终走向停业。[2]

然而，在 C&O 运河褪去运输业气息后，它给华盛顿及附近其他城镇的居民带来了舒适的生活，成为一处远离尘嚣、享受休闲之所。由于各种引人注目的景点，运河的身影在美国南北内战的动荡历史中频频出现：运河边的哈伯斯费里（Harpers Ferry）镇是废奴主义者布朗（J. Brown）发动起义时夺取的联邦军火库遗址；运河边的安提耶坦（Antietam）战场曾在南北内战中血流成河。这些丰富的历史素材帮助 C&O 运河获得了美国国家级历史公园的殊荣，并使其在第二次世界大战后避免了成为城市蔓延（urban sprawl）牺牲品的命运，没有被首都的都市圈吞并。

某次，我和朋友戴夫（Dave）终于有了远离城市、沿着运河探险的机会，我们计划从华盛顿骑车去安提耶坦，具体的行程计划包括：第一天的"60 英里单骑之旅"（约合 96.6 千米）骑到哈伯斯费里镇，并在那里找家酒店过夜；第二天去参观安提耶坦战场，然后回哈伯斯费里镇上的酒店再歇一晚，往返各 30 英里（约合 48.3 千米）；第三天顺利回到华盛顿。

然而现实总是不如人愿，年轻人在定计划时往往过于自信，而大自然的力量打乱了行程，给我们好好上了一课。第一天，我们突遇雷暴天气，倾盆大雨使运河沿岸的纤道变成了浅溪，之后虽然水退了，但路面泥泞得难以骑行。我们到达哈伯斯费里镇的酒店时已经浑身上下脏乱不堪，酒店员工把我们围在餐厅的一个角落里，以便同体面的客人隔开。精疲力竭之下，我们打算放弃第二天的骑行计划，改为在镇上看一天电影。

第二天早上，我们来到酒店前台，微笑着询问附近有没有影院，得到的是肯定的回答。前台服务员拿出一张地图，把剧院的位置指给我们看。可以说，从前一天的骑行开始，我和戴夫已经成了读地图的专家。我们已经形成了一种近乎超自然的读图能力，能够根据自身的骑行感受来解读地图路线的可行性。从酒店到影院的距离有10英里（约合16.1千米），这对我们又酸又疲的双腿来说实在是太远了。于是我们把地图还给前台并告诉她算了。她又拿出了第二张地图（显示的区域明显更大了），然后一本正经地对我们说："等等，这家影院离这儿不远。"她把手举到眼前，用拇指和食指比画着大约1英寸（2.54厘米）长："看，就这么点远而已。"

看起来，如果前台的桌上放着地球仪，她可能会把酒店到影院的距离神奇地缩短到一根头发丝那么宽。我和戴夫交换了眼神，显然我们都在心里一边犯嘀咕"她当真这么想吗"，一边使劲把质疑西弗吉尼亚州公共教育质量的冲动压下去。这位笑口常开的服务员与大多数经济学家有个相似之处，那就是对"尺度"概念的把握简直到了可悲的程度。*

可持续经济尺度

尺度指一个物体同另一个物体比较时的相对大小。在地图的绘制中，尺度是地图距离相对现实距离的比例，因此常以"比例尺"形式表示，可以用一条直线或一块矩形代表地面上的某段特定距离，或者用一个简单的分数或比率，例如"地图上1厘米代表地面上1千米"也可以写为"1:100 000"。无论绘图者使用何种表示方式，为了表达地图所含的有用信息，比例尺总是必不可少的。

经济尺度指与将经济系统包含在内的生态系统承载能力比较的相对经济规模，所以，可持续经济尺度的含义就是经济系统的扩张不能超出生态系

---

* 本句对scale一词用了双关修辞手法，"尺度"的抽象概念本质上与地图和地球仪的"比例尺"是同源的。

统的承载能力。需要注意的是,我们在定义中所说的经济规模,指的是经济的生物物理性规模(biophysical size),而不是以GDP来衡量的货币规模(monetary size,尽管在第二章的讨论中我们认为两者相互关联)。然而不幸的是,目前并不存在一种简便的分数或比例尺形式能够表达当下的经济尺度。但我们不妨假设这样的比例尺存在,以便进行一个快速思维测试。

假设世界经济的尺度是1/8。对这个假设的尺度数值的解释是:全球经济系统占用了全球生态系统承载力的1/8。如今,经济学家、金融学家和政府都试图使经济增速保持在年均3%左右。如果全球的年均经济增速达到3%,那么全球经济系统的尺度每过大约23年就会翻倍(指数增长函数的倍增时间有个经典估算方法——用增长率的百分比数值去除70,70÷3≈23)。

所以,在23年的时段中,全球经济尺度会从1/8增长到1/4(2/8)。再过一个23年,全球经济尺度又会翻一番变成1/2(4/8),接着再过23年,这个比例就增长到了1(8/8)。也就是说69年之后的今天,全球经济系统将占用地球生态系统的所有承载能力。分子增长了,但分母(代表全球生态系统的稳定承载力)保持不变。假设全球生态足迹网络计算的全人类生态足迹是正确的(见第二章),那么现有的全球经济尺度约为1.5(12/8)。这样的经济尺度(大于1)似乎不可思议,但如果我们正在变卖(liquidating)自然资源存量,这种情况是可能发生的(寅吃卯粮)。当人类以经济增长为目标,并以指数增速实现该目标,全球经济尺度很快就会达到将经济系统包含在内的生态系统极限。

这个思维测试大大简化了现实世界中的计算过程。如果真的能有这样一种简易比例尺来计算经济尺度,那就再好不过了。如果我们能够确切了解某地区人口占用给定陆地资源的比例,以及这些人口为了过上高质量生活需要消费的资源数量,那么我们就可以获取有价值的参考数据,并以此为依据制定合理的经济政策。但问题在于,经济系统是个复杂系统,生物圈则是个比经济系统更复杂的系统,两者都会受到纷繁多样、可以改变各自运行方式的驱动因素的影响。尽管如此,研究人员仍然进行了一些有趣的研究以确定人类系统(human enterprise)的可持续尺度。

当然,在进行这些研究之前,有必要就预测性研究做个提醒,那就是专家总会得出一些可怕的预测结果。为了理解事物的发展趋势,我们所能做的各类尝试中最有用的一件就是运用基本原理例如物理定律,并采纳可用的最佳数据。但即便使用上述研究方法的是专家团队,他们仍然会经常得出一些贻笑大方的结论(大众最熟悉的例子就是天气预报)。对复杂系统进行分析,这本身就是一种博弈,预测的失败本来便蕴藏在博弈过程的内在本质之中。著名的人口动力学家科恩(J. Cohen)评论道:"预测规律表明——专家对人类未来事务的预测越有信心,你就越不应该对他们的预测结果抱有过高的期望。"[3]

虽然对预测研究有所批评,但科恩在他出版的《地球能养活多少人?》(How Many People Can the Earth Support?)一书中还是汇编了大量预测数据。即便数据上多少有点过时了(出版于1995年),该书仍然提供了对地球承载能力相关研究内容的全面覆盖。书中将承载能力定义为特定环境内系统所能维持的最大生物数量。在进行了详尽的文献梳理后,科恩发现:基于科学预测得到的地球人类承载能力范围少至10亿人以下,多至1万亿人以上,最普遍的预测范围是40亿~160亿人。[4] 不过,他随后很快补充写道:"鉴于对人口历史、人口预测、生态极限等方面的知识局限性,该预测结果不足以支持关于'地球可以维持多少人类生存'的可信主张。"

这些预测数值的跨度如此巨大,主要原因是计算承载能力的方法还不够精确、科学。对生态学家来说,估算池塘中鲈鱼、草原上瞪羚或丛林中美洲虎的潜在种群数量是他们面临的一项棘手挑战。尽管研究对象物种的生命周期是一致的,栖息地也是有限的,但要估算其数量仍然很难。如果要研究的物种是智人(Homo sapiens)*,人口(也就是智人的种群数量)的估算过程

---

* 智人即生物学意义上人类的物种名。

会变得更加复杂、难以应对。这是因为人类遍布全球，我们的居住地边界比其他物种的栖息地边界更为模糊。此外，人类与其他动物之间存在3个不同之处，这使得确证我们的数量变得相当困难。

第一个不同之处与我们消耗的资源数量有关。某只羊消耗的资源和任何一只其他的羊一样多，而某些人、某些社群和社会消耗的资源要远高于其他人、其他社群和社会（例如，消耗更多的食物、材料和能源）。人类具有改变资源消费量的能力，这使得我们会在人口规模和生活水平之间进行权衡取舍。我们可以选择消费资源的人口规模较大而人均资源消费量较少，也可以选择人口规模较小而人均资源消费量较多。根据世界观察研究所（The Worldwatch Institute）的测算，我们生活的这颗行星可以承载约136亿人以低收入模式生活，若以高收入模式生活，则只能承载约21亿人（表3.1）。[5] 有意思的是，即便是在虚拟的高收入情景下，全球人均年收入仍然比现在的美国人均年收入少将近1万美元。

表3.1 人口与收入的情景分析

情景设定	可持续的全球人口规模（亿人）	人均年收入（按2008年美元计价）
低收入模式	136	1230
中低收入模式	62	5100
高收入模式	21	35 690
美国收入模式	14	45 580

资料来源：见本章注释5。

将我们人类与其他动物区分开来的第二项特征是我们的交易能力，这处不同也对地球的人类承载能力估算造成了妨碍。事实上，在人类发展的早期，各个群体之间的贸易可能是促进人类崛起的力量之一。研究者提出假设：贸易是推动人类进步的独特动力，正是这类进步使我们得以在竞争中击败尼安德特人（Neanderthals）*。根据这一想法，我们通过贸易既促进了劳动分工，又开发了新技术，而（明显不愿开展贸易活动的）尼安德特人在这两方面都没有获得发展。[6] 在国家尺度上，商品和服务的跨境流动（也就是国际贸易）使人类的长期消费可以超越本地生态系统的承载能力。由此，一个国家可以在大于预期领土范围的资源尺度上扩张人口与消费规模。

第三处关键区别是技术，这一特性最容易在对经济尺度和承载能力的估算过程中造成混乱。许多学者对人类突破人口增长极限的后果持悲观立场，而来自技术的意外影响已经多次令他们的主张失效。20世纪60年代末，生态学家埃利希（P. Ehrlich）对粮食生产的增长能否跟上不断增长的人口产生的粮食需求增量表现出深切关注。[7] 然而，他预言中的饥荒并未在预测时段内出现，这是因为他低估了农业技术突飞猛进的发展速度。在相反的另一方面，技术发展承诺的光明远景也让某些乐观派分析家做出了荒唐的论断。西蒙（J. Simon）是一位经济学家和商学家，在学术上旗帜鲜明地与埃利希的预测针锋相对，因此其观点经常被文献引用。1996年，西蒙提出全球人口可以在未来的700万年里始终保持同等增速——他似乎根本没想过，这么长时间的指数级增长在数学上会产生比宇宙中原子数量还要多的人口！[8]

暂时把预测问题抛开，我们已经清楚地知道："这个星球究竟能够养活多少人"这个问题的答案同时受到人类对地球资源的消耗、贸易以及技术进步的影响。博洛格（N. Borlaug）的故事也证明了这一点。博洛格是一位杰出的植物学家，通过在墨西哥指导的一个农业研究项目，他用20年时间开发出一个高产、抗病的小麦品种。他开始在世界各地传播自己平生所学，他的新品种与现代农业技术的联合应用实现了与饥饿作斗争的人道主义使命。此番努力产生的成就后来被称为"绿色革命"（green revolution），它使劳苦大众免于饥荒受难。[9] 绿色革命技术以及随之而来的食品贸易创造了一种能为

---

* 距今约20万~2.4万年前生活在欧洲、近东和中亚地区的早期智人。有研究表明，在尼安德特人消失之前，他们与晚期智人可能在法国和西班牙北部共存过1400~2900年。

全球更多人口提供食物的热量缓冲垫(caloric cushion)。但博洛格自己知道这种缓冲只是暂时性的。1970年,博洛格获得诺贝尔和平奖,他在获奖感言中说:"除非能找出限制人口规模的方法,否则人类在对饥饿的战争中最终难逃失败。"[10]

尽管对人类承载力的预测存在诸多不确定因素,但大多数经济学家、商界领袖、政府官员以及普通人仍然相信"贪多"模型。他们赞同技术乐观派,相信技术的力量足以克服增长的极限。这种观点的含义是:如果我们利用技术来减少经济增长过程产生的负面效应,我们就可以保证经济尺度中的分子不至于变得过大。然而问题依然存在:在克服第二章所讨论的经济增长失败方面,技术到底能走多远?

克服增长极限的技术潜力

杰克逊是萨利大学(University of Surrey)的经济学家。在对消费、生活方式、幸福和环境之间相互联系的研究领域,他是一位伟大的思想家。他在研究中提出的问题之一是:技术究竟能否克服经济增长的各种失败?他问道:"'脱钩式增长'(growth with decoupling)战略真的有可能带来不断增长的收入……而且让这种增长始终维持在生态极限以内吗?"[11]

"脱钩"一词指这样一种经济过程:投入更少的物质和能源,得到更多经济产出。要使脱钩成为一项可行的战略,我们需要打破经济活动与资源利用之间的相关性。有没有证据可以表明我们能够实施这项战略呢?答案虽然尚不能说是决定性的,但看起来确实令人失望。1980—2007年,全球经济的物质密集度下降了33%(物质密集度指每生产1美元全球GDP所需投入的生物质、矿物和化石燃料的物质量)。这一进步固然可喜可贺,它之所以可能,源于生产效率的显著提升以及技术层面的创新;然而在取得该项进步的同时,全球的GDP已经增长了141%,因此,资源的使用总量仍然在增长,增幅为61%*(图3.1)。[12] 也就是说,在降低资源消耗方面,经济规模的增长足以

---

* $(100\%+141\%)\times(100\%-33\%)-100\%=61\%$

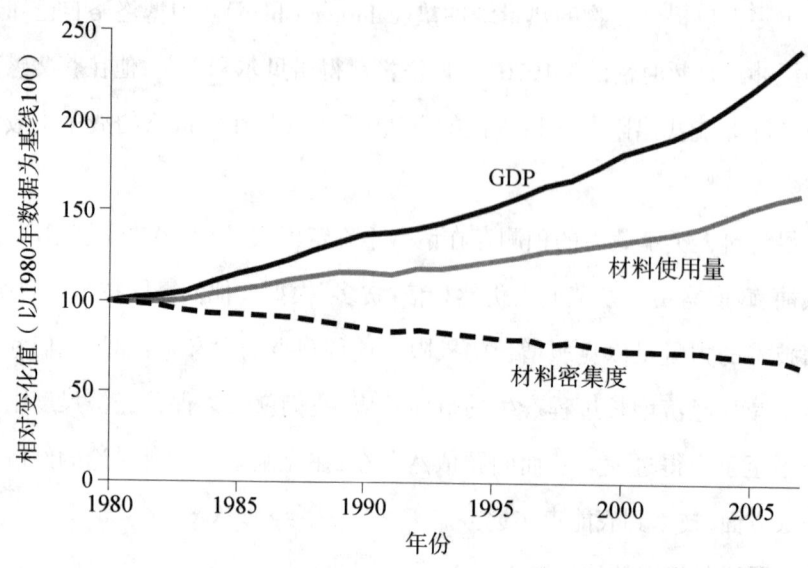

图 3.1　全球的 GDP、材料密集度与材料使用量①

抵消掉生产效率提升的正面效果还绰绰有余。全球能源的使用状况也是类似的：能源密集度在同一时期下降了 29%，但能源消费的总量却上升了 70%。[13] 正如经济学家维克托（P. Victor）在其撰写的《不依赖增长的治理》*（Managing Without Growth）一书中所言，"与其说美国人实现了 GDP 与物质和能源的脱钩，倒不如说他们成功地将 GDP 与幸福度脱钩了。"[14]

尽管生产效率的提升迄今为止未能抵消经济规模增长带来的影响，但在未来，脱钩或许仍是一个切实可行的解决方案。为了理解其可行性，杰克逊核算了能在全球尺度上使经济在持续增长的同时实现经济公平所需的脱钩幅度。杰克逊提出的情景如下：从现在开始到 2050 年，富裕经济体的经济规模将以大约 2% 的年均速度增长，而较贫穷国家的增速会更快一些，这样到了 2050 年，所有国家的收入水平都将接近欧盟水平。在这一情景中，为了使大气 CO_2 浓度保持在 450 ppm 以下（该目标值已经超过了大多数气候科学

---

* 中译本译者为刘春成、侯汉坡，中信出版社 2012 年 11 月出版。

家认为的安全线),单位美元的碳排放密集度必须降低到130分之一左右——这意味着实现目标需要极为惊人的改进。[15]

杰克逊还核算了从现在起到2100年的数据,他发现如果全球经济规模的年均增长率继续保持在2%,那么我们需要实现的是"每一美元都完全脱碳"(净碳排放为零)。[16] 杰克逊还认为,如果实施更严格的大气CO_2浓度控制目标(如标准线定为350 ppm而非450 ppm),那么碳排放的密集度必须小于零。换句话说,一切经济活动都必须吸收大气CO_2而非向大气排放CO_2!这些核算结果使杰克逊认为脱钩理论简直就是种迷思(myth),为此他提出了一系列发人深省的问题:"这(脱钩)是一种怎样的经济模式?这种经济模式的消费活动是怎样的?投资活动又是怎样的?它靠什么驱动?"[17]

或许,脱钩理论仍然存在奏效的可能性。我们也许能通过大规模投资新技术来迅速提高资源生产效率,从而抵消GDP增长产生的负面影响。有没有可能我们所期待的技术突破其实已经触手可及了呢?气候和技术话题的研究者兼作家古多尔(C. Goodall)断言,英国可能已经实现了经济增长与物质使用总量的脱钩。根据他对国家物质流账目的分析,他认为流通的物质在英国经济系统中所占比重已经在2001—2003年达到峰值,尽管英国的经济规模在2007年之前会一直呈现增长态势。古多尔的研究结论是,GDP的增长很可能会促进技术进步和资源利用效率的提升,从而减少经济增长对环境的影响。[18]

如果英国的物资使用量确实已经达峰,那这当然是个惊人的成就。然而,古多尔并未提供证据证明GDP增长与资源效率提升之间存在因果关系。我们认为这一状态更可能是在GDP增长过程中物质使用量由于某些其他原因趋于稳定,而非增长本身便作为成因。此外,古多尔的分析忽略了CO_2排放等重要指标。如果将贸易过程中的碳排放也考虑在内,那么2001—2007年间英国的碳排放量增加了近10%。[19]

为了使"技术对减轻GDP增长影响的作用"相关研究的结论更有说服

力，很有必要持续跟踪物质、能源的使用情况和污染物的排放情况，但除此之外，仍有两个因素导致人们对"技术解决"(techno-fix)*方向的脱钩策略持怀疑态度。第一个因素是"反弹效应"(rebound effect)，这一效应最初是由杰文斯(W. S. Jevons)在其1865年的著作《煤炭问题》(*The Coal Question*)中描述的。杰文斯注意到，更高效蒸汽机的发明使煤炭成为新用途众多的泛用燃料之路变得可行。蒸汽机效率的提升扩大了人们对煤炭的需求，哪怕在任何特定用途上的煤炭消费量都出现下降，煤炭的消费总量仍会大幅增加。诚如杰文斯所言，"假定更有经济效率的燃料使用可以等价于减少该燃料的消耗量，这种想法只会造成思维的完全混乱。事实情况与该假设恰恰相反。"[20]

意图减少资源使用量的新技术实际上降低的是资源利用成本，因此得以节省腾挪出的资金被用到其他额外的消费上，而这部分额外消费往往抵消（有时甚至超过）了资源效率提升原本带来的经济收益。汽车燃油效率的提升就是一个很好的例证。由于汽车燃油效率越来越高，车辆单位里程消耗的燃料越来越少，行驶成本也随之下降。然而，高效汽车的车主可能会用省下的油钱行驶更多里程（这是直接反弹效应的例子）；车主也可能会把这笔钱花在完全不同的活动比如出国度假上，从而增加个人使用燃料的消耗总量（这是间接反弹效应的例子）。无论哪种可能都表明，技术文献中的节约物料和能源预测由于反弹效应的存在往往在现实中无法实现。[21]

导致人们对"技术解决"脱钩策略持怀疑态度的第二个因素是，虽然某些技术（如废水处理技术）可以为减少经济增长对环境的影响提供帮助，但另一些技术号称解决方案，却可能会造成无法预见的污染以及增加能源和资源的使用量。例如，绿色革命中使用的某些技术造成了土壤侵蚀、水体污染和其他不良影响。计算机技术的迅猛发展也提供了另一个例证。计算机

---

* "技术解决"带有"解铃还须系铃人"的含义，是一种较激进的观点：新技术带来的问题应该主要依靠（甚至只能依靠）技术本身的进一步发展来解决。

小型化技术的进步极大地缩减了计算机的尺寸并扩展了它的处理能力。这种技术改变令人叹为观止，并为我们带来了实实在在的益处。例如，一台现代桌面计算机就可以存储整个图书馆的信息。然而，实现这一壮举的小型化技术也使我们能以前所未有的速度去制造和运行攫取自然资源的机器。如果没有来自现代计算机（以及丰富而廉价的能源）的力量，采矿业、渔业、农业和能源产业便不可能实现我们今日所见的规模。[22]

技术进步传递的重要信息是：它可以帮助我们管理某些由经济增长产生的影响，但它尚不足以完全克服这些影响。这并不意味着我们不应当鼓励技术创新，或者应该放弃开发新技术的努力。相反，我们必须对低碳经济基础设施的建设进行大力投资。但仅靠这方面的投资是远远不够的。为了将物质和能源的使用量控制在生态极限之内，我们还必须解决经济活动的尺度问题。

解决问题的出发点可能是改革教育制度以使人们能够更好地理解经济尺度问题。大多数经济学入门教科书在阐述"规模经济"（economies of scale，指企业可以通过增加产量来降低平均生产成本）* 内容上花费了大量的笔墨，却并未充分考虑可持续经济的尺度问题。哈佛大学教授曼昆（G. Mankiw）编写的经济学教科书广受欢迎，然而该书896页篇幅中仅有不到1页纸涉及经济极限问题，而且是对"经济系统的增长规模可能存在极限"这一观点进行的驳斥。那段论述最后的结论是："市场价格（的走势）表明，没有任何理由支持自然资源（的有限性）会限制经济增长。"[23] 这种说法本身可能并没有错，但它主要是在揭示市场失灵（the failure of markets）而非证明极限不存在！

从小学到大学，每一处的学校都应该开设尺度问题的相关课程。为了

---

* 本书翻译时为避免混淆一般将size译为规模，将scale译为尺度。但本章将经济尺度定义为经济体与生态系统承载力比较的相对值，而此处economies of scale并不考虑生态系统承载力大小，因此按经济学术语常见译法仍将其译为规模经济。

让学生对尺度概念能有十分深刻的理解,这类课程中教师可以鼓励学生去完成一次地图绘制练习。在这项练习中,学生要脚踏实地亲自跨越一段足够远的距离(对首都华盛顿地区的学生来说,沿着C&O运河骑行一段就行了)。

假设人们确实对经济尺度概念有了更好的理解,并且意识到了人类经济体已经超出了可持续发展范围;另一种情况,即使人们对经济尺度的理解尚未成熟,但可以假设他们已经普遍意识到"适度"比"贪多"更为可取。那么,一个亟待解决的问题就出现了:什么样的经济系统能够提供"适度"模式——换句话说,适度经济与我们亲身经历的增长时代的经济有何不同?

图片注释

① 尽管全球的材料密集度(即产生1美元GDP需要投入的材料量)已经下降,但由于经济的持续增长,材料使用的总量仍然有所增加。全球GDP、材料使用量和材料密集度数据均表示为占1980年水平的百分比相对值。图3.1资料来源见本章注释12。

第四章

哪种经济系统能够提供"适度"模式?

仅仅去批判正统的增长理论是不够的,我们必须为替代方案绘制一幅蓝图。

——赫尔曼·戴利[1]

和其他专业一样,学习经济学的大学生心中也会有沮丧厌学的情绪,偶尔也会需要发泄一下。一旦确定要这么做了,他们会公开发出喧嚣。在宾夕法尼亚大学的沃顿商学院,经济学常识课(Economics 101)的学生每年秋天都会参加一个奇怪的仪式,这个仪式就可以用"大庭广众加大吵大闹"来形容。在第一次期中考试的前一晚,学生们早早地离开了图书馆,尽管你原以为他们会在积灰的书堆里流连,临阵磨枪,最后看一眼经济学教科书里提到的生产可能性边界和供需曲线。不过,要找到那帮失踪的学生,完全不需要出动什么侦察大队——他们正在小阳台和低庭的草坪上聚会呢。

临近午夜,越来越多的学生涌向方庭。一股紧张的氛围开始弥漫,楼上宿舍的窗户打开了,住客们可以清楚地看到聚集的人群。午夜前一分钟到了,学生们开始集体深呼吸,一种令人不安的宁静悄然落下。随后,就像新年前夜的时代广场那样,宁静被倒计时声打破:十、九、八、七……

午夜的钟声敲响了,经济学院的咆哮爆发了。平时温文尔雅的学生们把脑袋探出窗外大喊:"**我恨经济课!**"人群开始四散奔走,有些人光着膀子,他们从灵魂深处迸发出难以理解的哼哼唧唧。这种"经济课尖啸"(econ scream)既是情绪的宣泄,也是压力的释放。几分钟后,学生们拖着沉重的脚步回到宿舍,方庭恢复了后半夜的寂静。

什么原因会让学生在一场简单的经济学考试中积累如此巨大的情绪压力亟待宣泄释放呢?主要是因为此乃他们大学生涯的第一场考试。但原因并非仅止于此。毕竟,其他学科并没有出现什么高数课尖啸或者英语课尖啸。学生经常对经济学教科书中的观点持反对态度,这是因为他们觉得自身所学与现实经历存在严重的脱节。

学生通过经济课尖啸表达反对经济学的态度,这只是个相对轻松的例子。一个严肃的例子发生在2011年11月2日的哈佛大学。那天,70名学生离开了他们所选修经济学课程的教室,这门课的教师正是最受欢迎经济学入门教材的作者曼昆。学生们在给曼昆的一封公开信中写道:"今天,我们走出您授课的经济学101课堂,这是为了表达我们对这门导论课程的不满,因为该课程带有一种内在的偏见。我们深深地担忧这种偏见会对学生、大学以及更大范围的社会产生不良影响。"[2]

后孤独症经济学运动(Post-Autistic Economics Movement)是学生对现有经济学课程不满的另一个例子。2000年,法国的经济学学生给他们的教授写了一封信并引发了这场国际运动。学生写信的目的是表达他们对目前经济学教学内容的不满,并要求教师在教学中应更多地关注历史、有效运行的制度和具体的现实情况。他们宣称:"我们希望学校不要再把这种孤独症式学科强加给学生。"这封信引起了媒体的关注报道,而这场运动也得以横跨大西洋传播。从英国剑桥大学到美国剑桥学院(马萨诸塞州)的学生都对这封信的主题表示认同,并向自家高校提出了类似的要求。[3] 在这场国际运动中产生了一份学术期刊《真实世界经济评论》(*Real-World Economics Review*),该刊一直关注着这些主题。

这些经济学专业的学生到底怎么了?也许他们就想改革教育,使其能切实有助于建立一个更好的社会。由于是在现有经济系统失灵(参见第二章描述的令人生畏的环境、社会问题)的时代里长大成人的,他们似乎渴求着一种饱含希望且可以信赖的经济前景。然而,他们所学习的经济学正统教条(orthodoxy)却完全无法应对这种充满渴望的挑战。课堂上阐释的以增长为核心的经济系统早已在全世界建立起来,但它显然对解决当今的环境和社会问题无能为力。因此,我们需要一种全新的经济学体系,但它具体应该是什么模样的呢?

学者和社会活动家给这种全新的经济学体系贴上了各种标签,诸如绿色经济(green economy)、生态经济(ecological economy;eco-economy)、可持续经济(sustainable economy)、定态经济(stationary state)、动态平衡(dynamic equilibrium)、生物物理经济(biophysical economy),甚至是直截了当的"新经济"(new economy)。考虑本书书名(*Enough is enough*),我们可以把这种经济

体系称之为适度经济(the economy of enough)，或者甘冒滑向谬论的风险，竖起学科大旗曰"适度经济学"(enough-o-nomics)。但为了易于辨认，除非出现更具吸引力的选择，我们将一直采用戴利最初的命名——稳态经济(steady-state economy)。

什么是稳态经济？

简单地说，稳态经济是一种旨在令资源消费水平和人口数量保持稳定的经济系统。在这类经济系统中，物质和能源的使用量被控制在生态极限以内，经济目标以提高生活质量取代了提高GDP。

一个稳态经济系统需要在自然资本存量和建成资本(built capital)存量之间取得平衡，即让两者在一段时期内保持相对恒定。相对恒定的自然资本存量意味着保护野生区域并维持其重要的生态系统服务如气候调节功能。相对恒定的建成资本存量指的是维护并提升基础设施(如建筑物、道路)的质量，而非随着时间的推移建造越来越多的基础设施。[4]

为了维持稳态经济系统，将该做的事和不该做的事在清单上分开罗列是很重要的。虽然名为稳态经济系统，但系统中真正必须保持稳定的其实只有寥寥几项——人口数量、人造产品(artifacts)存量(即建成资本存量)以及经济系统中物质流和能量流的通量(flux)，又称吞吐量(throughput，这一概念将在第五章进行详细讨论)。相比之下，可以改变的事项清单则很长，包括知识、技术、信息、智慧、产品组合、收入分配和社会制度等。[5]构建稳态经济的目标就是使第二份清单上事项的状态随着时间的推移而得到改善，这样经济系统就可以在不增加需要稳定事项的情况下实现质的发展。[6]

一言以蔽之，稳态经济系统是一个将"适度"设为目标的经济系统。该系统将福利(well-being)置于消费之上，将长期健康置于短期收益之上。它注重的是创新、发展而非经济增长。在21世纪，追求无止境经济增长的所有弊端都将暴露无遗，这样的经济目标显然是不可持续的。于是，发展稳态经济便成为了替代"追求永恒经济增长"这一目标的可持续选择。

稳态经济系统有4个主要的特征。第一个特征最为关键,那就是具有可持续经济尺度。如第三章所述,可持续经济尺度要求经济系统作为子系统,能够在地球生态系统承载能力范围内发挥作用。只有在增长的收益(例如更多的收入、更多的消费品)大于增长的成本(例如气候变化、物种灭绝)时,经济系统才算实现了真正的增长。然而,成本一旦超过收益,这样的增长就变得"不经济"(uneconomic)了。[7]事实上,在这样的情况下,每增加1美元经济收益就会使我们变得更贫穷而非更富有。不合算增长仍在继续,部分原因在于:经济增长的获益者集中于少数高资产或有权势人物,而更多的成本则由数量日渐上升的穷人和无权势者承担。这种情况使我们更有理由接受稳态经济的第二个特征:收入和财富的**公平分配**。

回想一下第二章,IMF的克鲁格曾说过,"实现减贫的最好办法是把蛋糕做大,而不是试图改变切蛋糕的方式。"[8]但如果烘焙这个蛋糕的烤箱大小本身就已经对蛋糕的尺寸预设了限制呢?这时我们最好重新开始思考如何切蛋糕以及每个人有权吃多大份的蛋糕。好消息是,收入和财富的公平分配可能是缓解大范围的各类社会问题(诸如暴力、犯罪和毒品滥用等)的关键。[9]此外,主张缩小贫富差距也具备强有力的环境论证:高度不平等会导致社会地位竞争(status competition),并导致整个社会的物质消费量增加,因为每个人都在试图"与左邻右舍攀比"(keep up with the Joneses)。

稳态经济的第三个重要特征是资源的**有效配置**。传统经济学的核心内容是在相互竞争的利益主体之间对稀缺资源进行合理分配。经济学主流思想认为,自由竞争市场(指消费者能够获取相关产品的充分信息)的价格由供需关系决定,因此商品和服务能够得到有效配置。稳态经济系统同样包含市场机制的强大作用,但至关重要的是意识到市场在哪些领域起作用、在哪些领域失灵,有了这样的认知,才能对市场的力量进行适当的调配。稳态经济旨在令市场、国家和公民社会之间取得相互权衡。在近些年的现实中,这样的均衡已经发生了倾斜。我们对利用市场机制解决问题的能力太过于自信,但某些问题恰恰是由市场自身原因造成的,对解决这类问题而言,市场机制其实无能为力(例如燃烧过多的化石能源)。

如果稳态经济系统能够朝着前面提到的3个特征(可持续经济尺度、公平分配和资源有效配置)发展,那它就有望实现第四个特征,即为全体公民提供高质量的生活。目前,GDP是衡量经济进步的主要指标,但在高消费国家中,GDP的增长并未带来人民福利的提升。稳态经济系统会使用各种不同的进步指标来评估人们生活质量的提高。这一经济系统把衡量的重点从商品与服务的生产和消费转移到对人民真正重要的事情,例如健康、福利、就业保障、闲暇时光、强健而牢固的社区和经济稳定性。总而言之,它将经济目标从生产更多的东西转变为使人们过上更好的生活。

我们真的能实现稳态经济吗?

上述关于稳态经济的愿景是相当乐观积极的。稳态经济将实现经济系统的转型承诺,使其将从无限规模的增长状态转变为稳定状态,经济目标从追求"更多"转变为追求"适度",从而使我们在有能力解决严重环境问题的同时保持(甚至提高)生活质量。这样的承诺似乎有点太好了,好到令人难以置信。稳态经济在实践中真的可行吗?在不依赖经济增长的情况下,真的有可能实现充分就业、消除贫困、负责任的财政以及减少环境影响吗?

为了帮助解答这个问题,经济学家维克托以加拿大为例创建了一个经济模型,用来测试不同情景下的30年时期(2005—2035年)会发生什么。[10]虽然计算机模型的模拟结果不能代替现实世界中的实践经验,但它可以帮助我们了解需要什么样的政策改革来实现各种经济效果。

如果该经济模型在一切照旧(Business as Usual,BaU)情景*下运行,也就是维持既有趋势,那么加拿大的经济规模将会继续增长(图4.1)。[11] 2005—2035年人均GDP大致翻一番,失业率在小幅上升后回落,政府债务(占GDP的百分比)下降,温室气体排放量增加。然而,尽管经济规模呈现大幅增加,

---

* 一切照旧情景指不采取任何改革措施,一般作为模型中的对照情景。

按联合国人类贫困指数(Human Poverty Index,HPI)计算的贫困水平却仍在不断上升,到30年时期结束时,生活在贫困中的加拿大人比模型开始时更多。[12]

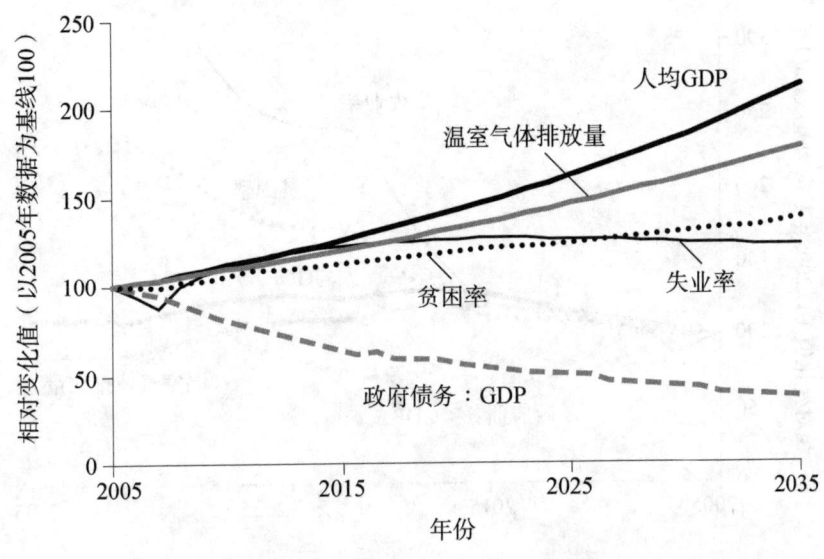

图4.1 计算机模型1——BaU情景①

虽然在许多情况下BaU方案很吸引人,但该模型中没有设置环境约束条件,这显然是不现实的。顶级气候科学家警告称,目前的大气CO_2浓度(更不用说进一步升高的浓度了)已经威胁到气候稳定性的维持。[13]作为环境管理课程授课教师的维克托敏锐地意识到BaU情景存在缺陷。事实上,他开发这个模型的动机是想看看能否为经济发展找到一条更安全可靠的道路。他接受了《卫报》(*The Guardian*)经济栏目的编辑埃利奥特(L. Elliott)提出的挑战,后者写道:"真正的问题在于能否挑战'不惜任何代价增长'(growth-at-any-cost)模型,并提出一种环境无害、经济稳健(robust)且政治可行的方案。"[14]

如果从2010年开始的10年内,所有经济增长的来源项(消费支出、投资、政府支出、贸易、人口、生产率)都从模型中剔除,那么模拟结果会呈现出一个非同寻常的情景——一场零增长灾难（图4.2）。如图4.2所示，贫困人口急剧上升，失业率攀升，政府完全无法维持债务水平。随着人均GDP趋于稳定，温室气体排放量也随之下降，但这一切的代价是经济系统的崩溃。[15]

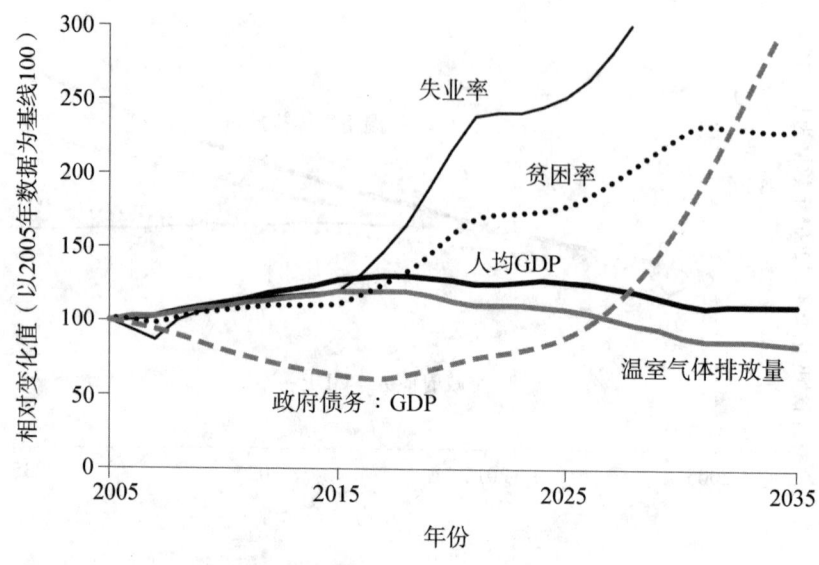

图4.2　计算机模型2——灾难情景②

由于害怕发生这种噩梦式情景，各国都以追求经济增长为目标。这促使各国试图通过支撑现有经济系统并回到类似BaU情景来应对全球经济衰退。

幸运的是，该模型也表明成功实现非增长型经济的可能性仍然存在（图4.3）。随着时间的推移，如果经济增速逐步放缓，那么在正确政策的指引下，经济规模会稳定下来，失业率可以降至历史最低水平，人们的闲暇时间增加，贫困人口实质性消失，温室气体排放量减少，政府债务降至健康水平——所有这些影响都不需要无止境的经济增长来维持。[16] 这一情景至少在技术意义上为我们提供了希望，一个国家的经济系统是有可能成功转型为非增长型的。

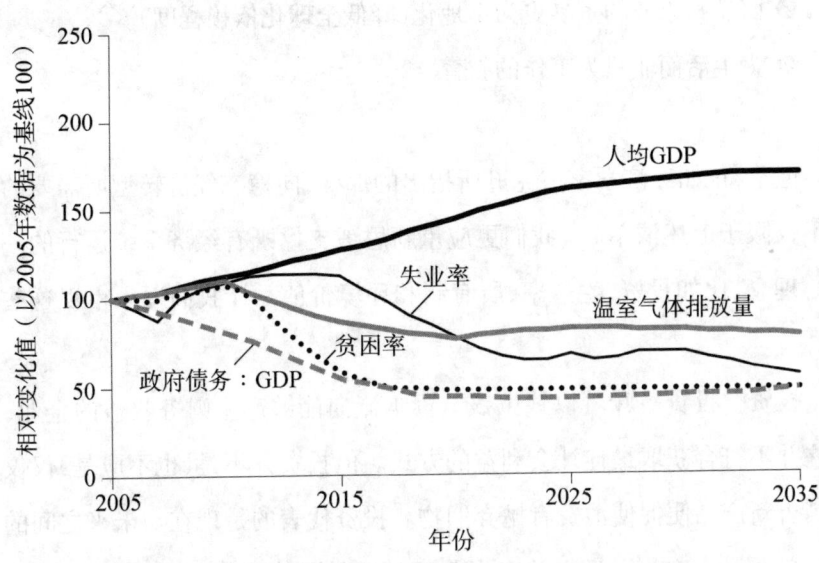

图4.3 计算机模型3——成功实现稳态经济转型情景③

转型过程中需要发生什么改变？

要实现图4.3所示的经济效果，现有系统需要进行重大变革。维克托和其他经济学家认为，变革应包括以下方面。

- 更新"进步"(progress)的内涵和衡量方法。
- 对物质和能源的消费、废弃物的产生和自然区域的土地转化进行限制。
- 稳定人口规模和劳动力供给。
- 提升资本存量的有效性。
- 产品变得更持久耐用且可修复。
- 改善定价机制，包括碳（排放权）的价格。
- 拥有更短的工作年限和更多的闲暇时间。
- 减少社会不平等问题。
- 减少身份象征物品(status goods)。
- 广告信息更丰富且欺骗性信息更少。
- 对技术更精确的筛选。

- 商品和服务的贸易更为本地化（降低全球化依赖程度）。
- 为生活而非只为工作的教育。

但是，正如经济学家杰克逊所指出的那样，向稳态经济转型所需要的变革不仅限于上述清单。[17] 我们更应重新思考支撑既有经济系统运行的一些核心理念，比如投资、生产率、所有制和环境价值。让我们逐一审视这些理念。

投资 投资意味着以钱生钱。资本流向能够产生财务收益的企业，这往往并不符合获取最佳社会利益的方式。但投资并不是（也不应是）仅仅为了销售新产品便促使消费者抛弃旧物。投资代表的是现在与未来之间的一种简单关系。它需要人们放弃当前（不必要的）消费，用节省下的资源来建设更美好的未来。稳态经济要求我们对这种投资观有更深刻的认识。[18] 投资不能只被视为一种经济收益的产生方式，我们必须把它也看作一种社会、环境收益的产生方式。

生产率 当前经济体制的目标追求劳动生产率的最大化——在单位工作时间内获取更多的经济产出。然而，"通过提高劳动生产率可以促进社会效益的最大化"这一假设并非一贯有效。例如，在以服务为主的经济领域中，追求劳动生产率的提升这个说法几乎毫无意义，因为这只会意味着导致更多人的失业。经济体制目标追求的努力方向应该是生产率的优化而非最大化。如果工作时间过长令人不快，那么为了减少工时而追求生产率提升是值得的，但我们要注意这种劳动率的提升本身不能取代那些给人们的生活带来快乐和意义的工作。[19] 正如舒马赫（E. F. Schumacher）在他的书中所写："如果一个人毫无就业机会，他就会处于绝望的境地，这不仅仅是因为他缺乏收入，还因为他丧失了需要经受培训的工作会带给他的滋养与活力，后者是任何东西都无法取代的成长要素。"[20]

所有制 生产资料的所有制问题一向是经济学中代代相传的辩论主

题,争议巨大,言辞激烈。这些理论之争在很大程度上已被归结为资本主义优劣性问题。但所有制问题并非局限于"公有域对私有域"黑白二选———两者之间存在众多灰色地带,在这些地带设计新的所有权结构很有机会为社会发展带来更好的结果。[21]

环境价值 在值得重新思考的事情中,最重要的一件事也许就是我们与自然的关系。在所有经济部门中都很容易发现环境不可持续的做法。例如在农业部门中,世界各地的许多农场对地下水的消耗速度超过其补给速度。加利福尼亚州中央山谷(Central Valley)的地下水枯竭问题已经十分严重,研究者担心这种情况会影响美国的经济安全和粮食安全。[22] 在能源部门中,近海地区的石油钻探是不可持续做法的另一个例子。2010年,BP公司的"深水地平线"(Deepwater Horizon)钻井平台发生爆炸,在造成11名员工死亡的同时使大量原油泄漏进入墨西哥湾,这证明了石油产业所谓先进技术在应用中的风险波动性(volatility)。[23] 这类不可持续的做法已经变得司空见惯,因为主流世界观认为经济活动及其背后的制度设计或多或少是独立于自然界的。技术进步使我们产生了一种自身与环境隔离的错觉。实际上,我们是自然的一部分,我们必须尊重并遵守自然法则。我们越早开始与周围的自然界重新建立联系,就能越早开始建立一个适合地球生态系统的经济系统。

重塑对投资、生产率、所有权和环境价值的观念,将帮助我们理清并重构现有的经济制度。但是,向稳态经济转型还需要另一项变革,它将使当前经济的中心法则(dogma)发生180°逆转。正如前几章所阐述的,一个经济系统若要长期运行下去,它的生态足迹必须与将其包含在内的生态系统的承载力相适应。由于意识到当今的人类总生态足迹已经超过了地球的可用生物承载力,很多学者坚持认为全球经济系统的规模需要收缩。我们需要通过管理经济制度实现的经济目标应当是"去增长"(degrowth)而非增长。[24]

虽然"去增长"一词的确切含义存在争议,但以下理解得到了越来越多的支持:在社会意义上可持续且公平地减少该社会的物质流和能量流吞吐量。[25] 然而,就像无止境的增长是种神话一样,实现经济系统的持续收缩既不可能也不可取。去增长只是一种转型过程,转型的最终目标是实现稳态经济。2008年,第一届去增长国际会议在巴黎举行,会后发表的宣言在提出"去增长"更详细定义的同时阐述了这一观点。

我们将"去增长"定义为一种自发的转型过程,其转型方向为公正、共同参与、生态可持续……去增长以"满足人类基本需求、确保高质量生活"为目标,同时要将全球经济的生态影响降至可持续水平,并使资源在国家之间得到公平分配……一旦通过去增长式转型使经济达成适当规模,目标就应该转化为维持"稳态经济",在这种经济系统中消费水平温和波动(mildly fluctuating)并保持相对稳定。[26]

去增长目标可能是朝向可持续经济转型的实现过程中的必要条件,但本书后半部分将讨论重点放在稳态经济的最终目标上。这种关注重心的设置原因有三:① 经济发展的最终归宿是建立一种经济运行的稳态模式,这一点相当重要;② 如果我们可以确定稳态经济的运行机制,那么实现去增长式转型所需的步骤将变得更加清晰(因为你很清楚目的地何在时,它就会更易达到);③ 稳态经济本身与从"去增长"走向"稳态经济"的转型过程,两者的经济政策表现出众多共同点。

要实现经济目标从"贪多"向"适度"的转变,必须考虑的最后一个因素是政治。尽管维克多的模型向人们展示了稳态经济在技术上可以实现的希望,但他没有提供关于其政治可行性的说明。当然,通过模型证明稳态经济技术可行这件事本身肯定也会增加其政治可行性。然而,在成功的计算机模型与现实世界的执行情况之间存在的差距依然很大,尤其是考虑实现稳态经济所需变革难度的话。维克多自己也说过:"在不依赖增长的情况下执行治理所需要的变革范围是如此之大,以至于没有任何民选政府能够为了实现稳态经济而在未征得选民广泛同意的情况下实施必要的政策,这就是政策制定者面临的困境。甚至仅仅谈及这类政策,便有可能令政治家在大选中落败。"[27]

考虑到产生环境灾难和社会动荡等后果的风险,很有必要构建一些开放的思想空间,以便各界权威和政治家能够在其中明智地探讨对增长的哪些限制是有现实意义的。稳态经济发展中心(the Center for the Advancement of the Steady State Economy, CASSE)是试图创造这类探讨空间的为数不多的组织之一。为了达成该目标,CASSE发布了一份经济增长观方面的立场声明,得到众多组织与个人的认可。[28] 该声明承认经济增长与环境保护之间存在冲突,并呼吁各国开始朝向稳态经济转型。在文本撰写阶段,已有超过9 000人在这份立场声明书上签字,其中包括一大批知名的经济学家和科学家。该声明还得到全球185个组织的支持,组织类型包括专业协会、非营利性组织(nonprofit organizations, NPO)、企业和政党。CASSE的立场声明可以为增长极限相关讨论的参与者提供庇护,但对大多数人来说,要接纳稳态经济概念,他们需要了解其运行机制以及它比人们已经习惯性接受的经济模式更可取的原因。

存在这样一种动态经济,它不需要依赖增长以提升生活质量,并且能找到与大自然之间的平衡。这种观念非常有吸引力,但论及目标如何实现,问题仍然很多。既然我们已经总结了从"**贪多**"向"**适度**"转型的论据,也回顾了"适度经济"的基本特征,那么解决这些现存问题的准备工作已经完成了。本书的第二编"**适度的策略**"(*Strategies of Enough*)提供了许多可行性建议,主要包括下面这些。

- 将物质和能源的使用量限制在可持续水平。
- 通过富于同情心的非强制手段实现人口数量稳定。
- 实现收入和财富的公平配置。
- 改革货币和金融制度以实现稳态。
- 改变我们对进步程度的衡量方法。

- 保障充分就业,并确保提供有意义的工作。
- 重新设定商业的价值创造方式。

为了使前后信息一致,我们将围绕以下3个问题组织此后7章的内容:我们现在是怎么做的?我们能采取哪些替代做法?从现状出发,我们应走向何处?尽管上述建议为举世瞩目的经济转型提供了出发点,但它们不应被视为回应"如何实现稳态经济"的最终答案。不过,它们确实为进一步的探讨与行动提供了基础。

经过思想启蒙后朝向稳态经济的开明转型描绘出一幅充满希望的前景。与"生态系统存在极限"这一现实相协调的经济尺度,将解决不少最严重的世界性环境问题。对于收入和财富公平配置的明确关注,将缓解某些最严重的社会不公问题。重新调整市场机制的作用范围,将消除企业时代某些最严重的市场滥用弊端。总而言之,这些经济变革将有助于确保我们这一代以及子孙后代拥有高品质的生活。还有一个额外的好处,经济变革甚至会改变学生对经济学的态度。虽然他们不太可能聚在方庭大喊"我爱经济课",但这样的经济学也许会给他们带来一些更可信的东西。

图片注释

① 维克托对加拿大经济BaU情景的假设:经济发展模式按照过去的增长趋势继续下去,人均GDP翻一番,但温室气体排放量达到了危险水平且贫困水平仍在上升。图4.1资料来源见本章注释11。

② 维克托对加拿大经济灾难情景的假设:经济增长的传统来源消失,但政府没有采取任何维持经济稳态的政策,其结果就是失业率、贫困水平和政府债务水平的急剧上升。图4.2资料来源见本章注释15。

③ 维克托对加拿大经济成功实现稳态经济转型情景的假设:在正确政策的支持下,低增长或零增长的经济系统同样可以实现重要的社会和环境目标。图4.3资料来源见本章注释15。

第二编

适度的策略

第五章

吞吐量已经够多了

——限制资源的使用和废弃物的产生

地球本身并不会在意人类的善意、厚望或未来发明。它甚至不关心美元,从行星角度来看,后者只是一个对人类而言迷人的发明罢了。行星只度量物理事物——能量、物质以及它们在生物体不断变化的种群中出入的通量。

——德内拉·梅多斯(Donella Meadows)[1]

我们正在做什么？

无论身处摩纳哥的豪宅，阿根廷的公寓还是柬埔寨的别墅，每个家庭（household）的新陈代谢都是可被测量的。从垃圾桶到吊扇，从苹果派到法国薯条，这些都是从外部输入家庭的物质资源。每个家庭还能从外界获取能源供应，如电力、阳光和天然气。每个家庭成员通过物质的消费与能源的使用来支持他们的各种生活方式。最后，整个家庭通过 CO_2 排放、废水排放和垃圾处理将废弃物外排到环境中，从而完成新陈代谢过程。这种代谢过程即物质和能量的流动与废弃物的排放，可以被称为家庭的吞吐量。

有些家庭的吞吐量明显大于其他家庭。由摄影师门泽尔（P. Menzel）出版的影集《物质世界》（*Material World*）引人注目，该书作为这一点的证据可谓无出其右。如同医生通过对病人的生理检查解析其代谢谜底，门泽尔通过拍摄来自30个国家的家庭，将其私有财物摆放在家门口展示，为各国的典型家庭消费把脉。来自埃塞俄比亚的格图（Getu）一家住在30平方米不到的小木屋里，摆在他们家前院的物品看起来是如此之少，尤其是对比来自美国的斯基恩（Skeen）一家摆在近150平方米的郊区住宅周围财物之盛的话。[2] 这两个家庭在物质财富积累方面的差距显而易见。对两张照片及其文字说明的更进一步观察表明，两个家庭在能量吞吐量上同样存在明显差异。格图一家在做饭时依赖从牛棚里收集的牛粪作为燃料；斯基恩一家则使用电力为家庭电器供电以及开动空调控制室温，而且他们使用汽油来驱动家中的三辆燃油车。有趣的是，与今天的其他美国家庭相比，斯基恩一家的吞吐量看起来并不算高。门泽尔的书在20世纪90年代中期出版，自那时起典型美国家庭的消费量已进一步上升。2010年，美国新建单户住宅的平均面积约为222平方米，比斯基恩一家的房子大了近50%。[3]

从《物质世界》一书中可以推导出许多结论，其中最明显的一个结论是美国家庭对自身的高代谢率引以为傲——非官方的说法是美国人乃吞吐量的世界冠军。最近有一则新闻报道说，如果世界上的每个人都像美国人那样消费，我们将需要至少6个地球来维持全人类的生活。[4] 这些统计数据很有说服力，但想对美国迅速增长的家庭吞吐量有更深层次理解的话，你或许应该看到这些吞吐量的来源是一个奇特的行业——私人自存仓库业（self storage）。

在过去的35年里，自存仓库一直是美国的商业地产行当中业务量增长最快的部分。[5] 自存仓单元通常是金属加混凝土式仓库里的一排排库房，这些库房为家庭提供了存放多余物品的场所。其实直到不久之前，美国只有少量自存仓业务提供，它们是用来满足家庭在过渡时期（例如搬家时）储物需求的。但近年来，自存仓业务量已经呈现出显著增长的态势。美国现有的可出租自存仓面积超过202平方千米，比3个曼哈顿岛的面积还大。美国家庭中租用自存仓的比例从1995年的1/17上升到2007年的1/10。[6] 租户使用自存仓单元最常见的原因之一就是存储不再需要或不想用的物品。[7] 美国家庭输入通量的增长是如此之快，以至于超过了许多家庭的容纳能力（而这类家庭的数量也在以惊人的速度增长），其结果便是带来了自助仓产业王国的崛起。

对家庭尺度而言，掌握吞吐量相对容易，用不着像《物质世界》书中那样把全部家当都拖到前院罗列。家庭吞吐量的账目审计（audit）需要追踪的是有多少物质输入，又有多少废弃物输出（放到自存仓单元的物质也算一种输出）。家庭吞吐量审计还要求记录能源的消费。在大多数情况下，审计师需要收集购物单据，从公共事业账单中提取水、电数据，然后做点加减乘除四则运算——这项工作简单直接，但多少有些单调乏味。可是，如果"家庭"范围扩大到整个经济体，这样的审计过程又会变成什么样子呢？

"经济"（economy）一词实际上来源于两个希腊语单词：家庭（*oikos*）[*] 和管理（*nomos*）。"经济学"（economics）在字面意义上就是人类家庭的管理学问。

---

[*] 希腊语 *oikos* 也是英语"生态学"（ecology）一词的词源，所以在某种意义上经济学与生态学是本质同源的学科。

家庭规模越大，分析起来就越困难，但研究者已经设计出追踪大尺度吞吐量的有用工具。物质流分析（material flow analysis）就是这类工具之一——它是一种经济系统物质流的系统性通量评估方法。基于物质守恒定律，物质流分析使用质量平衡方程（mass balance equations）来追踪物质流从环境源流出，在经济系统中消耗（被消费），并以废弃物形式的物质流返回环境的全过程。[8]

正如某个家庭租用3个自存仓单元来管理过剩物品一样，某个经济系统也可能存在代谢过度活跃的现象。物质流分析表明，全球经济系统的代谢率比过去高得多。人类现在使用的物质资源（按重量计算）是1个世纪前的8倍。[9] 研究者得出结论："如果经济系统的新陈代谢保持目前的速率，人类的发展最终将受到限制。这些限制可能表现为供给端的资源稀缺，或者也可能表现为废弃物处理端（the disposal side）的生态环境退化。"[10]

这个结论与生态足迹核算传达的信息类似。生态足迹是理解经济系统中物质流和能量流的另一种有用工具。如第二章所述，根据全球经济系统的生态足迹测算结果，当前人类消耗资源并排放废弃物的速度比维持可持续发展的最高速度极限快50%。

这些发现表明，我们正在错误地管理全球大家庭：从前门吞进了过多的资源，从后门排出了过多的废弃物。目前的资源管理方法已经过时了。这些过时方法的建立所依赖的经济模型的时代背景是假设自然资源相对充足、人口和人造物品相对匮乏。[11] 在那个时代，农业演进、殖民主义的传播和工业革命看似提供了无穷无尽的资源等待着人们去开发，再加上新技术的出现扩大了经济活动的范围，使得资源利用方式更加新颖、高效和快捷。政治经济学家乔治（H. George）*的话语可以概括当时占据主导地位的世界

---

* 乔治是美国19世纪末期著名政治经济学家（"政治经济学"是现代经济学的学科前身）、社会活动家。他认为土地私有是不平等的主要根源，主张土地国有，政府征收单一地价税归公，废除一切其他税收。孙中山提出的民生主义受到乔治思想的巨大影响。

观,他在1884年写了如下段落。

> 这艘船仓廪丰足,我们乘坐着它航行,穿越各处地方。如果甲板上的面包和牛肉看起来变少、变得稀缺了,我们只需打开一扇舱门,就会得到新的供应,这是我们以前做梦也想不到的。舱门一打开,我们就可以说"这是我的!"因为我们对其他人的服务有极强的掌控力。[12]

在过去的200年里,吞吐量不间断的增长为人类提供了一系列商品和服务,同时伴随着物质福利水平的提升,正所谓"乱花渐欲迷人眼"。这种增长趋势使人口也随之迅速增长,而人口的快速增长反过来又推动了资源利用水平的提升。据学者估计,在整个地表,人类对具备生物生产力的土地实现彻底支配的面积比例达36%。[13] 经济活动对物质、能源和土地的占用大大削减了人类以外物种的可用空间,从而导致生态系统崩溃、物种灭绝和生物多样性丧失。[14] 过高的吞吐量水平将破坏自然系统的稳定性(如气候稳定性、营养循环稳定性、淡水供给稳定性等),而自然系统是人类生存依赖的终极资源所在。过度消费不可再生资源(如化石燃料)以及过度开发可再生资源(如森林生态系统和鱼类种群),可能意味着我们的子孙后代将不得不依靠更少的资源谋生。尽管经济系统对生物圈已经造成了胁迫,但主流经济模式仍对后者予取予求,贪图"更多"。看起来,乔治构想中无止境增长经济系统的前沿先锋最终撞上了真正的边界。

我们能采取哪些替代措施?

时不我待,现在该考虑一种新的全球家庭管理计划了。在全球尺度上并不存在什么异地自存仓单元,能让我们不管不顾地提取资源或放置废弃物(因为我们只有一个共同的地球)。为了管理的长期成功,新计划必须包含以下3个重要操作原则,它们是由戴利最先提出的。[15]

1. 可再生资源的开发速度不超过其再生速度。

2. 不可再生资源的消耗速度不超过该资源的可再生替代品的开发速度。

③ 废弃物的排放速度不超过能确保它得到安全同化的生态系统吸收速度。

当前的经济系统并未遵循这3个原则,系统中的价格往往不能反映资源损耗、废弃物产生与生态系统服务功能的丧失带来的影响。其结果是:市场在反映吞吐量水平代表的可持续程度时释放了错误的信号(如果不能说市场上毫无信号的话)。我们需要消除这种市场失灵,并确保经济系统遵循戴利提出的3个原则。要做到这一点,必须制定针对吞吐量的限制政策,从而使经济的运行能在维持生态系统健康、保障商品与服务的充足供给之间取得平衡。

某些吞吐量限制政策相对简单,可以在当下的制度安排内执行;另一些政策则需要建立新制度。[16] 选择正确的政策是一种高风险博弈。人类所面临的环境问题亟待解决,这迫使我们迅速采取行动,将物质流和能量流的通量降低到可持续水平。与此同时,落实降低通量的政策可能会限制人们能够做事的范围。一方面,安全需求(即避免资源短缺和环境灾难)的指向是立即采取直接方法减少吞吐量。另一方面,对自主权的需求(即不受规则和条例的限制)可能会使限制吞吐量的政策显得难以接受,尤其是这些政策被视为过于严格时。制定政策的挑战在于,如何在减少吞吐量的同时尽可能降低对个人自由产生的影响。这一挑战要求我们仔细考虑直接限制物质吞吐量的方法和不那么直接的方法分别应该在哪些时候使用。

直接限制吞吐量的方法

限制吞吐量最简单、最直接的政策就是完全禁止。出台禁止令,禁止在经济系统中使用特定的物质或采用特定的生产过程。例如禁止将使用铅作为油漆和汽油的添加剂,这一禁令已被证明给社会带来了极大的益处。铅的毒性会对人们的精神健康造成严重影响,禁令在全世界范围内大大减少了人们与铅的接触,从而减少了与铅有关的健康问题。

配给制是限制吞吐量的另一种直接策略。配给方案为个人或公司提供指定数量资源的使用权。例如,按月分配给每个人一定数量(千瓦时)的电力。这样的计划既可以减少来自矿井的资源开采量(例如煤和铀的开采量),也可以减少流入环境的废弃物量(例如CO_2和废水的排放量)。

禁令和配给制已被有效地用于实现有害物质的减量。这些方法可以得到更广泛的应用,但它们属于强制性措施范畴。为了减少强制性措施的使用,戴利和其他经济学家提出将可交易的许可证制度作为限制吞吐量的有效方法。[17] 同禁令和定量配给制一样,可交易许可证制对某种物质的使用或排放设定直接限制,但它在如何实现限制方面提供了更多的灵活性。这种制度可以表现为多种形式,但大多数包含以下基本要素。

- 基于目前可获取的最佳科学信息(并遵循上一节所述3个操作原则),由公共机构确定资源使用或污染物排放的总配额。
- 公共机构在配额内分配或拍卖许可证。
- 每张许可证都规定了持证人在特定时期内可以使用的资源量或可以排放的污染物量。
- 持证者可以在竞争性市场上交易他们的许可证(或份额)。

许可证交易制希望给持证者尽可能多的自主权,同时避免他们过度使用资源或过度征用环境对废弃物的吸收能力。

由许可证交易制衍生的一个有趣制度是"上限与份额"(cap and share)计划(图5.1)。顾名思义,上限与份额计划设定了资源使用量的总体上限,并将这些总量平等分配给所有公民。然后,企业必须购买许可证才能使用相应资源,公民可以将手上的许可证出售给企业。该计划中的每个人都实际拥有一份资源,并可以将许可证出售给寻求从资源中获利的生产者。这种设置将资源的产权分配给公民而非公司。出售许可证的收入补偿了个人因资源供应限制带来的价格上涨而造成的损失。当某些人的消费量低于自然资源公平分配所提供的商品和服务额度,他们将会因其良性行为而获得经济奖励。[18]

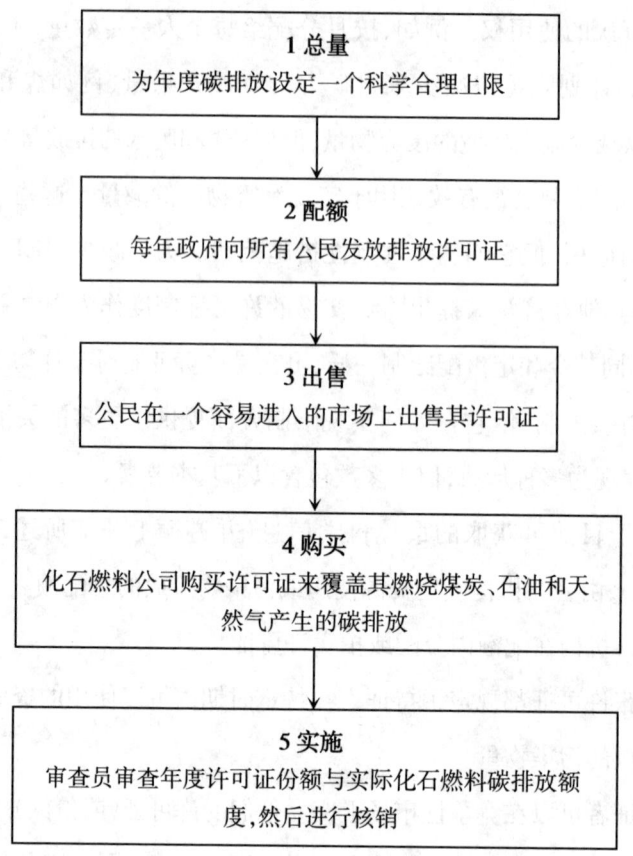

图5.1 CO_2管理的"上限与份额"计划[①]

限制吞吐量的直接方法如禁令、配额制、可交易许可证制以及"上限与份额"计划,都能为自然资源存量提供安全保障。假如吞吐量限制是以合理的科学方法确定的,那么以上方法极有可能达到这样的目的——将吞吐量维持在生态极限以内。但是,考虑到吞吐量限制措施具有相对强制性,不那么直接的方法也是值得考虑的。

间接限制吞吐量的方法

在考虑如何改变人们的消费习惯时,大多数经济学家或迟或早会想到税收计划。税收能够在一定程度上影响人类行为。例如,针对烟草类产品征收"罪恶税"(sin tax),试图通过增加吸烟的成本来减少这种不健康行为。

除了起到威慑作用外，征收罪恶税还可以通过其收入帮助减轻不被期望的行为所产生的影响（例如支付与吸烟有关的医疗费用）。生态税正是一种罪恶税式税收体系改革提案，旨在遏制产生废弃物的消费性行为。理想的情况是将税收负担转移到需要限制的项目和活动（例如污染或车辆行驶里程过高）上以防止环境问题的产生。生态税产生的收入可以替代其他税种的收入，因此我们可以降低甚至废除其他税收（例如个人所得税）。正如戴利所言，我们应当对"坏事物"（bads）征税，而非对商品（goods）征税。[19]

翻开经济学的工具箱，你会预期发现一系列税制改革的政策工具。但经济学家最好也考虑采用另一种工具将吞吐量限制在可持续水平上——这是一种在生态学家工具箱中更常见的工具，那就是建立自然保护区。

从社区到国家，全世界的各级管辖区都在建立和管理保护区方面积累了丰富的经验。这些保护区（如国家公园、野生动物保护区和海洋保护区）都被排除在经济生产之外——法律明令禁止对保护区的土地、水域及其所含资源进行开发。然而，尽管保护区是如此重要，现有的保护区体系仍尚未完全建成。在美国，大多数生态系统类型以保护区形式获得保护的面积相对而言都太小了。[20]生物学家发现，北美的保护工作更可能聚焦在风景优美而无甚经济产出的高海拔地区——那里基本上被裸岩和冰雪覆盖。[21]在全球范围内，保护区网络在过去几十年间的发展令人印象深刻，现在已经覆盖了地球陆地面积的11%以上，但它仍不足以为众多脊椎动物的物种长期生存提供安全保障。[22]

提高保护区有效性的方法之一是效仿第四章提出的新型投资理念：我们需要投资更多的保护区，并对它们进行战略定位，以保护更广泛的生态系统服务和生物多样性。我们可以通过将更多的土地和自然资源挪出市场以及帮助生态系统恢复对废弃物的吸收能力（例如森林吸收CO_2的能力）来减少吞吐量。然而，该办法的实施面临棘手的政治、财政问题，因为世界上保护优先级最高的地区大多位于低收入国家，它们很难支付建立和维持保护区的费用。²³ 富裕的国家可以通过"生态系统服务付费"项目提供帮助，该项目通过为农民或土地所有者提供经济激励政策来换取他们手中的土地管理权，从而使他们的土地能够提供某些生态服务。

美国早期生态学家利奥波德（A. Leopold）对野生动物管理科学产生了深远的影响，他的著作也为我们提供了另一套"配方"。利奥波德认为在整个景观中，有必要更广泛运用一种保护方法，那就是他命名的"土地伦理"（land ethic）。他的原话是土地伦理"反映了生态良知（ecological conscience）的存在，而这反过来又反映了'土地健康人人有责'的信念，此处'健康'指土地的自我更新能力。所谓'保护'，就是我们为理解并存续土地的这种能力而做的努力。"²⁴ 按照利奥波德的观点，社会需要接受这种管理哲学并努力保护土地的健康，而非仅仅用围栏划出一系列保护区。

我们该何去何从？

人类正处于岌岌可危的处境。全球家庭消费了太多东西，现在是时候削减用度了。成功的转型很可能需要结合直接与间接政策，这类政策组合恐怕不得不在一定程度上侵犯（impinge）个人的行为自由。但无论具体政策如何组合，推动转型进程有4个前提条件。

第一，我们的首要前提是实现更公平的收入和财富分配（第七章将深入讨论这个话题）。一旦吞吐量的限制政策生效，人们的可用资源就会减少。在这种情况下，必须保证每个人都能公平地获取其应有的份额。然而，如果我们在资源有限的情况下继续维持目前的自然资源（以及由此产生的商品和服务）分配方式，将会发生什么状况呢？富人获得的资源供应比例会越来越高，而穷人则会遭殃。因此，任何限制资源使用的政策都必须解决分配问题，必须明确以何种措施将资源中蕴含的价值公平地分配给所有公民。

第二，我们需要一个综合性监测系统。追踪经济系统的吞吐量（以及评估它是否可持续）需要优质的数据收集与分析系统。要理解这样做的原因，我们可以想象限制化石燃料使用之后的情况。对化石燃料的限制可能会刺激生物质燃料的产量出现大幅增加,而这种增加可能会对土地利用方式和食品价格造成非预期的意外后果。如果没有监测系统,我们就无法追踪减少化石燃料燃烧的这些间接影响,也很难追踪其直接影响。监测项目提供的信息还可以帮助完善政策,我们无法避免对新政策进行调整的可能性(例如在出现未曾预见的后果时,调整上限与份额计划中的总量上限),那时监测系统提供的信息将十分有用。对国家而言,监测吞吐量的良好开端之一是采用绿色审计程序如联合国的环境经济审计系统(System of Environmental-Economic Accounts)SEEA 2003。[25] SEEA 2003 为核算环境资源对经济的贡献及经济对环境的影响,提供了一种一致性分析框架。

第三,我们需要一种循序渐进式方法。强制实施资源使用量的限制政策需要全社会进行力度甚强的文化和制度变革。循序渐进地实施这类政策将为人们行为的改变、经济制度的重组留出充足的空间。

第四,我们需要改善各级政府之间的合作和协调机制。资源开采和消费的监管权主要由国家层面掌控,但使用这些资源产生的影响往往是全球性的。例如,石油和森林资源分属各国辖区,但对这些资源的管理却会影响到全球的共同利益,如气候和生物多样性。此外,如下风险确实存在:如果某国对吞吐量实施限制政策,那么资本和产业就可能会转移到未实施限制政策的其他国家。如果他国继续奉行以经济增长为基础的政策,那么试图制定合理的资源利用政策的国家就可能会面临转型阻力。

因此,理想状态是自上而下地制定资源限制政策。从全球层面开始,沿着国际区域、国家和地方社区层层向下地传导推进。但是,在限制范围内的资源管理权应该交由本地的个人和组织掌控。推动这一进程需要国家之间进行密切合作,并在更小的辖区之间进行协调。尽管人类在实现这种合作和协调方面一直呈挣扎状态,鼓舞人心的先例还是存在的。《蒙特利尔议定书》(Montreal Protocol)成功地限制了损耗平流层臭氧的化学品的使用(臭氧可以保护地球上的生命免受有害的紫外线辐射)。《蒙特利尔议定书》的通过及其具体条款的执行需要进行紧张的国际谈判,以获取国际社会的一致同意。

将吞吐量限制在可持续水平需要我们从根本上改变当前的经济格局。这些变化无疑将伴随着改革成本的产生,但令人担心是无所作为造成的代价更大。冒着破坏我们全球家庭的风险,用更多的物品把它塞满,而不是只利用必要的东西让人们过上美好的生活,这样做真的值得吗?说服支持增长的顽固精英群体去接受当前必需的变革,这将是一种挑战,但我们有88%的概率可以战胜这一挑战。

大多数人都听说过,99%的人(该群体有理由自称人民群众)对收入最高的1%人群的过分行为不满——但88%又是指哪群人呢?在一项针对俄勒冈州居民(18岁及以上人群)的调查中,88%的受访者同意"如果我们都减少消费,美国会变得更好"。[26] 在政治议题中,很难找到支持率高达88%的表述——这段话表明绝大多数人都在呼吁"适度",这种支持表态也是维持健康的家庭新陈代谢的坚实基础。

图片注释

① CO_2管理的"上限与份额"计划指政府向公民分配排放许可证,并允许公民将许可证出售给能源公司,从而在实现公司减排预期的同时,为公民提供一种公平获取收入的方法。图5.1资料来源见本章注释18。

第六章

人已经够多了
——稳定人口规模

> 我从未见过哪个难题在涉及人数较少时不会变得更易解决。对同一个难题来说,卷入其中的人数越多,它就越难解决,甚至最终无法解决。
>
> ——大卫·爱登堡爵士(Sir David Attenborough)[1]

人口 每平方千米的居民数量	收入 相对全球人均收入的比值	扯淡 谈论贫困/饥荒的声量
☐ >200	☐ <100%	☐ 聊胜于无
▨ 100–200	▨ 100%–400%	▨ 足以令人神经紧张
■ 0–100	■ >400%	■ 汗牛充栋,足以埋掉一座摩天楼

☐ 最不发达国家　　▨ 发展中国家　　■ 发达国家

我们正在做什么？

在亚特兰大市郊区的一个典型中产阶级社区里，有座不寻常的房子。这个社区有50栋住宅彼此相邻，排在阴暗的死胡同里，看起来像20世纪70年代初版本的"美国梦"样式。这些批量建造的房屋坐落在佐治亚州皮埃蒙特（Piedmont）地区典型的红土山坡上。因为这些房子的文化和建筑根源相同，所以它们看起来大多十分相似，唯有街道尽头的最后一栋与众不同。这栋房子采用定制工程方式建造，墙体是以不同寻常的咖啡色砖块砌成的，在其小型内置庭院中有一些岩石园林。这样的设计非常具有现代感，至今仍令大多数观赏者留下深刻印象。这栋房子的主人是位华裔美国人，家里有4个小孩，其中年龄最小的孩子是我小时候最要好的朋友。

即使是个站在屋外的二年级小学生也能一眼看出大卫（David）的房子与其他房子截然不同，但我第一次走进这座屋子时，还注意到了另一些不一样的地方。他家的书房是我们小时候经常消磨时光的地方，我们在那里讨论"万圣节该穿什么服装""自行车座椅的最佳设计方案是香蕉型还是标准型"这些"重要议题"。在书房的墙上挂着一排相框，里面陈列着从林登·约翰逊（L. Johnson）到卡特（J. Carter）的美国总统照片。在一个充满东方卷轴、雕塑和陶器装饰的家庭中，这种墙面装饰看起来有点怪。更奇怪的是，每张照片上都有总统的亲笔签名和留言。

1967年，大卫的哥哥博比（Bobby）作为第2亿个出生的美国人来到世间。他的婴儿照出现在《生活》（*Life*）杂志的封面上。博比在某种程度上出名了，因为人们对观察他很感兴趣，想看看作为美国人的随机代表，他的人生表现如何。因此，博比每次过生日时都会收到总统的签名照片。

在很长一段时间内，我都没有在意过博比是第2亿个美国人，直到2006年10月17日，一则新闻让我回想起这事。那天，第3亿个美国人出生了，这新闻着实让我有些不安，因为它代表了人口的增速。在不到40年的时间里，我们为美国增加了1亿人口，这就像增加了（以现有人口数量来算）10个佐治亚州或者185个亚特兰大市。

在大西洋的另一边，英国的人口也在增长，预计将从2010年的6200万人增加到2020年的6700万人*，到2035年人口将增加到7300万。[2] 美国和英国人口不断增长的事实确实令人不安，因为这两个国家的生态足迹已经超出了他们各自的生物承载力。美国的生态足迹已经是其生物承载力的2倍，英国的生态足迹更是达到其生物承载力的将近4倍。[3] 即便不深入研判这种人口增长速度是否可持续，我们也可以肯定地说，这样的人口增长会使一个国家的经济和社会结构发生巨大的改变。

让我们把镜头移向全球尺度，博比出生时，整个地球上约有35亿人口。[4] 从那时起到现在，我们的人口已经翻了一番，达到了70亿。70亿人口这个数字超出了人类过往的所有经验，但美国国家地理学会（National Geographic Society, NGS）试图用几个令人信服的统计数据来解释这个数字。

- 大声数出70亿需要200年时间。
- 你用70亿步可以绕地球走133圈（假设你在水面上也能行走）。[5]

人们很难对70亿这样庞大的数量级给出具体的概念，而想让他们理解"极为巨大的影响可能来自十分微小的增长率"这一概念就更难了。

物理学家巴特利特（A. Bartlett）在他的演讲中强调了人类的数学缺陷，他说："人类最大的失败就是我们在理解指数函数时的无能。"回想一下，计算倍增时间的经典方法是将70除以增长率的百分数，这意味着即使70亿人口的年增长率仅为1%，大约70年后全球人口就将增加一倍，达到140亿。简而言之，一个微小但稳定的增长率足以导致人口的快速增长。目前，世界人口和美国人口均以每年略高于1%** 的速度增长[6]。

过去几个世纪全球人口的惊人增长佐证了指数函数在生活中的作用。

---

* 2020年英国统计的实际人口数量为6708万人，显示该预测模型相当准确。

** 这一人口增长速度为2013年之前的数据。2022年世界人口和美国人口的增速均低于1%，分别为0.839%和0.467%。资料来源：联合国《2022年世界人口展望》。

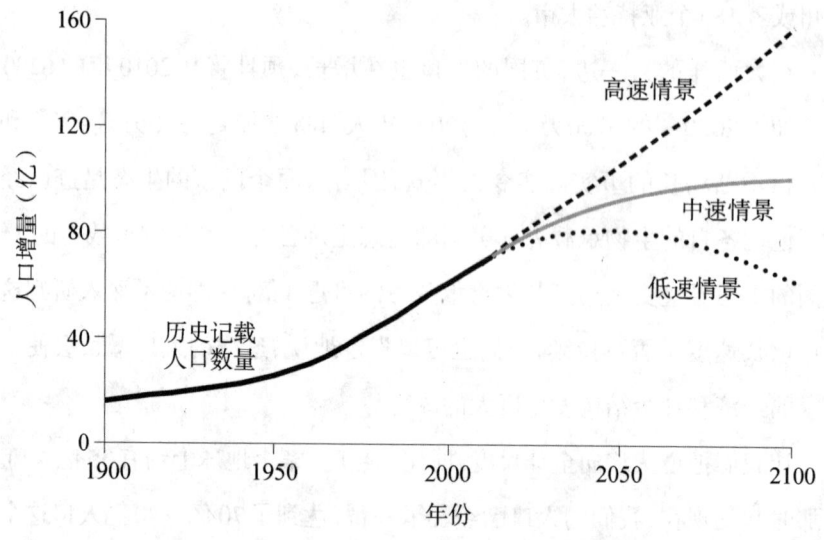

图6.1 人口学家预测的2050年世界人口数量①

目前,人口统计学家正试图弄清未来的全球人口将发生何种变化。在"中速"人口预测情景中,联合国预测全球人口数量到2050年将达到93亿,到2100年将超过100亿(图6.1)。[7]

虽然全球人口的增长和过剩问题有时被解读为南北对立问题(North-versus-South),但这些问题对全球各类国家都会产生影响。如图6.2所示,人口最密集的那类国家如荷兰、日本和英国都位于北半球。不过,高工业化国家与低工业化国家之间还存在另一项人口统计学差异。[8] 大多数北方国家的人口增长率要低于南方国家*。

关于工业化国家人口增长率下降的可能性,人们已经探讨了很多。在欧洲国家、日本和俄罗斯**(以及一些其他国家),生育率已经下降到维持人口稳态(在工业化国家指每个妇女生育2.1个孩子左右)的水平以下。[9] 这类国家中有一些的人口已经开始萎缩,更多国家的人口则可能即将出现下降

＊ 此处北方国家指相对富裕的发达国家,南方国家则指相对贫穷的发展中国家。

＊＊ 原文如此,作者未将俄罗斯归为欧洲国家。

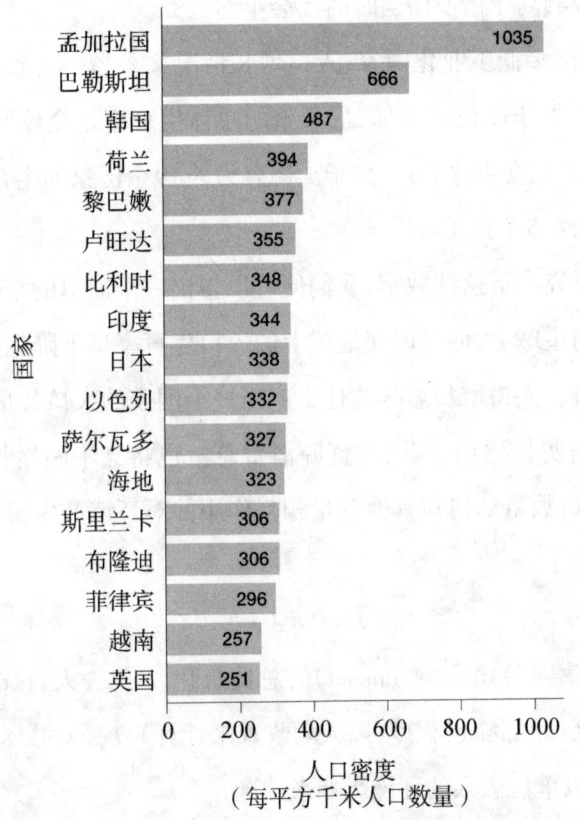

图6.2 世界上人口最密集的国家②

(但美国是个例外——尽管人口增长率不像以前那么高,美国的婴儿出生数量却在创造历史新高,人口增长的势头依然强劲)。[10] 鉴于人口过剩带来的环境后果,人口的稳定和下降理应被视为一种积极的发展策略。但是,出现人口下降的各国似乎都很害怕这种趋势。它们担心国家人口的老龄化和劳动力的减少会对养老金和社会事业产生重大影响。由于人口大国在世界舞台上往往会发挥更大的作用,因此,它们或许也在担心本国的世界影响力会随着人口的减少而遭到削弱。在某些情况下,国家会采取激励措施来提高生育率,以此缓解对人口下降的担忧。2006年,俄罗斯政府就启动了一项生育计划,给予选择生育二胎的女性25万卢布(当时约合9200美元)的现金奖励——这一数额高于俄罗斯当时的社会年均工资。[11]

然而,在许多低工业化国家,人口增长情况又是另一番景象,这些国家的生育率一直处于高位。例如,尼日尔的总体生育率是全球所有国家中最高的,平均每个妇女生育7.6个孩子。还有另外19个国家的生育率水平超过了平均每个妇女5个孩子。[12]

粗略地研究一下这些数字,我们便可以得出一个简单的结论:我们生活在一个拥挤的星球上,而且即使地球上的人口生育率呈下降趋势,它仍在变得越来越拥挤。人口增长意味着什么?当一个国家的人口数量不断增长或资源的人均消费量增加,该国的资源消费总量也将会不断增长。"I-PAT方程"阐释了人口数量如何与其他变量相互作用并对环境产生影响,其表达式如下。[13]

$$I = P \times A \times T$$

式中 I 代表对环境影响(impact)的总体量化,P 代表人口(population)规模,A 代表富裕(affluence)程度(以人均收入来计算),T 是对技术(technology)影响的解释(以单位收入的环境影响来计算)。

为了限制 I 增长过快,避免其对全球生命支持系统产生破坏性影响(例如破坏全球气候的稳定性),全社会必须对 P、A 和 T 的数值进行管理。节约和自给自足可以对 A 进行限制,环境友好行为和技术进步可以约束 T 的影响,但这些限制与约束本身也都有其限度。[14] 为了构建与自然界平衡的经济系统,P 的数值稳定也是非常必要的。[15] 但如果全球人口按照目前的趋势继续增长下去,自然界与经济系统的平衡将无法实现。

如第二章所述,全球人口的生态足迹已经过大,人类正在超越地球的行星边界所围出的安全运行空间。然而,人口过剩不仅会产生环境问题,它还会引发社会公平问题。世界上的人口越多,每个人可获取的自然资源份额就越小。

如果将地球上的资源平均分配给所有人,那么问题就来了:在一个即将达到93亿人口的世界里,是否还有足够的资源为全体人类提供美好的生活?即使平均分配情景能够维持下去,人类也离能够获得的最佳生活状态甚远。为了减少贫困,富裕国家的公民必须减少资源消费量,并且全球所有国家的人口规模都必须实现稳定或减少。这是因为我们不但需要更小的生态足迹,还需要更少的"脚"*。

不幸的是,人口增长问题的争议性是如此之强,想以建设性方式去探讨它真是困难重重。人们将它同其他争议性话题联系在一起,诸如贫困、生殖健康、妇女权利、移民以及文化和宗教信仰问题等。进步派和保守派人士都倾向于回避探讨人口本身。一些人认为把注意力集中在人口上会分散他们对更为直接的社会公平问题的关注,例如富人与穷人之间的财产再分配问题。[16] 另一些人担心,抑制人口增长会鼓励堕胎行为或导致经济困境。[17] 还有一些人认为呼吁解决人口增长问题其实是一种对人权的攻击(例如对人口自由流动或生育选择权的限制)。[18] 从政治上讲,对于人口增长问题的处理一直处于模棱两可状态。

平心而论,人口增长问题是一个棘手的话题,而且实现人口稳定的实践中还有一段不堪的黑历史,包括强制堕胎和强制绝育政策。在那样的历史背景下,认识到隐藏在人口数字背后的是一个个鲜活真实的人,这是最重要的事——这些人包括父母、子女。只关注人口的数值会模糊具体的个体面孔与个性。因此,博比不再只是博比,他成为了"第2亿个出生的美国人"这一象征。

从人文主义视角来看,稳定人口已经成为讨论未来的政策制定时必须考虑的问题。加拿大获奖作家德·维利耶(M. de Villiers)认可这一人文主义观点,同时他提出了一个问题,那就是我们该如何去做,才能在非强制情况下达到"正确"的人口数量。[19] 如果不去思考这一问题,我们就无法将人性

---

* 此处的"脚"比喻人口数量。

面孔放在比冷冰冰的数目字更高的位置,而这很可能会造成不道德的政策被制定出来。因此,在试图稳定全球人口数量时,为了避免产生这种不被接受的政策可能性,我们需要牢记制定人口政策可能产生的社会后果。

我们能采取哪些替代措施?

包括权威人士和政治家在内的许多人对人口增长问题仅仅采取观望态度。大多数人认可稳定人口数量是个有价值的目标,但与此同时他们指望依赖某种"自然"的途径去实现人口稳定。我们很容易回避这一问题,或者希望它会自行解决,但已有证据表明全球人口已经超越了众多环境极限,无所作为恐怕会变成最危险的做法。

采取行动反而是种更谨慎的做法。有种简便策略可以在所有国家共同实施——提供关于计划生育(family planning)的教育并确保人们能够获得避孕套和其他避孕药具。在全球范围内,每年会发生约8000万次意外怀孕。凑巧的是,8000万人口差不多也相当于全球人口的年均增长量。[20] 使大众广泛了解并容易获取避孕药具,这类措施可以显著减少意外怀孕的次数,对稳定全球人口大有裨益。这一策略产生的巨大潜在益处解释了生物多样性中心(the Center for Biological Diversity)开展避孕套推广项目的原因,该中心认识到人口过剩和生物多样性的丧失之间存在联系。

虽然发放避孕套可以帮助避免意外怀孕,但想实现人口稳定还有更多工作要做。对任一国家来说,其制定政策的恰当性取决于该国人口增长的来源——源于国内新生儿数量(domestic births)的上升还是移民人口的增多。某些人口增长国的生育率(fertility rates)很高,但移民率很低,甚至是负的。这类国家往往是像乌干达、马里这样的低收入国家。另一些国家的生育率虽低,但移民率高,这类国家往往是高收入国家,如美国和英国(表6.1)。[21] 这种分类也有例外的情况,但总的来说,我们可以明确区分两条政策路线:一条针对低收入、高生育率国家;一条针对高收入、低生育率国家。

表6.1 被选国家的收入、总生育率、移民率测算(2011年)

国家	收入①	总生育率②	移民率③
乌干达	1300美元	6.69	−0.02④
马里	1300美元	6.44	−5.23
美国	48 100美元	2.06	4.18
英国	35 900美元	1.91	2.60

注:① 人均GDP,按购买力平价调整。

② 每位女性生育孩子的平均数量。

③ 每千人中的移民数量。

④ 移民率负值代表该国移民的迁出率大于迁入率。

资料来源:参见本章注释21。

低收入、高生育率国家的稳定人口政策

除了计划生育政策之外[22],一些人口学家和社会活动家建议采用另一种方式来降低人口生育率:赋予女性权利。这种赋权要求女性与男性享有同等的权利和机会。该政策还要求女孩享有受教育的机会。接受教育的上学女孩长大成为母亲后,生育孩子的数量倾向于较少。[23] 经济学家萨克斯(J. Sachs)归纳出以下4点原因。

- 上学后,女孩可能会推迟结婚、育儿的时间。
- 女孩了解性、避孕与生殖健康等知识,以及对生育众多孩子带来的压力进行权衡后,她更可能倾向于组建一个小规模的家庭。
- 年轻女性受教育后,在与配偶就家庭规模和养育孩子问题的谈判中会掌握更高的话语权。
- 年轻女性受教育后事业发展会更加顺利,而个人事业通常会让她更倾向于组建一个小规模的家庭。[24]

让女孩受教育不仅可以带来降低生育率的益处,还具有帮助地区减贫的潜力——这对高出生率、低收入社会来说是一种双赢策略。我们所面临的挑战是要确保每个家庭都有能力送女孩上学。这一挑战也要求社会优先支持教育事业,拿出一部分财政资金来支付女孩的教育费用。教育通常被誉为经济发展的关键因素,实际上它真正具备关键性之处是稳定人口数量、奠定经济系统朝向稳态经济转型的基础。高收入国家的命运与低收入国家的发展息息相关,虽然高收入国家在支持全球教育事业方面能够发挥积极作用,但它们也需要关注自身境内的人口问题。

高收入、低生育率国家的稳定人口政策

马丁(R. Martin)是英国的一名前外交官,他在职时参加了许多环保事务谈判。他对环境问题研究得越多,就越明白其背后根源所在,大多数环境问题可以追溯到人口过剩问题。当马丁意识到英国持续增长的人口正在破坏建设可持续社会的努力,他决定接受"理想人口信托"组织(Optimum Population Trust,现改名为"人口事务",Population Matters)的邀请,担任主席一职。马丁以该组织主席身份提出了关于稳定英国人口数量的若干建议——这些建议同样适用于其他富裕国家。

马丁的主要倡议之一是将"可持续人口"纳入政府议题。为了实现这一目标,他提议设立一个高级别的跨部门职位,该官员的工作职责包括两项主要任务:① 帮助政府机构评估其政策对人口增长的影响;② 提出一系列稳定人口的政策措施。在相关措施中,马丁特别支持对规模控制在2个孩子或更低的家庭实施的激励措施。但根据英国的人口统计数据,他的另一项政策建议对国家来说最为重要——那就是改变移民政策,以实现迁出和迁入的人口数量平衡。为了实现这一平衡状态,国家需要减少通过移民入境的人数总量。

在大西洋的另一边,自从1886年自由女神像伫立在曼哈顿岛的顶端,它的铭文一直在以非正式的方式传递美国宽松的移民政策。[25] 但在1921年,当一波又一波的移民越过自由女神的视线来到埃利斯岛(Ellis Island)入口,美国国会当即要求增加条款，限制来自他乡拥挤流民的上岛规模。如今，美国设置了严格的移民限制条件，根据美国国会预算办公室的政策，美国的移民政策主要有4个目标。

1. 接纳拥有紧缺技能的员工入境，填补美国国内职位空缺。
2. 接纳在美国有亲属的移民入境，使其家庭团聚。
3. 为面临政治、种族或宗教迫害风险的人提供庇护。
4. 接纳历史上移民率较低的国家公民入境，确保美国人的多样性。[26]

这些目标将移民人群分为三类：职工、亲属与难民（第4个目标下的移民同时需要至少满足前3类中的任一类条件）。其他富裕国家如加拿大的移民政策也采用相似的分类。[27] 任何一项减少移民数量的计划在出台前都必须先确定要减少的是哪类移民。如果我们阻止向往家庭团聚的亲属移民或拒绝难民移民，就无法坚持移民政策中的人道主义精神。为此，职工类移民成为减少移民数量的主要类别。事实证明，减少该类移民的计划实际上增强了移民政策中的人道主义精神。

为了促进经济增长，美国和其他富裕国家正在招募职工移民，尤其是招募那些受过高等教育的职工和技术熟练工移民。这一做法造成了发展中国家的"人才流失"（brain drain），其顶尖人才都被发达国家引诱挖走。[28] 对需要向稳态经济转型的富裕国家来说，这样的做法也是不合适的——它不仅会以经济增长名义增加本国的人口，而且是以牺牲贫穷国家发展机会为代价的。这些移民人才的祖国往往是最需要他们施展才能的地方。因此，富裕国家不应只从国外招募受过良好教育并具有创业精神的人才，而应着力在国内培养人才，并鼓励海外国家留住那些最有能力的人才。这一政策的改变将有助于从源头上减弱引诱移民政策的条件，从而更好地实现政策中的人道主义精神目标。

改革移民政策对稳定富裕国家和全球的人口数量而言十分必要，但这种改革是个敏感话题。制定旨在降低出生率的政策也是如此。只要想想围绕计划生育、避孕、移民和生育权话题有多少辩论和意识形态斗争，就可想而知为什么人口领域的任何政策都必须建立在同情心和非强制的原则之上（不仅是从道德视角来看，而且从实际视角来看也是如此）。没有这两个原则，人口政策的提案很可能遭到拒绝，并且是被正当理由拒绝的。为了避免重蹈覆辙，想要制定对全球所有国家的公民都有益的政策，同情心是必需的；而要免于人权被践踏的恐惧，手段的非强制性也是必需的。那么到底哪种政策更会阻碍我们获得自由：是旨在限制家庭规模的非强制性政策，还是将不可避免地导致资源枯竭的人口持续增长政策？答案其实很清楚，但除非我们能创设开放空间，开展全民参与的探讨，否则就连制定富于同情心的非强制性人口稳定政策都毫无希望。

我们该何去何从？

如果开启一场明智的对话能为制定人口政策抛砖引玉，那么我们很荣幸能拥有一位善于展示如何进行对话的榜样——赖尔森（B. Ryerson）。尽管赖尔森已经满头灰发，但他身上仍散发出年轻人般充沛的活力。他脚步轻快、头脑灵活，各种人口统计数据在他脑中的知识库里信手拈来，令人印象深刻。赖尔森的职位是人口媒体中心（Population Media Center，PMC）的创始人和总裁，这是一家关注人口过剩问题的非营利组织。然而，赖尔森的头衔实际上更应该标注成"肥皂剧制片人"。

PMC的肥皂剧不同于标准版节目——是的，同样有很多夸张的戏剧冲突与反转，但他们开播肥皂剧的目的是帮助人们思考、探讨生育选择，并帮助他们合理地确定相应的家庭规模。以电视和广播的形式播出此类肥皂剧，从而影响人们的性与计划生育相关行为，这看似算不上一种很科学的方法。但事实上，他们的故事讲述框架源自学术研究中的"同行评议"（peer-reviewed）方式，PMC会对每部肥皂剧的收视结果进行统计分析，以评估剧中信息被接受的程度。

PMC剧从角色到情节都针对特定的目标受众群体进行了定制。该系列肥皂剧具有娱乐性(有些 PMC 节目曾获得很高的收视率),但其真正目的是以剧中角色树立榜样去引导大众。班杜拉(A. Bandura)是一名受到广泛认可的心理学家,他已经论证过:通过大众媒体传播的榜样角色具有引导人们观念和行为的力量。[29] 当 PMC 肥皂剧中的人物忙着应付他们行为选择的后果时(接触性病、妻女关系以及怀孕),观众通过剧情能够间接地感同身受,学会吸取教训,回头是岸。当观众看到剧中的"坏家伙"角色做出某些靠不住的决定,导致他们的生活失控,观众的心灵也会被震慑。但真正对大众有影响力的角色是那些能够克服众多困难与不确定性,在生活中做出积极改变的人物。[30]

剧中有些情节相当暖心,但都比不上结局的温暖度。比如 2002—2004 年,PMC 在埃塞俄比亚播放了 257 集广播剧《耶肯·基尼特》(Yeken Kignit,这是档讲述当地人每天日常生活的节目)。该节目播出前后,一个针对听众和非听众的独立调研项目发现了如下结果。

- 近一半的埃塞俄比亚人会定时收听《耶肯·基尼特》节目。
- 节目播出后,埃塞俄比亚的生育率从每名女性生育 5.4 个孩子下降到 4.3 个孩子。
- 人们对避孕药具的需求量增加了 157%。
- 在知晓 3 种或更多计划生育方案的群体中,听众的人数约为非听众的 5 倍。
- 母亲与孩子之间关于性行为问题的沟通增加了 50%。[31]

PMC 的电视与广播节目以一种艺术化的方式开启了人们关于人口问题的对话。另一种深得人心的方式是"就全球人口问题发声"(Global Population Speak Out)项目。该项目的组织者招募愿意就人口问题承诺发表公开演讲的参与者。这一"发声"项目启动并运行多年后,已经在六大洲的 50 多个国家产生影响。2011 年的"发声"主题是当年全球人口达到 70 亿。[32]

70亿——这又是一个巨大的数字*。相比地球上的70亿人口，美国人口数量的纪念火炬从第2亿人传给了第3亿人，似乎显得不值一提。事实上，有关这一人口增长的新闻报道都从人情味角度取了些异想天开的标题，比如《是时候让位了，2亿先生》(Time to Move Over, Mr. 200 million)。[33] 几乎没人在为美国又增加的1亿人口会对环境或社会可持续性产生何等影响感到焦虑。然而，这实际上已经是个重大事件了，至于世界人口增长到70亿，那简直是惊天大事件(mind-blowing event)。难以计数的人口正在消耗难以计数的资源。如果我们想要实现经济可持续，就必须在这个资源有限的星球上保护某些自然生态系统，并公平地分给每个人(以及那些尚未出生的人)应得的那块蛋糕，我们需要稳定全球人口数量。

图片注释

① 人口学家预测到2050年世界人口数量将增加12亿至37亿。图6.1中1900年至2010年的黑色实线显示的是历史数据，而2010年至2100年的三条曲线显示的是在联合国提出的三种情景下对人口增长的预测(低速增长、中速增长、高速增长)。图6.1资料来源见本章注释7。

② 世界上人口最密集的国家在地理和文化上形成了一个多元化的群体。图6.2采用2007年的数据，且不包括城市国家和岛屿小国。图6.2资料来源见本章注释8。

---

* 2022年11月15日，全球人口达到80亿。根据联合国《2022年世界人口展望》，全球人口将在2059年达到100亿。

第七章

不平等已经够严重了
——配置收入和财富

在美国逗留期间,引起我注意的新鲜事物中最令我感动的就是环境条件的公平性。我很容易就察觉到这一基本条件对整个社会的运行产生了巨大的影响。

——亚历克西·德·托克维尔(Alexis de Tocqueville,1835)[1]

我们正在做什么?

1897年,两位极具影响力的艺术家在美国南部地区出生。其中一人过着贫苦的生活,四十多岁时的一场大火将他的房子焚烧殆尽,他自己也在废墟中死去,而他的名字在他死后多年一直无人记起。另一人则活到了60多岁,声名响彻全球,他的作品为其赢得大量财富和荣誉奖项。

如果你知道"盲人"约翰逊(Blind W. Johnson),恐怕你自己就是一位蓝调音乐家。在蓝调艺术家的人生故事里往往很难区分虚构与现实,信源大杂烩显示约翰逊是由生父和继母抚养大的,两人脾气都不好。在约翰逊7岁时,他父亲抓奸成功,痛打了他继母一顿。在后者打回去的时候发生了恐怖的一幕,她抓起一把碱粉,结果扔到了儿子的脸上。[2]约翰逊的眼睛由于这次暴力行为而失明,他的音乐创作也因此转向宗教和福音音乐。他继续在街角布道兼表演,一边用沙哑到"可以磨玻璃"的低音吟唱,一边深情地弹着蓝调滑棒吉他(slide guitar)。[3]他的演唱引起了哥伦比亚唱片公司的注意,并在1927—1930年间为他录制了一组歌曲。尽管他拥有音乐天赋,却一辈子都活得穷困潦倒。1945年,约翰逊的家被一场大火烧毁,他无处可去,只好继续留住在房屋的废墟中。由于不再有屋檐遮风挡雨,约翰逊病倒了,最后死在了废墟中。[4]

与约翰逊同时代的南方艺术家福克纳(W. Faulkner)却过着另一种生活。他出生在密西西比州的一个富裕家庭,从小接受了良好的教育。当约翰逊在录制歌曲时,福克纳正在写小说,包括《喧哗与骚动》(*Sound and the Fury*, 1929)和《当我弥留之际》(*As I Lay Dying*, 1930)。1949年,为表彰"他对美国现代小说做出的伟大而独特的艺术贡献",福克纳获得了诺贝尔文学奖。[5]1954年,他还首次获得了普利策奖。1962年,也就是福克纳去世的那一年,他又获得了第二个普利策奖。福克纳的离世被媒体广泛报道,经常在《生活》杂志上刊登小说的作家斯蒂伦(W. Styron)也对他的葬礼进行了报道。[6]

福克纳公开谴责令"盲人"约翰逊一生深陷贫困的不平等现象。他写道:"在当今世界的任何地方,由种族或肤色差异带来的不平等都是如此普遍,大家却对此习以为常,以至于抗议这种不平等简直就像阿拉斯加居民在反对下雪。"[7]在福克纳的一生中,他目睹了家乡密西西比州发生的不平等社会弊病,并以频繁创作小说的方式对该现象进行了有力的揭发——在当年的美国南方腹地,将社会不平等现象书写出来可是一件相当考验勇气的事。

随着时代变迁,人们对于正义和平等的态度发生了变化,造成福克纳和"盲人"约翰逊生活差异的种族主义思想和种族隔离政策在很大程度上已经消失。在他们两人去世后的若干年里,收入不平等似乎也在逐渐消减。但在过去的几十年间,这一差距又呈现出阶段性回归。在20世纪五六十年代,美国企业高管的收入是一般工人的25~30倍。1980年,执行总裁(CEOs)的收入是普通员工的40倍。到了1990年,这一收入差距扩大到了100倍。2007年,收入差距达到了惊人的350倍。[8]财富越来越多地集中在金字塔顶端。

对于这种不平等现象,人们常以经济增长为借口回避处理。传统观点认为"水涨船高"(a rising tide lifts all boats),但这种"涓滴渗漏"(trickle-down)*方式并未奏效。美国最富有的前20%人口的收入达到最贫穷的后20%人口的8.5倍,而在英国该收入差距为7倍。这等差距相比其他高收入国家要大得多(图7.1)。[9]看起来水涨游艇高,却可覆小舟(the rising tide is lifting the yachts and swamping the rowboats)。

由于经济增长所积累的财富陆续集中到富人的私囊,其他各收入阶层受到的负面影响不断累积。正如威尔金森和皮克特在其著作《不平等的痛苦》中指出的那样,平等性差的社会潜藏着走向功能失调的强烈趋势。在高消费国家和美国的50个州中,不平等问题与"破碎社会"(broken societies)的

---

* 涓滴渗漏方式指在经济发展过程中对贫困、弱势群体或地区不采取特别优待,而由优先发展起来的群体或地区通过消费、就业等方面带动贫弱群体或地区的发展。

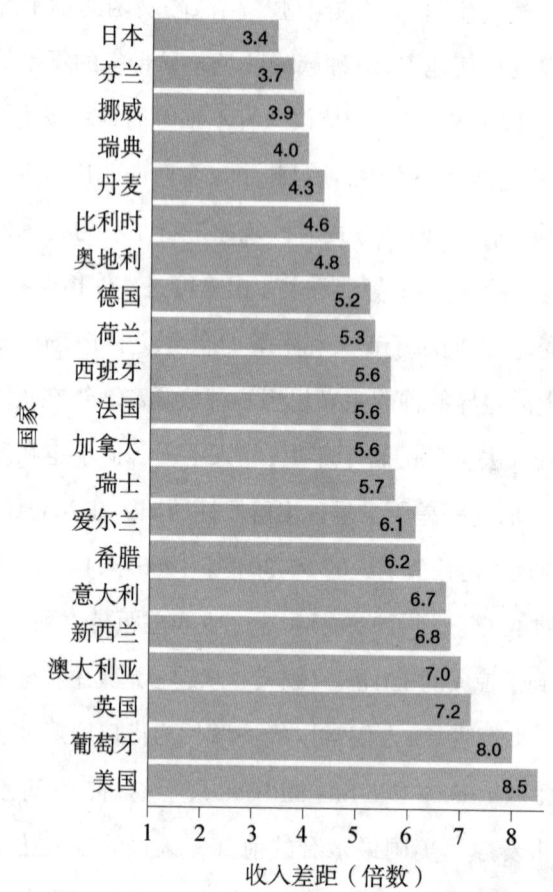

图7.1 世界各国前20%最富有人口与后20%最贫穷人口之间的收入差距①

迹象息息相关(图7.2)。[10]

在不平等社会中形成的等级结构(hierarchical structure)会滋生不信任、犯罪、暴力等一些系列广泛的社会问题。[11] 不平等问题不仅滋生社会弊病,而且会导致众多环境问题。由于巨大收入差距导致的恶性竞争,人们对物质和能源的实际消耗量必定会超出其需求量。正如第五章所述,这类高吞吐量会使生态系统逐渐退化。

贫富差距的不断扩大可能源于人性的贪婪(如果我们相信"人之初,性

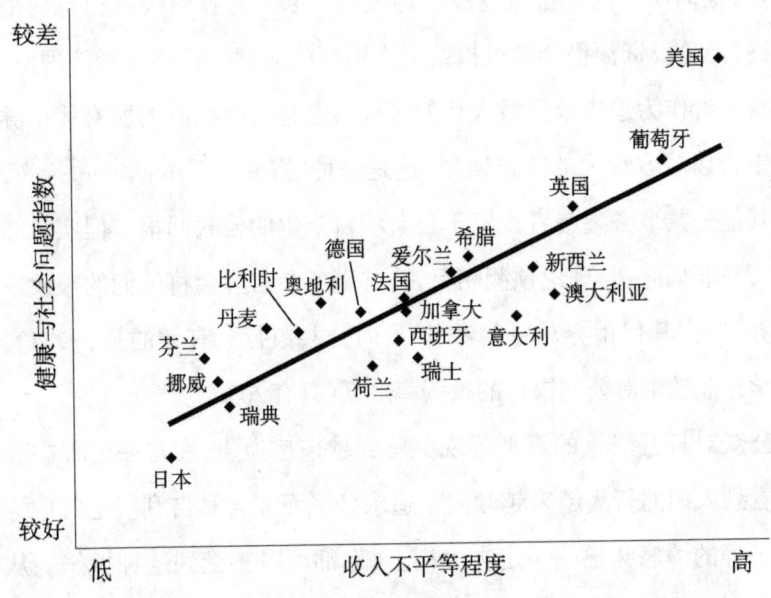

图 7.2　收入不平等与健康问题和社会问题的相关性②

本贪"的话),也可能源于激发贪婪行为的经济制度(人的本性并没有那么贪婪)。传统经济理论将人类描述为"追求效用最大化的理性人"(rational utility maximizers)。这类理论提出的假设为"个人进行决策的出发点是实现其个体利益的最大化"。在这一假设成立的前提下,人们的行为集中在尽可能多地赚钱上,这被认为是合理的。但行为学研究者发现,人们在做出某一行动时往往还会考虑到公平性,而非纯粹出于自私动机。数十年前,社会学家马维尔(G. Marwell)和埃姆斯(R. Ames)设计的一个实验证实了这一发现。[12]

在该实验中,所有参与者将获得一些代币券用于投资,同时面临一个选择:是将代币券投给能够确保每份投资都享有小额回报的"私人银行",还是投给"公共银行"。无论实验参与者是否投资于公共银行,公共银行对所有公共事务参与者都会给予回报*。不过,公共事务参与者在公共银行内的投

---

* 实验参与者即便选择不向公共银行投资,他们仍然在实验开始时就自动成为了公共事务参与者。

人越多,他们获得的收益就越高。即便每个参与者投资公共银行的平均额度不高,但总投资额仍会超过投给私人银行的额度。按传统经济理论,公共事务参与者作为追求效用最大化的理性人会将自己拥有的所有代币券投入私人银行以获取最大的收益回报,这是一种"搭便车"(free rider)行为,指望坐享其他公共事务参与者投资于公益项目产生的公共回报。但实验结果表明事实并非如此:与理论预测相反,公共事务参与者会将他们的很大一部分代币券(约占其代币券总量的42%)投向公共银行。有趣的是,参与实验的经济学专业学生对公共银行的投资率最低(只有20%)。[13]

公众对日益严重的不平等现象感到越来越失望,在这一过程中我们也可以看到人们的行为越来越倾向于追求公平而非自私自利。空气中弥漫着对不平等的愤怒味道——走在大街上,你都可以感受到这种愤怒。从美国的华尔街到雅典的宪法广场(Syntagma Square),来自世界各地的抗议者都在表达对前1%的最高收入者与剩下的99%民众之间不平等现象的愤慨。从2008年次贷危机开始,越来越多的公民在经历了一系列经济危机后发现,更加公平的收入和财富分配理念与他们的公平意识产生了共鸣。

我们能采取哪些替代措施?

美国著名经济学、美联储主席沃利克(H. Wallich, 1914—1988)曾说:"增长是收入平等的替代品。只要增长还在,希望就在,这使得人们可以忍受巨大的收入差异。"[14] 沃利克的观点可能是正确的,但既然如此,那么逆序表述的观点也应该是正确的。更强的收入平等性是增长的替代品,尤其是在一个经济系统冲击生物物理极限的世界里,它将是一种富于吸引力(desirable)的替代品。

收入平等不仅是一种具有**吸引力**的增长替代品,而且更可能是一种必要的替代品。在一个稳态经济系统中,随着资源的利用水平保持稳定,人们的总收入水平也将保持相对稳定——相应地,在经济系统中流动的资源通量会维持在一定限度之下。为了适应这种状态(并防止因不公平分配导致的政治动荡),社会需要移风易俗,建立新的法律制度,以一种公平的方式实现非增长性收入流(nongrowing stream of income)的合理分配。

好消息是已经存在充分的证据证明更公平的分配会为社会带来更多益处。正如威尔金森和皮克特所论证的那样,更平等的社会在各类健康、社会指标上都表现得更好。更公平社会对下列积极成果的促进作用可谓显著。

- 人们变得更健康,预期寿命更长。
- 公民中的吸毒"瘾君子"减少。
- 社会上的暴力受害者变少。
- 青少年女性(teenage girls)的怀孕、生育率降低。
- 儿童能够获得高水平的幸福感。
- 肥胖率下降。
- 精神疾病变得不再那么常见。
- 犯罪入狱者减少。
- 社会流动性机会变得更为广泛。

此外,平等带来的益处不会仅限于穷人——平等所到之处人人受益。例如,收入差距较小的社会中的富人寿命往往高于收入差距较大的社会。[15]

不过先停一下,有人要发问了:获得更高的薪水不是能够激励人们去努力工作、创新吗?这是反对宣传加强平等政策的常见观点。这些人的想法是以高薪和高额奖金形式的货币激励为企业家和发明家的工作和创新提供动力。然而,社会真的需要这种收入不平等来促进创新吗?果真如此的话,你应当预期在收入差距更大的社会中会产生更多的发明专利,然而这种情况并未发生。[16] 事实上,研究表明除了最基本的简单工作领域,更多的财政激励在其他所有类别的工作中都只会导致绩效下降。当人们能自由掌控工作,有机会提升自身技能,并且能感受到自己的工作是有意义、有目标的时候,他们才会呈现最佳工作绩效。[17]

这些洞见直接导向以下结论：富裕国家可以通过关注平等而非经济增长来改善人民的生活状况。[18] 这些国家的百姓生活质量提升更多地依赖社会联系而非更高的消费水平。[19] 收入差距的缩小为这种社会联系的增强提供了千载难逢的机会。通过减少地位竞争（status competition）、抑制不必要的炫耀性消费、改善心理健康，我们可以获得更强的平等性，进而改善人们的社会关系。简而言之，一个更平等的经济系统可以拥有更健康的公民和生活环境。

于是，我们可以看出问题在于我们能否从更强的社会平等中获益，以及我们如何去实现这种平等。目前有两种基本策略。第一种策略是通过税收、社会保底项目和最低收入保障等方式，直接对财富和收入进行再分配。瑞典和美国佛蒙特州就是利用税收和社会保底项目实现社会高度平等的良好案例。第二种策略从源头开始，鼓励缩小高、低收入者之间的工资差距，这样可以降低采取再分配措施的必要性。日本和美国新罕布什尔州通过在社会上保持较小的工资差距，成功地在没有施行高额税收和再分配的情况下实现了社会的高度平等。[20] 无论某个社会以何种方式实现平等性的增强，它带来的改变都见效很快。第二次世界大战结束时，日本的财富分配是不公平的，而美国的财富分配相对公平。此后，两国的社会平等程度排位发生了戏剧性的互换。[21]

在许多地方，累进税制和社会保底项目得到了有效的运用，从而在当地实现了更平等的财富分配。美国的社会保障和医疗补助计划等项目为低收入人群提供了基本服务，并提振了他们对生活的信心。许多国家已经惯于采用征税和此类社会项目来化解收入不平等问题，但另一种未经实践的干预措施在解决收入不平等以及与之相伴的社会弊病方面可能更为直截了当。

全民基本收入（又称国民最低收入）作为一种公民权利，将无条件地自动支付给社会中的每个人。[22] 在英国，一项备受瞩目的研究发现长期健康和预期寿命的下降趋势同收入不足相关。如果将每个人的生活安排在同一起跑线上，也就是说，全民基本收入能使每个人的食物、体育活动、住房、社会交往、交通服务、医疗保健服务等基本需求获得同等满足，那么，每个人的生活前景都会变得更加美好。[23]

作为一种普惠福利，全民基本收入可以取代国家提供的其他直接福利。其他福利的取消将释放出资金，充实全民基本收入的资金池。这一资金池也可以通过设定个人收入或财富累积量的上限来维持其资金量。看看山姆·沃尔顿（Sam Walton）和巴德·沃尔顿（Bud Walton）的继承人所拥有的财富吧。创办沃尔玛超市的沃尔顿兄弟去世后，他们的继承人得到了一大笔遗产。由于这6位继承人一出生便享有财产继承的特权地位（事实上，其中有一位是通过婚姻关系加入的），目前他们所拥有的财富与最底层的后30%美国人的财富总和基本持平。[24] 后者可是足足9000多万人啊！超级富豪的账户里有足够的钱（而且每天都有更多的现金流入）支持全民基本收入的发放。此外，设定收入上限将进一步缩小贫富差距。

虽然税收加上全民基本收入的再分配策略确实有效，但该策略也存在一个风险，那就是政府在税收或全民基本收入发放等方面可以轻易废除之前的政策。众所周知，美国政府的决策会受到特殊利益集团和社会中最富有成员的影响，这也是20世纪50年代至今美国的收入差距不断扩大的重要原因之一。

日本和美国新罕布什尔州实施的第二种策略通过从源头缩小收入差距克服了上述风险。我们可以将该策略归类为工作场所民主化（workplace democratization），其宗旨是将民主制度纳入经济制度的结构。在产生不平等的地方（最明显的就是工作场所）制定相应政策可能是实现长期平等最有效的方法。实施该策略的关键是将公司、政府机构和非营利组织的控制权交到正确的人手中，这样的控制者应当要么为这些机构工作，要么使用这些机构提供的服务，或者生活在受这些机构影响的社区中。[25] 以下是一些可以实现这一关键点的途径。

设定工资差距上限。一些机构组织已经成功地制定了员工的工资等级比例,规定收入最高员工比收入最低员工多挣的工资不得超过某一比例。例如,西班牙蒙德拉贡合作社(Mondragon Cooperatives)*内部的员工薪酬差距被设定为3:1到9:1(平均差距为5:1)。[26] 位于英国的其他合作社也设定了类似的比例,另外有提案指出应将英国公共部门的雇员工资差距比例上限设为20:1。[27]

创建更多的员工所有制公司(employee-owned companies)。在此类公司中,员工是股东,公司所获利润会被投资到员工认为有价值的活动中。如此一来,员工为追求利润而采取投机行为或不必要的冒险行为的倾向减少,而他们在公司的政策制定过程中有了更多的发言权,包括那些决定工资水平的政策。

将企业转变成合作社。合作社是一类全体员工所有且由员工管理各项事务的组织机构,合作社存在的目标是服务成员、分享利润。实施民主管控策略是合作社建立的基石,目前在各种经济部门中蓬勃发展的合作社案例随处可见(第十一章将对此进行更广泛的讨论)。[28]

改善性别平衡。在现有经济制度下,让更多女性担任实权要职有助于推动收入平等。随着组织机构重新审视其文化氛围,它们可能会废除阻碍收入平等(以及性别平等)的社会等级制度。

从长远来看,工作场所民主化策略还可能产生连锁反应,帮助实现财富和收入的公平分配。民主化有助于建立一种重视收入平等的文化,而这种文化将使税收政策和社会保底项目的建立和维持难度降低,从而有助于实现更强的平等性。

---

* 蒙德拉贡合作社是西班牙巴斯克地区的一个合作社联盟形式的公司,跻身西班牙十大公司集团行列。目前它旗下拥有260家公司,其中包括96个独立合作社。

我们该何去何从？

如果你听过《夜深沉，地上凉》(*Dark Was the Night, Cold Was the Ground*)这首歌，你可以从"盲人"约翰逊的嗓音中切实感受到他生活的艰难。如果约翰逊能生在一个更公平的社会里，十有八九他会活得更健康、更幸福。削弱不平等性必能帮助个人克服贫困，但它其实还可以让其他人也活得更好。更强的平等性产生的益处可谓振奋人心，它们正等待人们去发现与利用。关键在于从各个前沿阵地向不平等性发起进攻，我们可以从开启一场强有力的经济制度民主化改革运动着手。在一般情况下，外部环境产生的威胁会促使社会或经济系统发生根本性转变。例如，当今日本所实现的社会平等源于该国在第二次世界大战中学到的骇人教训。但无论类似的威胁或危机是否出现，我们都可以通过对经济制度转型的积极探索来构建一个更强大、更具弹性的经济系统，从而在更大程度上实现社会平等。

但由于人性在某些方面的本质，即使政策在制定的过程中基于良好意图得到了精心设计，它仍有可能难以削弱不平等性。比如人们被恐惧、贪婪、对权势的渴望这些人类的基本情感所左右时，不平等问题就会变得激化，而社会的收入差距也会不断扩大。虽然人类也存在另外一些利他性更高的动机，但广告、新闻报道、电视节目、电影、互联网以及其他形式的消费文化往往会传递"拥有'**更多**'带来好处"这类误导性信息，从而强化我们的负面情绪并加以利用。然而，社会功能发生紊乱时所谓物质增长的成功实现还有什么意义呢？我们能在一个支离破碎的社会中实现真正意义上的"富有"吗？经济制度变革所需要的先决条件是一种文化氛围的转变，从疲于奔命、无休止地"**贪多**"变为对"**适度**"是安全且令人满足的体认（关于这种文化转变的内容参见第十二章）。

实现文化转变和重大政策变革需要一个能够给予持久支持的"家"。2011年9月由针对美国金融业富豪的抗议开启的"占领华尔街"运动逐渐演变为一场全球性运动，它为在更大程度上实现收入平等的可能性奠定了基础。这场运动的呼吁被视为以往在争取其他类似平等性的过程中所付出的努力在实践上的延续。因此,这场运动(以及未来将要发生的其他运动)可以从对过去运动的观察中受益,吸取其经验与教训(尤其是过去的民权运动,如果"盲人"约翰逊和福克纳能活在当今世界,这场运动会使他们获得平等的社会地位)。归功于过去的人们在争取平等过程中付出的努力,美国社会已不再接纳种族主义和性别歧视。现在,我们的目标是让贪婪行为也变得不可接受。

在过去的运动中,我们还可以获得两个重要的教训用于指导旨在实现更强收入平等的行动。

第一个教训是:只有自身及家庭的安全在整个变革过程前后都能得到保障的情况下,人们才会接受巨大的社会变革。因此,新的经济制度必须证明它提供相应安全保障的能力。我们需要建立、塑造民主化工作场所的典型案例。俄亥俄州克利夫兰的常青洗衣合作社(Evergreen Cooperative Laundry)提供了一个鼓舞人心的工作模式。这是一家对环境负责的员工所有制企业,它在贫困城区满足了居民的社会需求并为他们提供了就业和生活的希望。[29]

第二个教训是:公共教育是文化转变的重要组成部分,人们必须先对社会平等和民主化工作场所可以带来的益处有所了解,然后才会支持这种文化转变。理解平等理念的董事会成员将克制自己的欲望,拒绝公司授予的过高薪水和奖金。同时,理解该理念的立法者将会坚持公平的税法并消除相应的税务漏洞。最重要的是,理解平等理念的同胞将陆续以不同的眼光来看待彼此。他们会认识到,不共享则无繁荣(there is no prosperity unless it is a shared prosperity)。

图片注释

① 图7.1中所示收入差距的倍数为2003年至2006年期间的平均值。图7.1资料来源见本章注释9。

② 收入不平等严重的国家会产生更多的健康问题(如精神病、寿命缩短、肥胖症)和更多社会系统崩溃问题(如高监狱率、高谋杀率、高少女妈妈比例)。图7.2中的拟合趋势线显示收入不平等与这些问题具有很强的相关性。图7.2资料来源见本章注释10。

第八章

债务已经够多了
——改革货币金融体系

钱从哪里来？这个问题看似简单，却很难找到答案。钱并不是从政府的印钞机里印出来的，它真正的来源是银行机构的贷款。由于银行可以获取贷款利息，无休止经济增长模式中有一部分在其运行之初就具备正确性——离开经济增长，你将无力还清利息。

——比尔·麦吉本（Bill McKibben）[1]

我们正在做什么？

20世纪90年代初，金融衍生品成了证券交易市场的新兴宠儿。某一天，华尔街的一位金融新星富勒顿(J. Fullerton)正在搭乘飞往东京的航班。这次旅行令他激动不已，因为这是他负责摩根大通(J.P. Morgan)的亚洲大宗商品投资业务后首次出访。当时他还很年轻——事实上，他是这家著名银行有史以来年龄第二小的经理人——在富勒顿的记忆里，他经常追随那些金融大鳄们"打成一片"(running with the big dogs)。[2]

那次航班起飞之后，富勒顿一边打开一份《纽约时报》(New York Times)，一边暗自微笑。除了一心想在事业上大展宏图，他还惦念着家中的两个孩子：一个2岁了，另一个还是婴儿。乘坐头等舱位似乎是一种奢侈的消费，但能在这里安静、放松地看报纸，这种奢侈对他来说算不了什么。在这样的位子上他本应产生百万富翁般的感受，但实际上他却体会到一阵来错地方的不安感。那个周末是父亲节，可能是这件事影响了他的思绪。也许正如金融界大佬所言，在如此特殊的周末远离家人去出差，会使自己对新工作的兴奋度发生"通缩"。不过与此同时，还有另一件事也在困扰着他。

当富勒顿浏览《纽约时报》商业版面的时候，有两篇文章引起了他的注意。第一篇文章写的是陷入困境的美国住房计划。他原本并未对住房问题特别感兴趣，但这篇文章让他注意到除了银行投资组合，世界上还有很多其他的问题值得关注。第二篇文章则与传媒业领袖安嫩伯格(W. Annenberg)有关，他在临终前向几所学校捐赠了大笔资金。该文引用了其中一位校长的说法，他表示自己不知道该如何处理注入学校的这么一大笔资金。富勒顿心想："积累了这么多的钱——足以让你成为一名慈善家——可是，如果你不能对这笔钱做出明智的投资决定，那攒那么多又有什么意义呢？"看起来就连安嫩伯格这等人物的财务成功也伴随着负面性。富勒顿思考着这些新闻故事，他对自己是否应该把整个职业生涯都投入雄心勃勃的投资银行界感到越来越怀疑。用富勒顿自己的话来说，这些想法在很大程度上促成了他的"渐进式顿悟"(rolling epiphany)——他对金融系统在运作方式上存在根本性缺陷的认识日益增强。

在世界各地有许多人追随富勒顿的思想,走向了同样的顿悟。美国的抗议运动展现出公众对华尔街金融运作方式的愤怒;在希腊和其他欧洲国家,人们对财政紧缩计划表达了愤怒,该计划的出台是为了拯救债台高筑的政府。问题在于:金融系统及其命脉——货币——正日益脱离实体资产。

作为银行业的内部人士,富勒顿基于自身的多年经验,针对如何改革金融系统产生了一些想法。但考虑到货币的基本属性,他对自身的无知之处有了新的认知。富勒顿表示:"坦率地说,我不懂货币。我们每个人对于货币的认识都很肤浅,因为它远比我们所知的更复杂。"他这段话并不是一种孤立的想法。戴利和法利在他们合著的教科书《生态经济学》中写道:"任何对金钱不曾感到困惑的人,很可能没有仔细考虑过货币问题。"[3]

在现代社会,货币有三个重要功能。首先,它是一种**交换媒介**(medium of exchange),在交易(trade)中使用货币作为中介,可以避免易货系统(barter system)中直接以物易物带来的不便。其次,它是一个计价单位(unit of account),因为物品即便未被购买或售出(例如仓库中待售的库存商品),也会被赋予一定的货币价值。最后,它是一种**价值储藏手段**(store of value),因为货币可以被存储起来,并在将来用于购买商品和服务。[4] 货币的这三个功能使其成为一种非常有用的工具,可以帮助人们获得所需物品。然而,虽然货币具有的这些功能被定义得相当完善,对货币和金融概念的三个关键误解却导致我们正在以不可持续的方式使用这些功能。

误解一:金钱就是财富

在美式漫画书中经常出现一些有钱人角色,例如唐老鸭的叔叔史高治(Scrooge McDuck)以及小富翁里奇(Richie Rich)*,他们经常跳进巨大的金

---

* 根据漫画改编的真人版电影中文译名为《威威阔少爷》,片中里奇由《小鬼当家》中的著名童星麦考利·卡尔金(Macaulay Culkin)饰演。

币堆中,把这当作一种娱乐活动。在心情更平静的时候,他们可能会去私人金库里溜达,望着一袋袋钱从地板一直堆到天花板。黄金和美钞是他们拥有"财富"的象征,然而货币不是真正的财富——而是一种"财富所有权认证"(claim on wealth)。[5] 真正财富的表现形式是房产、土地、肥沃的土壤、医疗保健、晚餐和计算机等——这些都是具有实际价值的资源、商品和服务。事实上,货币本身并没有内在价值(intrinsic value),它的价值源自我们用它换取真正财富的过程。所有人都想拥有货币的唯一原因是他们能用它来交换一组商品和服务(或者用更带犬儒味的话来说,对那些搞权钱交易者,他们拥有的地位和权力都可以归结为金钱)。

事实上,当货币的供给量超过真正财富的供给量时,货币作为财富的认证就会产生一个问题。当过多的认证绑定有限的真正财富,换言之用越来越多的货币追求总量限定的商品和服务时,财富的价格就会上升(用经济学术语描述就是发生了通货膨胀)。[6] 不幸的是,由于复利计算的数学本质,金融系统是种被操纵的系统,注定会发生通胀。以一个简单的投资为例,某位百万富翁以5%的年利率将100万美元存入储蓄账户。第一年的利息收入总计5万美元。在复利计算下,这5万美元利息会加入本金,下一次结息时将根据新的本金总额计算。于是,第二年的利息收入将达到5.25万美元。注意,此时作为财富认证的货币的数量就开始增长了。没有任何物理定律可以阻止这个储蓄账户在账面上无限扩大财富的数字游戏——其数量级可以增至我们所能计算的最大限度。然而,用这些货币所能买到商品和服务的供给量却只能依据支配现实世界的物理、生态规律来实现增长。

在全球范围内,财富的认证(实际上是以债务形式存在的)正不断增加。一个来自英国的案例显示了这种趋势(图8.1)。[7] 1965—1985年,英国的货币供给量和GDP以相似速度增长,但从1986年开始,随着对金融业的国家管制出现放松,货币供给量的增速变得比GDP增速快得多。近年来,由于新型金融工具允许银行向经济系统中注入越来越多的货币,货币供给量的趋势几乎已经完全脱离了实体经济。这种脱节已经造成了当今世界经济、金融系统的失稳。

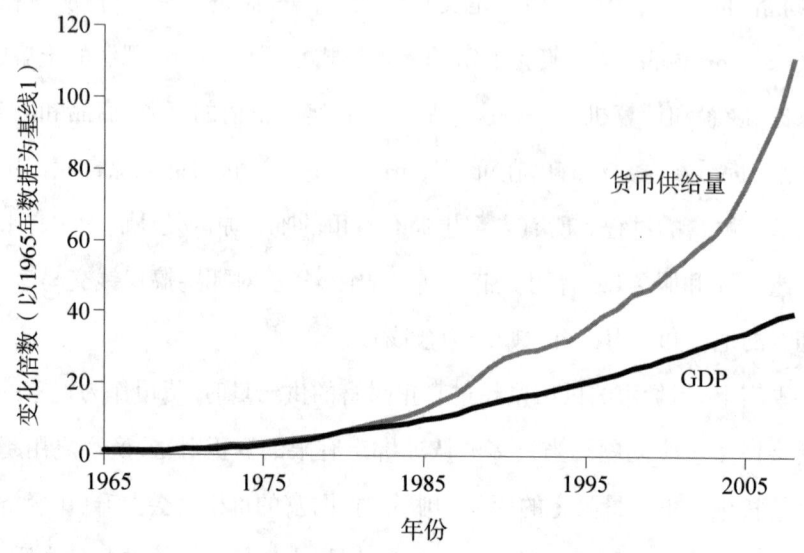

图8.1 英国的货币供应量与经济产出①

只要掌握的财富认证不断增加,我们会就有强烈的动机去生产足量的真正财富来与之匹配。想象一下,虽然社会上有非常多的钱,但没有足够的真正财富,这种情况下一旦人们突然发现手中的货币买不到自以为可以买到的东西了,就很可能造成社会混乱(实际上你无须想象,可以去研究一下恶性通胀的历史案例或者近期次贷危机的影响)。发展经济一直是防止金融系统发生崩溃的策略,但用增发货币来防范金融风险却是一种"尾巴摇狗"(the tail wagging the dog)式手段。货币应该为经济发展**服务**,而非**支配**经济发展。

误解二:政府是货币的初始创造者

另一种普遍的观点认为,货币都来自政府的印刷机和铸币厂。有些货币确实来自政府,但那也只占一小部分。例如在英国,英格兰银行和皇家铸币局制造的纸币和硬币约占流通货币的约3%。私人银行以生息贷款(interest-bearing loans)的形式创造了绝大多数货币。[8] 他们通过一种简单的记账技巧做到了这一点。下面我们通过一个例子来解释这种造币过程。

假设你想买一件昂贵的东西,比如一辆车,但你没有钱预先付清货款,所以你得去找银行借钱。再假设我们并未身处过度放任的次贷时期,银行应该要对你的个人财务健康状况做一些了解。当银行判断你的财务状况健康可信,就会发放贷款给你。银行在其账簿的一栏中记入负债项(liability),即银行贷款给你的钱,在账簿的另一栏中记入资产项(asset),即你欠银行的钱。两栏数额相等,账目就做平了。[9] 这意味着实际上只需要敲几下键盘,银行就可以轻松地在电脑上把钱转入你的账户。然而,这些钱并非来自这家银行或者美联储(Federal Reserve)式中央银行的金库,可以说是"无中生钱"(came from nowhere)。

以这种凭空创造货币的信贷方式,银行是怎么做到维持经营的呢?银行之所以能这样做,是因为它们可以合法地发放远超自身存款量的货币贷款。在美国,联邦储备银行的理事会制定了准备金率要求,规定了银行必须具备的"存款量:负债量"对应比率。[10] 随着时间的推移,准备金率要求变得越来越宽松。[11] 事实上,某些类型的账户准备金率要求等于零。[12] 这样操作的结果是,银行几乎可以不设限地想创造多少货币就创造多少货币。

然而,故事并不会就此结束。由银行以贷款形式创造的货币必须由借款人偿还,后者不得不从事经济活动(比如做某项工作)来赚钱还债。除了偿还贷款本金,借款人还必须支付相应的利息,于是就产生了更多的经济活动。因此,以债务形式创造的货币推动了经济增长,这也是构建稳态经济系统需要变革现有状况,创造一类不同的货币金融系统的主要原因。

我们需要经济变革的另一个原因是当前的货币系统也助推了债务的螺旋式上升。由于贷款人必须偿还的货币多于借到的本金,为了避免发生债务违约,系统中的货币供给总量必须随时间推移而逐渐增大,而这些额外增加的货币供给只有一个来源,那就是更多的贷款。因此,在金融系统内的债务总额必须随时间不断增加，才能保证该系统能按照当前功能设定维持正常运行。这有点类似于在信用卡还款时用你的维萨卡（Visa）来还你的万事达卡（Mastercard）——只不过这种"拆东墙补西墙"手法是用在整个经济系统上的。

这种货币创造方式具有本质性风险。一旦银行停贷，整个金融系统就会崩溃。在2008年的金融危机中，这种风险变得一目了然。来自银行的信贷流动放缓，威胁到一大批金融机构并最终造成倒闭潮。各国政府用纳税人的钱来救助这些金融机构，至少能在短时间内保障金融系统维持运行。可想而知，许多纳税人在金融危机结束后都觉得被政府骗了。这些钱本可用在学校教师的工资发放、儿童的疫苗接种、破旧基础设施的维护修理或其他有价值的公共项目上，结果却流进了大型银行和其他金融机构。

金融崩溃和后续的救助行动侵蚀了人们对现有金融系统的部分信任。要让货币发挥作用，必须首先使人们信任它。毕竟如果没人相信货币的价值，那谁会愿意接受它作为支付方式呢？在很大程度上，人们对货币的信任基于一般情况下政府为其价值所做的担保以及在危机时期政府为货币保值提供支持的意愿。然而，这种对作为基本公共资源的货币的控制权以及从这类公共资源的制造中产生的收益，都被少数私人银行掌控。[13]银行具有的创造货币及计息放贷的能力为其提供了巨大的利润（profit），而纳税人却只能通过银行发行的纸币和硬币获取少量收入（revenue）。此外，银行这种创造货币的权利（right）赋予了该部门不可思议的巨大权力（power），那就是直接投资应投向哪个社会领域的决定权。[14]

误解三：为了保持经济健康，需要维系当前的金融系统

在经济系统中，金融机构还有一个合法的角色——帮助企业投资稀缺资源，从而实现对资源的最佳配置。金融机构在提供这项投资服务时，可以获得相应的报酬。然而，金融机构实际上并未有效地配置资本，而是以牺牲其他社会部门的巨大利益为代价，使用各种复杂的金融工具为自己创造并

重新分配货币。银行通过买卖证券从价格波动中获利时,金融部门则正在以投资的方式获取大量资金。在这些交易中,资产的内在价值(underlying value)根本无关紧要——甚至在交易中该价值可能不会发生任何变化。人们最关心的是资产的感知价值(perceived value)以及该资产能否以高出初始购入价的价格售出。货币就此被创造出来,并在一个不存在实物交易的空转游戏中进行洗牌(shuffle),但游戏结束时所有货币都归银行所有。事实上,近年来银行创造的货币中有1/3是贷给其他银行的。[16]美国金融活动产出占国家所有经济活动产出的比重越来越大,这种现象被称为"金融化"(financialization,图8.2),但这样的金融活动备受质疑,人们怀疑它是否真正产生了有用的东西。[16]

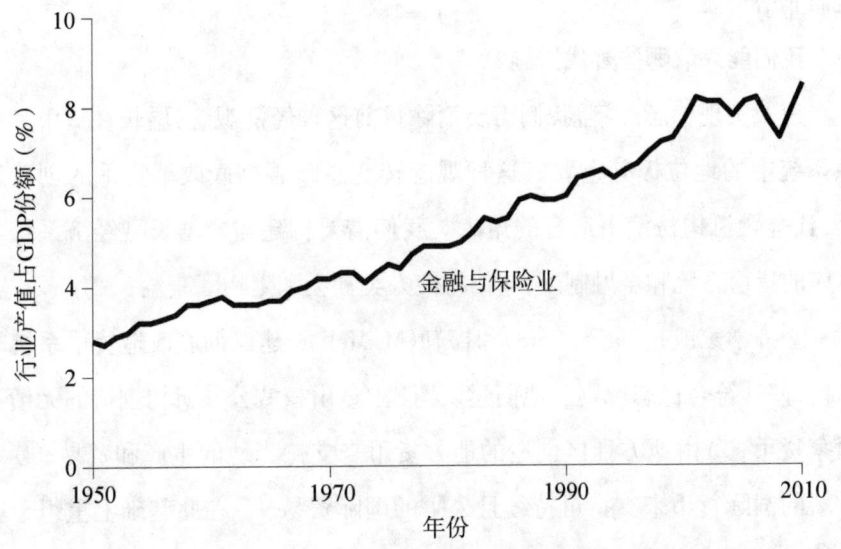

图8.2　金融和保险业产值占美国总经济产值的比重②

金融化的产生原因之一是金融家无法理解金融系统与三个更广泛系统之间的关系。金融系统是经济系统中一个子系统,经济系统是人类社会的一个子系统,人类社会是生物圈的一个子系统。由于对这些关系缺乏认识,金融家和他们所在的机构正在将全球进程对生物圈产生的影响推向负面方向。

与大多数同事不同，富勒顿深知金融系统在其他系统中的地位并不高，但他并不是典型的金融家。当富勒顿研究了更大的世界图景，并意识到金融系统对三个更广泛系统产生的负面影响之后，他完成了自身的"渐进式顿悟"，因此也明白他必须重塑自己的职业生涯。从一名华尔街的圈内知情者（insider）变成华尔街的改革者（reformer），富勒顿在这一惊人的转变中，于2009年创建了资本研究所（Capital Institute）。

该研究所看待金融系统时秉持的世界观基于生物圈科学而非不切实际的经济理论。这样的世界观要求全面改革货币和金融系统。正如富勒顿所说："如果经济增长有极限，那么债务和投资也会有极限。"目前我们所面临的挑战是设计一个承认极限存在的货币和金融系统，这样的系统会促进稳定而非增长。

我们能采取哪些替代措施？

为了实现稳态经济，我们需要消除目前这种经济观念：增长在货币和金融系统中的地位极其重要。这种观念转变意味着彻底改革货币的创造过程，让金融机构扮演更适合的角色。我们需要构建与非增长型经济系统相适应的货币系统和金融制度，它们将使人类社会和生物圈获益。

经济学家凯托（M. S. Cato）和梅勒（M. Mellor）建议彻底改造货币系统的结构，使其符合稳态原则。他们建议构建：① 由权威公共机构创造的**无债务国家货币**；② 由地方社区创造的地方货币来支持当地的生产和贸易；③ 一种新的国际货币来支持可持续且公平的国际贸易。[17] 在此基础上**重组金融机构**，这三类货币体系就能在不违反"存在生态极限"这一原则的情况下，提供一种支持经济交易的新方案。

无债务国家货币

货币系统所需的改革中，最重要的改变是禁止私人银行以债务形式创造货币。为了实现这一目标，私人银行的准备金率应逐步提升至100%，这样银行就不能凭空创造货币。[18] 以债务形式创造货币的做法应该像伪造货币一样被定为非法行为。与此同时,创造货币的权利应被移交给权威的公共机构,如中央银行。央行将决定多少货币量是有必要存在的,这将助推经济系统中的交易,创造这些非债务形式的货币并将其转移到政府部门以投资实体消费。[19]

在这一体系下,储蓄和投资将实现分离。客户可以选择将自己的钱作为储蓄存入银行,而这部分钱不会被用作贷款或对外投资。同时,这类存款也不会被支付利息,银行还可能向客户收取储蓄服务的保管费。作为相应的另一种选择,客户也可以通过银行或其他金融中介,将这笔钱进行对外投资,并赚取可能的利息。这种情况下,在贷款由被投资方还清之前,客户将无法动用这笔资金。

随着公众重新获得创造货币的权利,由他们创造出的新货币将投资于哪些优先事项,应以民主方式来确定。例如,这些钱可以用于建设低碳经济的基础设施(公共交通、住宅保温设施、改良的输电网络等),或者资助社会项目如公共教育。

为了防止通货膨胀,政府的税收和支出需要与货币创造系统相连通。如果物价出现上涨,则可以通过征税手段消除过多的货币。相反,如果物价出现下跌,则更多的货币可以被创造出来用于实体消费。这一系统与目前以债务为本的银行系统相比,将有能力更为直接地控制货币的供给规模以及由此产生的通胀。

地方货币

地方货币指由地方社区发行的货币,这类货币在使用中只对相应社区内部的交易有效。在本地交易中,只要企业同意接受且公民愿意使用,这类货币也可以作为国家货币的替代品,同时当地的银行或货币交易所会提供将地方货币按国家货币单位进行兑换的服务。这个相当朴素的想法可能会产生深远的社会、环境效益。

由于地方货币只在一个小区域内受用,故它更能激励人们将其用于购买和生产当地的商品和服务。随着货币流通至地方社区内的个人和企业手中，社区将获得更多利益，而且流失到国家或世界其他地区的钱就变少了——这是一种增强地方经济的方法。使用地方货币除了能获得经济收益，还可以通过鼓励邻里之间的相互依赖来满足彼此的经济需求，从而提升人们对社区的信任度。当居民习惯于消费和收取地方货币时，他们便建立起了一种社区安全保障。在金融系统存在不确定性的时代，让地方社区的百姓知晓即便更大尺度的货币系统崩溃，他们仍可依赖地方货币进行经济活动，这能让他们体会到安全感。由于地方货币可以激励人们更多地消费本地生产的商品，社区就能因此减少对来自远方的他乡商品的依赖。

在世界各处已有许多地区推出了地方货币并将其成功地运用于地方经济活动（尽管这些货币的规模还比较小）。在马萨诸塞州的伯克希尔（Berkshire）地区，伯克票（BerkShares）被近400家企业接受，当地的5家地方银行也很乐意将美元兑换成伯克票，汇率为100伯克票兑换95美元。[20] 在伦敦南部，布里克斯顿磅（Brixton Pound）于2009年首次亮相。除了纸币形式，布里克斯顿磅还可以作为电子货币，方便人们使用。客户在B£e网上银行建立电子账户后，就可以通过向该行发送支付业务的授权短信来完成交易。[21]

尽管地方货币在一些地区的发展鼓舞人心，但还有许多地方货币仍然停滞在当地经济系统的边缘位置。促进地方货币流通所需的重要步骤之一是让政府同意这些货币可被用来纳税。近期，英国的布里斯托尔市政府决定采取这一步骤，该决定应该会有助于当地居民和企业接受布里斯托尔磅（Bristol Pound），并将其推上地方主流货币的地位。[22]

国际货币

公平是稳态经济的关键特征之一，鉴于当前国际经济的竞争环境相当不平衡，各国应考虑采用一种新的国际货币来帮助实现公平的竞争环境。当前的不平衡现象可归因为美国的美元和欧盟的欧元占据了世界主要"储备货币"（reserve currencies）的地位。其他国家的央行将持有美元和欧元视为能够支持本国经济并有助于平衡国际贸易赤字的储备手段。全球经济对这两类货币的广泛依赖给美国和欧元区国家带来巨大的利好,因为这种依赖性造成其他国家愿意将自己的商品和服务出口到美国和欧洲,但它们却很少使用赚取的美元和欧元来购买美国和欧洲的产品。于是从结果来看,美国和欧洲获得了价值数十亿美元的进口商品,而其他国家除了到手一些纸币和电子信贷凭证之外,几乎什么也没有得到。[23]

国际货币可以破除这种不公平的国际贸易格局,这类货币需要由一个独立的全球性组织发行,用以解决国家之间的贸易不平衡问题。20世纪40年代,在新罕布什尔州布雷顿森林举行的联合国货币和金融大会上,凯恩斯提出了一个想法。他建议设立一种国际货币(他将其称作"班科",Bancor)和一个国际清算联盟来管理国际货币交易。不幸的是,在那次大会上,美元战胜班科成为世界主要储备货币,这并不是因为凯恩斯提案存在缺陷,而是因为当时的美国是主导全球经济的强国,也是最大的国际债权国。[24]

如今,世界比以往任何时候都更需要一种中立的国际货币,它将不会受到任何一个国家或国家集团的控制。新的国际货币可以按一种法定货币的形式创造,这意味着它的价值只能从它作为法定货币的用途中体现(目前所有国际储备货币的价值都是这样体现的),或者我们需要创造它与现实资源(如CO_2排放权)之间的连接,从而赋予其价值。[25]

重组金融机构

上述提议的货币系统由三类货币组成,包括无债务国家货币、大规模地方货币和中立国际货币。该系统一旦建立起来,就意味着世界货币格局将发生翻天覆地的变化,国际金融制度的基础将发生动摇。为寻求真实财富的供给与人们对财富所有权的认证之间的平衡,我们提出的货币系统改革方案将促进地方性生产与消费,可以在不同国家的经济活动之间提供更大程度的平等,并促进商业活动与其对应生态系统的承载力相适应。金融机构需要遵循这一改革方案并按照上述目标修正其业务运营方向,从而使机构的运行能够支撑起一个公平且可持续的货币系统的构建需要。

一些组织已经提出了若干重组银行和其他金融机构的建设性方案。在富勒顿的资本研究所之外,另一些非营利性组织,如新经济工作小组(New Economy Working Group)、新经济基金会(New Economics Foundation)、积极货币组织(Positive Money)、慢钱组织(Slow Money)和社会金融组织(RSF Social Finance),都在呼吁对金融机构进行重大改革。这些组织所传达出来的共同声音是要降低金融机构的规模并削减其权力。这些金融机构的现状是"大到倒不了"(Too big to fail)*,而这句话的实际含义是"大到不能倒":由于这些机构的规模实在太大了,以至于政府不可能听任其按照正常规则倒闭,而且这件事没有商量的余地。

为了将国家货币系统转变为无债务形式,研究者提出了准备金率设定在100%的要求,这会大大有助于削弱银行手中过多的权力。不过,其他的配套政策可能也是必不可少的。对国际金融交易征税将进一步消除银行业不择手段投机钻营的"长袖善舞"(wheeling-and-dealing)式商业文化,这种税有时被称为托宾税(Tobin tax,名字取自一位著名的经济学家)**或罗宾汉税(Robin Hood tax,名字取自一位著名的"社会工作者")***。这种征税方案

---

* 该短语出现在书名中时中译版多采用"大而不倒"这种译法,含义显得模糊,没有体现出英语原文的批判性感情色彩:索尔金(Andrew Ross Sorkin)著《大而不倒》,陈剑、巴曙松译,中国人民大学出版社2010年9月第1版(原书后由美国HBO有线电视频道改编为同名电视电影,索尔金亲自担任编剧,影片于2011年上映);斯特恩(Gary H. Stern)、费尔德曼(Ron J. Feldman)著《大而不倒:如何让大银行建立有效的风险防范机制》,钱睿、季晓楠、杨艳译,中国人民大学出版社2014年1月第1版;莫萨(Imad A. Moosa)著《大而不倒之谜》,周世愚、吴晓雪译,中国金融出版社2015年4月第1版。

** 托宾税是在外汇兑换时按一定比例征收的费用,其设计目的是抑制短期资本流动和投机行为。该税种的提出者是美国著名经济学家、1981年诺贝尔经济学奖获得者托宾(J. Tobin)。

*** 罗宾汉税是对股票、债券和货币市场中的金融交易征收的小额费用,意图像英国民间传说中行侠仗义的绿林好汉罗宾汉那样通过"劫富济贫"来减少财富不平等并促进全球发展。

构想的优点已经经受了数十年的探讨,如今似乎有国家正跃跃欲试。法国政府颁布计划,将对金融交易征收0.1%的税,并希望其他国家也加以效仿,开征此税。[26]

类似设置100%存款准备金率和开征托宾税的措施可以在经济不断扩张的时代限制金融机构的规模,防止其权力失控。高盛集团(Goldman Sachs)和花旗集团(Citigroup)的银行曾被迫向美国联邦政府乞求救助金,结果资金讨到手后没过多久,它们就从经济系统中卷走了创纪录的利润,与此同时美国经济的整体状况仍然陷于困境,并未得到改善。[27]在生态健全(ecologically sound)的经济学时代,经济运行的底层逻辑将完全不同,这个时代将改变创造货币的主体、货币流通的规则、货币投资的方向以及通过货币获利的方式,从而使整个社会全民受益。

我们该何去何从?

从某种意义上来看,为了助推资金流向经济系统中最需要它的地方,金融部门的存在可以被视为一种必要的成本。完成这项助推服务时投入的资源越少,社会整体上就越富有。因此,我们应该将金融成本的最小化设为目标——该部门活动的产值占全社会经济活动产值的比例越低越好。实现这一目标的过程就是在走向金融化的对立面,并与银行积累货币、巩固权力的方式相左。金融从业者不应致力于通过发行货币来赚取更多的钱,而应为了构建一个稳定的经济系统、一个公平的社会、一个健康的生物圈而努力。

然而,银行机构不会轻易地自行让渡权力,相反,它们会运用自身拥有的强大资源来反对变革。因此,必要的金融改革并不会由银行董事会发起;2008年迅速的大规模金融救市行动也足以证明,这类改革同样不会由政府机构主动发起。这意味着彻底改革金融体系的动力必须来自体系外的公民行动。[28]人们愿意反抗现状,但需要更大的推动力来推翻由金融富豪统治社会的格局。能够产生这种推动力的两大因素是:人们对金融系统的本质形成普遍理解,以及抓住金融危机的契机。

如果有更多人能够理解当前以债务形式为主的货币系统是多么有违公平且不可持续,改革的推进就会变得容易许多。但是,金融系统相当复杂,其中设计的许多概念需要沟通。为了提升人们对金融系统的认识,货币和金融系统的改革方案信息需要转化为简单的语言进行传播,这样才能抓住公众的想象力。我们希望会有更多金融家能够发现富勒顿的顿悟方式,从而一同起草并传播改革的讯息。

然而,即使精心设计了改革讯息,在没有危机胁迫的情况下,必要的政策改革仍有可能不会出现。在布雷顿森林会议上协商达成的货币系统诞生于硝烟弥漫的第二次世界大战时期。在朝向稳态经济系统转型的过程中,我们的目的是避免发生毁灭性危机(事实上,最好能避免任何程度的危机)。2008年的金融危机暴露出金融系统存在的严重缺陷,耗费了大量纳税人的钱。这一危机激起了人们心中的怒火,激发了他们对改革的渴望,但事后银行仍保留了大部分权力,货币系统基本上没有什么改变。

为实现根本性变革扫清道路,这可能需要一场乃至一系列危机来推动。但我们最好现在就做好准备。正如经济学家米尔顿·弗里德曼(M. Friedman)所写的那样,"只有危机——实实在在的或者感知得到的危机——才能产生真正的变革。当危机来临时,采取何种行动取决于在危机环境中提出的方案。综上所述,我相信以下就是我们的基本职能:为现有政策开发替代方案并保持其活力及可用性,直到它在政治上从毫无可能变成大势所趋。"[29]

图片注释

① 在英国,(代表财富认可的)货币供应量正日益脱离(以GDP衡量的)经济产出。图8.1中的货币供应量和GDP指标显示为1965年数值的相对倍数。图8.1资料来源见本章注释7。

② 在过去的几十年间,金融和保险业产值占美国总经济产值的比重不断增加。图8.2资料来源见注释16。

第九章

误判失算已经够多了
——改变我们衡量进步的方法

> 国民生产总值（GNP）的计算范围没有考虑我们后代的健康、他们的教育质量或者玩耍时的乐趣，也不包括我们的诗歌艺术之美、婚姻感情之坚、公共辩论之智慧与政府官员之廉洁等。这一指标既不能衡量我们的才智和勇气，也不能衡量我们的智慧和学识，更不能衡量我们的同情心和对国家的奉献精神；简而言之，它衡量了一切，却没有衡量那些为生命赋予价值的事物。
>
> ——罗伯特·F. 肯尼迪（Robert F. Kennedy, 1968）[1]

我们正在做什么？

某个深夜，我和三位朋友身在一家偏僻地区的酒吧，其中有一位向点唱机里投进25美分钢镚，点了一首丹佛(J. Denver)演唱的《乡村路》(*Country Roads*)。酒过三巡，我们四人开始一起跟唱。很快，酒吧里的另外五六个顾客也加入了我们的合唱。这家乡村酒吧位于弗吉尼亚州，屋子旁边就是歌中提到的蓝岭山脉(Blue Ridge Mountains)，顾客在这里一起唱歌是种司空见惯的典型场景，除了一点不寻常之处：我那三个朋友索南(Sonam)、塔什旺(Tchewang)、吉格梅(Jigme)来自喜马拉雅山边的不丹王国。看着坐在我们对面那些一脸严肃的大胡子当地人应和着三名来自喜马拉雅的游客一起唱出心声，我暗想此刻此景真可谓壮哉。当歌唱结束时，不管是不丹人还是美国人，酒吧里的所有人都高举啤酒瓶，向这段欢乐时光以及全球共享的音乐魅力致敬。

在2001年夏天由史密森学会(Smithsonian Institution)赞助举办的为期六周"生态和生物多样性"专业课程中，以上是对我而言最美好的一段回忆。这是我平生第一次遇到不丹人，老实说，也是我第一次听说不丹王国。那里是个迷人的地方，在了解之后排到了我这辈子向往去处名单的首位（事实上，因为所在地的经济过度膨胀、生活方式过于崇尚科技，导致生活负担过重，有许多西方人希望能去一个远离这些因素的地方，体验另一番生活。他们的热情之高以至于不丹王国对接纳入境的游客人数进行了限制）。

史密森学会为来自世界各地的学生提供了一次暑期班集训课程。我们每天有12小时在通过讲座和实践活动等形式学习物种与栖息地保护的方法。索南是我班上的室友，当我对他的祖国作了一些了解后，一有空我就会问他关于不丹的各种问题。

在地理上，不丹的地势跨度从低海拔的热带雨林直至高海拔的喜马拉雅山脉。该国以众多国家公园和野生动物保护区组成保护网络，为老虎、雪豹和其他丰富的濒危物种提供了栖息地。那里的人们对家乡受到良好保护的生态系统以及植根于佛教、主张和平的文化而感到自豪。索南告诉我,这个国家正在推行现代化进程,但与世界上其他地方不同的是,人们一致对外,阻止西方式消费文化的侵蚀。我发现关于这个国家的所有故事都很吸引人,不过有一个不丹式概念在我的思绪中独占鳌头,那就是国民幸福总值(gross national happiness,GNH)。

我一听到"国民幸福总值",就立刻明白这个新词是模仿"国民生产总值"(GNP)造出来的,我被这两个词的对比吸引。通过经济学的学习,我对GNP以及运用更广泛的同类词"国内生产总值"(gross domestic product,GDP)词义有了很明确的理解,但同时我也发现用"产品"或经济产出作为一个国家健康状况的指标,感觉上有点不适。从长远来看,为什么一个国家要一直疲于"拼命",而不是去实现人民幸福感的最大化呢?

1972年,不丹王国的国王旺楚克(J. S. Wangchuck)回答了这个问题,他宣称GNH要比GDP更重要。[2] 不丹王国和其他认同GNH国家的政府认为,衡量国家财富的标准应该把经济产值以外的东西也包括进来,例如环境保护和生活质量。他们确立了GNH的4个支柱:① 推动公平且可持续的社会经济发展;② 保护并促进文化价值;③ 保护自然环境;④ 构建善治。[3]

创造一个明智的术语是一回事,要令这个术语深入政策操作层面则是另一回事。如何衡量GNH?不丹王国研究中心的专家尤拉(D. K. Ura)和加拿大公共卫生专家彭诺克(M. Pennock)建立了合作伙伴关系,共同研究这一课题。他们一起设计了一项调查,收集关于公民个人健康、心理福祉(psychological well-being)、时间利用、生活环境质量、文化保护以及其他主题的信息。不丹王国利用调查结果来帮助制定国家政策,确保这些政策将增加人们的幸福度(happiness)和心理福祉。不丹王国政府应用这种方法得出结论:加入世界贸易组织(World Trade Organization,WTO)不能改善其国家福祉,因此,不丹王国拒绝了后者的邀请。[4]

应用GNH的理念开始在其他国家流行起来。例如,英国政府正在推行一种幸福指数来指导其政策制定。[5] 澳大利亚统计局开展了一项名为"澳大利亚进步程度衡量"（Measures of Australia's Progress，MAP）的项目，旨在解决这样一个问题——人们在澳大利亚的生活确实变得越来越好了吗？[6] 2011年7月，联合国发布了一项决议，呼吁成员国以指向幸福度和福祉的衡量指标来指导公共政策的制定。[7] 近期，日本政府起草了一组幸福指数来对经济数据进行增补。[8]

基于GNH指标的自身优点，该指标越来越受各国欢迎。不过这种受欢迎程度本质上还是由于GDP作为社会进步衡量指标的功能已经失效。这种失效状况已经持续了几十年，正如本章开头引用的1968年肯尼迪演讲所指出的那样。

GDP是当今世界使用的主要经济指标，也是所有经济指标中最具政治影响力的一个。GDP在政策制定过程中的地位可谓重中之重。人们会根据新政策和新技术对GDP的影响来评判其可行性。政府预算的制定过程中也要根据对GDP预期影响的评估来调整预算计划。GDP增长已经成为国家进步的代名词。[9] 然而，什么是GDP呢？它是进步的一种良好表征吗？

简单来说，GDP是衡量经济活力——货币易手量（money changing hands）的指标。消费者在食品、服装或娱乐方面的消费支出为GDP做出了贡献。政府在教育方面的投资也被计入GDP。大部分人都认为这些项目支出是值得的。可是，如果发生了石油泄露比如墨西哥湾的英国石油公司重大事故，政府花费资金对这些泄露石油进行的清理实际上也会帮助GDP增长。如果有更多的人得了癌症并需要治疗，他们支付的医疗费用也会被计入GDP。战争、犯罪和家庭破裂的代价都会导致GDP上升。用经济学语言来说，GDP并不区分收益和成本，它以经济活动的笼统名义把所有东西都不分好坏地加在一起。

尽管美国的人均GDP一直在上升（自1950年以来增长了2倍多）[10]，但有关生活满意度的调查表明美国人并没有变得更幸福。一旦达到了满足基本生活需求以及提供适度舒适所需的收入水平线以上,继续增加的额外收入似乎并不能改善我们的生活。[11] 研究表明,许多其他因素,比如拥有稳定的生活伴侣、良好的健康状况、有保障的工作、对制度的信任、志愿奉献行为乃至限制电视观看时长,都可以切实提升幸福感。[12]

如此看来,GDP作为我们衡量经济进步的主要指标,似乎表现得相当糟糕,即便在以增长为目标的经济系统中同样如此。在稳态经济系统中衡量进步时,GDP作为指标将变得更加无用,因为该系统的目标是实现在规模上可持续、在分配上公平且高效的高质量生活。关于我们是否正在实现这些目标,GDP提供的信息只能说聊胜于无。虽然GDP的增长和资源使用量的增加往往息息相关,但GDP的零增长并不一定意味着经济系统实现了稳态转型。GDP零增长的经济系统仍有可能伴随着自然资本存量的下降或不平等程度的加剧,一旦这两方面出现问题,就表明该系统在与稳态经济目标背道而驰。因此,需要采用新的指标取代GDP指标。

除了对GNH进行研究外,世界各地的行动组织正积极研究GDP的替代方案并提出倡议。其中包括欧盟委员会(EC)的"超越GDP"(Beyond GDP)倡议、经济合作组织(OECD)的"美好生活"(Better Life)倡议以及法国前总统萨科齐(N. Sarkozy)发起的"经济绩效与社会进步衡量委员会"(CMEPSP)*所提出的倡议。[13]

许多国家如法国、英国、哥斯达黎加、厄瓜多尔,当然还有不丹王国的政府都在认真考虑采用GDP以外的方法衡量进步。他们这么做的原因一方面来自对GDP的批判,但另一方面也是由于越来越多地认识到社会目标和优先事项正在发生变化。[14] 一项英国的民意调查发现,81%的人支持政府制定的主要目标应该是让公民获得"最大的幸福"而非"最大的财富"。[15] 同样,一项国际调查发现,3/4的受访者认为健康指标、社会指标和环境指标与经

---

* 英文全称为 Commission on the Measurement of Economic Performance and Progress。

济指标同样重要,所以都应该被用来衡量进步。[16]

即使目标的变革得到了广泛的支持,社会也采取了相应的措施,但这些措施仍然未能实现变革目标。各家主流媒体在播报道琼斯工业平均指数(Dow Jones Industrial Average,简称"道琼斯指数")时的态度简直堪称虔诚:指数上涨,人们就欢呼雀跃;一旦下跌,便会遭到高声抗议。道琼斯指数是一个追踪美国的30家超大型公司股价的指数。如果波音(Boeing)公司由于售出了更多的武器导致其股价上涨,或者埃克森美孚(Exxon Mobil)公司开采新的沥青砂矿导致股价上涨(这种开采伴随着对区域景观和全球气候的不利影响),都会推高道琼斯指数。这些推高股价的活动对社会一定有利吗?由于新闻主播、投资者和公众都已经习惯于追求更高的道琼斯指数,他们直接无视了该指数上涨带来的不良影响。公司总裁对公司管理的具体目标就是实现股价最大化。

痴迷于追求股价上涨可以促进企业规模"做大",但可能损害社会利益;与此类似,痴迷于GDP增长可以促进经济规模扩大,但同样可能对社会利益造成伤害。目前全球的生态承载力过冲状态至少有部分成因是我们把注意力集中在一组内涵狭隘的经济指标上,并力图实现这些指标的最大化。如果离开了GDP这类经济指标的导向作用,经济增长不可能成为如此重要的优先事项。由于我们的实践努力方向最终指向了抽象(但定量)的指标提升,而不是具体(但定性)的目标实现,对GDP的追求事实上破坏了它作为指标原本应该提供支持的经济福利目标。[17]

"我们只对自己能够衡量的东西进行管理",这个经常在公司董事会上出现的句子听起来已经是陈词滥调(cliché)了,但它确实道出了某种真相。你也可以反过来说,我们"因为对事物的错误衡量而导致管理不善"。在这种情况下,由于错把衡量经济规模的指标GDP用于衡量社会绩效,造成我们对经济规模的管理不善。如果我们想以提供高质量生活为目标,令经济系统转变至公平且可持续的规模,关键是要采取正确的措施。

我们能采取哪些替代措施？

当一个灯泡烧坏了，显而易见我们应该换一个新的（能借助更换的机会用节能型照明新品替代老式灯泡的话，那就再好不过了）。这就是我们应该对GDP这种衡量指标做的事情。作为衡量进步的指标，GDP在几十年前就过时了。许多个人和组织已经注意到我们正在黑暗的道路中探索，例如2008年4月在巴黎举办的第一届国际去增长会议（international degrowth conference），会议宣言呼吁开展指标的替换。会议报告指出，我们需要开发"新的非货币指标（其中包含主观指标）……以评估经济活动的改变是否有助于（或是否会破坏）社会目标和环境目标的实现。"[18] 奥巴马（B. Obama）早在2008年8月当选美国总统之前就认为是时候该尝试一些新东西了。他告诉《纽约时报杂志》（*New York Times Magazine*）的作者莱昂哈特（D. Leonhardt），他对肯尼迪关于GNP的主题演讲感到非常钦佩，他还表示，解决环境问题需要经济学进行某种改变——类似范式转变（paradigm shift）程度的改变。[19]

那么，我们应该如何衡量经济进步呢？研究人员提出了一些很好的想法。例如，戴利和约翰·科布设计了可持续经济福利指数（Index of Sustainable Economic Welfare, ISEW），并被其他学者拓展为真实进步指数（Genuine Progress Indicator, GPI）。[20] 这两个指标使用了同样被用来计算GDP的一些消费数据，但它们都对其做了进一步计算。这两个指标将发生在市场之外的积极行为价值，如承担志愿劳动和从事家务劳动等纳入核算；同时，这两个指标要求扣除犯罪、污染、家庭破裂等方面的不良支出以及环境破坏和自然资源枯竭带来的成本。如果将GDP和GPI进行比较，有趣的现象就出现了。自1950年以来，美国的人均GDP一直迅速增长，而人均GPI则在1980年左右达到峰值，此后长期保持平稳状态（图9.1）。[21] 这些数据表明，额外经济活动带来的收益基本上被其成本抵消。GDP每向前一步，我们就会后退一步——同时我们对环境造成的压力也在增加。

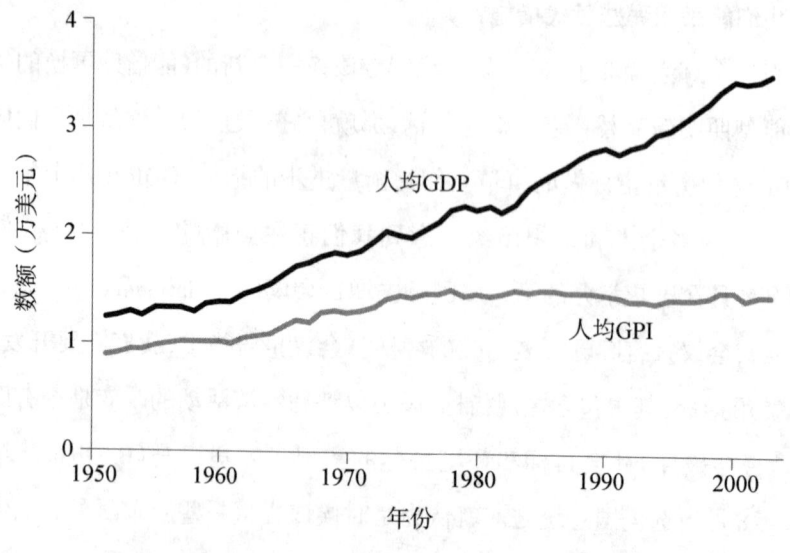

图9.1 1950—2004年的美国人均GDP与人均GPI①

新的经济指标中最有趣且名字最具积极意义的指标之一就是幸福星球指数(Happy Planet Index，HPI)，这是一个由新经济基金会开发并发布的效率指标。[22] HPI衡量的是我们实现美好生活的生态效率，其方程式表达如下。

$$幸福星球指数 = \frac{幸福生活的年数}{生态足迹}$$

方程式中的分子"幸福生活的年数"是由预期寿命(一个客观指标)和生活满意度(一个主观指标，数值来自问卷调查)而得到的一种综合指数。预期寿命衡量的是身体健康，而生活满意度衡量的是人们体验生活的真实感受。

HPI与GDP衡量的内容完全不同。GDP统计了在市场中货币易手的总量，而HPI衡量的是我们如何将有限的可用资源转化为长久的幸福生活。

全球GDP排名已经是老生常谈了——"绩效"领先者是人口众多的工业化(或处在快速工业化进程中的)国家。GDP排名前十的国家是美国、中国、日本、印度、德国、俄罗斯、英国、巴西、法国和意大利(经购买力平价调整)。[23] 许多美国人为本国的榜首位置而骄傲——拥有世界上最大的经济系统——但他们又对中国取得长足进步的发展方式感到忧心忡忡。与此同时,类似越南(第41位)、哥斯达黎加(第88位)和牙买加(第113位)这样的国家尚未达到工业化标准。全球HPI排名讲述的则是截然不同的另一个故事。新经济基金会计算了143个国家2005年的HPI(表9.1)。[24] 在利用资源,将其转化为福利的过程中,许多GDP排名靠前国家的HPI绩效仍有很大的改善空间。

表9.1 HPI排名靠前的国家

HPI排名	国家	HPI得分(采用百分制)
1	哥斯达黎加	76.1
2	多米尼加共和国	71.8
3	牙买加	70.1
4	危地马拉	68.4
5	越南	66.5
9	巴西	61.0
17	不丹王国	58.5
20	中国	57.1
35	印度	53.0
51	德国	48.1
74	英国	43.3
75	日本	43.3
89	加拿大	34.5
106	俄罗斯	34.5
114	美国	30.7
115	尼日利亚	30.3
143	津巴布韦	16.6

资料来源:参见本章注释22。

GPI和HPI都是反映经济进步的指标,这两个指标试图完成一项艰巨的任务——只用一个数字来描绘经济成就的整幅画卷。采用单一数字的好处是方便报告与记录。但使用这类指标存在风险,因为它大大简化了现实内容,而且就像我们使用GDP时的情况一样,这可能最终会导致过多关注数字本身的变化,反而造成我们对身边真实世界中发生的事情的关注度不够。因此,一些研究者建议使用多重指标来进行衡量,某种意义上这是一类"仪表盘"方法。例如,英国的环境、食品和农村事务部(Department for Environment, Food and Rural Affairs)采用一整套指标来衡量该国在可持续发展领域的进步,其中包含68个可持续发展指数。[25] 这可真是个够大的仪表盘啊!

HPI的开发者之一是心理学家阿卜杜拉(S. Abdallah)。阿卜杜拉明白,稳态经济需要完全不同的进步衡量方法,这种方法有别于以增长为核心的现有经济进步评估方法。另外,他也认识到同时掌握单一综合指标和成套衡量指标的内在价值。因此,阿卜杜拉提出了创建指标集合时采用的一种混合方法。[26] 这套指标集合由三组指标构成:环境系统指标、经济系统指标、人类福祉指标。每组指标内部又包括一个主题指标和若干具体指标(图9.2)。

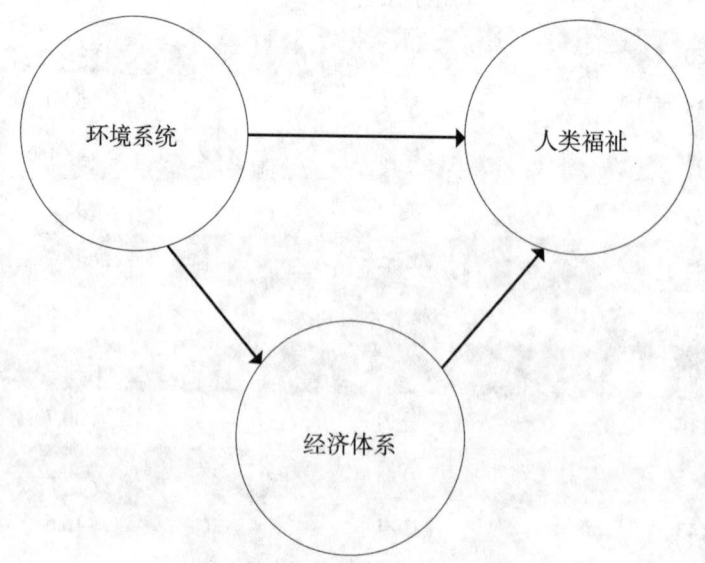

图9.2 阿卜杜拉开发的HPI指标集合[②]

这样的指标分组方式有助于区分目标和手段——这是关键区别所在。在指标系统的构想中，最终目标是实现可持续且公平的人类福祉，或者说这是我们要为之奋斗的关键成果。其他经济目标都是为实现这一最终目标而采取的手段。

要在社会中实现高水平的人类福祉，经济系统必须提供就业岗位、稳定的物价和公平的收入获取机会。由于经济系统中使用的所有资源都来自自然，而经济系统中产生的所有废弃物都要回归自然，所以经济系统目标的实现依赖环境系统目标的实现。环境系统还会直接对人类福祉产生影响，因为它向地球上的生命体提供后者必需的商品和服务，如淡水和稳定的气候。离开了这些终极财富（ultimate means，指来自自然的商品和服务），人类就无法生存，更不用说实现公平且可持续的人类福祉了。

生态足迹是一个很适合用于环境系统指标组的主题指标。如第二章所述，生态足迹计算了一个国家消耗资源与吸收废弃物所需的具备生物生产力土地和水域的面积。[27] 生态足迹涵盖了贸易对环境的影响，这意味着在中国生产、在美国销售的商品在计算过程中将被视为美国的生态足迹而非中国的。其他环境系统指标，如物质和能源的使用量，则是在指标组用来丰富生态足迹指标层次的重要次级指标。

对于经济系统指标组来说，主题指标的一个重要候选者是收入平等性。高度社会平等对于实现公平且可持续的人类福祉目标至关重要。第七章讨论的研究表明，在不平等程度较低的社会中，富人和穷人往往都很少出现健康问题和社会问题。

一个方便计算与理解的平等性指标是社会中前20%最富者与后20%最穷者的收入之比，这一比值可以作为经济系统指标组中的主题指标。衡量经济系统运行状况的其他指标，如失业率、通胀率等，也都有各自的重要性，应将其作为次级指标纳入该指标组。

人类福祉指标组可以使用幸福生活年数（HPI计算中的分子）作为主题

指标。当然,人类福祉的衡量不仅仅包括预期寿命和生活满意度,反映人们实现繁荣兴旺的能力(people's ability to flourish)的次级指标也应被纳入该指标组。这些次级指标应能对人们自身心理需求(例如对自主性、胜任感以及与他人交际的需求)的满足程度进行评估。人类福祉的多维度指标能够有效衡量人们是否既"感觉良好"(feeling good)又"做得很棒"(doing well)。

用这个三指标组系统取代GDP的方法尚处于发展过程中的萌芽期。在进步衡量指标的探索进程中仍然需要摸着石头过河,才能开发出有价值的指标。事实上,本书的两位作者之一(奥尼尔)目前正在估算各国距离实现稳态经济的差距,以及这一差距对各国社会绩效的改善过程意味着什么。在他最新的论文中提出了一套包含环境系统和社会系统的指标,这套指标完全符合以目标和手段为框架的指标体系。[28] 奥尼尔的下一步研究将继续确定进步衡量指标的改进方法,但我们掌握的知识已经足以开始采用更先进的国民经济核算体系,从而对现有经济系统的运行绩效实现更清晰的理解。

我们该何去何从?

创造并使用一套本章提出的新指标系统,这一过程的主要障碍来自社会早已赋予GDP的主导地位。使用新指标系统的主要问题不是无法获得社会和环境数据,而是GDP总被视为压倒其他一切指标的王牌。只要公共、私营部门仍然抱成一团,只想着寻求它们眼中的终极胜利——一个规模更大的经济系统,其他指标就不太可能得到其应有的关注。尽管如此,我们仍然应该积极支持采用新指标系统,这是一种明智之举。极具影响力的《增长的极限》(The Limits to Growth)*的作者之一德内拉·梅多斯在一篇报告中提出如下观点:

指标自价值观中产生(我们衡量自己所关心的东西),同时指标又塑造

---

* 《增长的极限》为德内拉·梅多斯、乔根·兰德斯(Jorgen Randers)和丹尼斯·梅多斯(Dennis Meadows,德内拉的丈夫)三人合著。

着价值观（我们对得到衡量的东西尤为关心）……改变指标系统可能是改革整个旧系统的最有力方法之一，同时也是最简单的方法之一——因为我们不必让人们失业、打破现有的物理结构或者发明新技术、执行新法规。我们只需要向新的地方传播新信息。[29]

为了将GDP拉下神坛，并代之以某些更切合实际的东西，人们需要关注指标系统。如果你的财富与股价起伏有关，那么你往往会留心盯着股市。如果你是一名公职人员，而且相信只有通过GDP的不断提升才能创造就业机会、实现社会进步，那么你往往会关注与GDP相关的统计数据。目前，大多数人对于GDP衡量的内容知之甚少，一旦真的知晓GDP的内涵，他们很可能无法再对单纯指向提升GDP的政策保持高涨的热情。在帮助人们（尤其是政府和企业的领导人）理解GDP以外的其他指标所衡量的内容方面，教育发挥了关键作用，这些衡量内容更接近我们真正想要关心的东西。如果社会系统的目标由增加GDP转变为在改善人类福祉的同时防止长期环境破坏的产生，那么目前很多被视为"毫无可能"的提议将会在转眼之间变得可能。

说到底，大多数人更在意的还是与家人共度美好时光、做一份有意义的工作或追寻个人爱好来度过此生，而不是去做什么囤积消费品、扩大经济规模之类的事情。如果我们认同人类的进步等同于经济系统规模增长的实现，那么GDP就是一个正确的衡量方法。然而，如果我们像肯尼迪一样相信人类进步源于我们孩子的健康、诗歌艺术之美、婚姻感情之坚、公共辩论之智慧，那么我们肯定需要采用更适合的进步衡量方法。

图片注释

① 虽然美国的人均GDP在1950—2004年期间呈快速增长，但其人均GPI自1980年以来一直保持平稳状态。图9.1中所有数据均以2000年美元不变价格剔除通货膨胀因素后计算得出。图9.1资料来源见本章注释21。

②阿卜杜拉构想中的指标集合系统将人类福祉设定为最终目标,这一目标需要通过环境可持续性和经济平等来实现。图9.2中的箭头表示从手段指向目标。图9.2资料来源见本章注释9。

第十章

失业率已经够高了
——保障有意义的工作

> 最终决定失业人数的是社会而非经济。
>
> ——布莱克·奥尔科特(Blake Alcott)[1]

我们正在做什么？

雷恩（D. Wren）是一名遵守职业道德、受到老板们欢迎的理想员工。她在一个奶牛场长大，在那里她每天努力完成日常工作，并且在上学期间经常帮助家人做家务。虽然她要离家去上大学，但农场生活给她留下了深刻的印象，所以在获得学位后，她选择回到家庭农场和父亲一起工作。哪怕只是讲述自己在纽约州北部的寒冬里尽力照料一群奶牛的故事，雷恩温柔而积极的性格还是会不时闪光。

"天气很冷，而我们有五六十头小牛犊——对我们这样小规模的农场来说，这当然是一笔巨大的财富。我们尽最大努力让牛犊保持温暖并获得充足的食物。虽然让人很恼火的是，这些小犊子根本不知道自己在做什么，但小母牛（heifers）的问题更大。每天早上，我们要花两小时为小母牛挤奶，其中有些已经冻伤了乳头——乳头变得很硬，而且伤痕累累，它们疼痛难忍就会疯狂乱踢。"[2] 比起这些烦心的日子，在一个美好而温暖的办公室里上班听起来可能更有吸引力，但雷恩却满怀喜悦地回味着照顾小牛的那些时光。她觉得农场工作加强了她与家人的联系，帮助她培养了欣赏动物与户外风景的健康情趣。

努力工作是很重要的，但想成为一名受老板欢迎的理想员工，还有很多别的事情要做。你必须真心关注你的工作。从年幼时起，雷恩就从她的工作中找到了深刻的意义。"种粮食对我而言是如此重要，以至于我毫不怀疑这份工作背后的正当性（validity），或者说目的性"，雷恩的工作使命感演变为对工作意义的追求。到目前为止，她似乎已经找到了一种正确的工作选择，可以满足自身对食物和自然热爱的专注需求。

生态城市农场（ECO City Farms）是华盛顿特区的一个非营利组织，那里的高速公路环线围出了当地可持续城市农业的雏形。建设该农场的目的是重新构想农业规划，从而改善土壤肥力、恢复生态环境健康，为农民提供足够的收入，并向所有人提供富含营养的食品。尽管雷恩只是生态城市农场的兼职人员,但她的职责范围很广。每周一,她作为管理员与农场的执行总裁一起撰写政府拨款提案、安排会议以及联系其他组织开展合作。每周二,她变身为农夫,把蚯蚓从堆肥箱运到水产养殖池、喂鸡、给大棚里的植物浇水、改良土壤以及移栽幼苗。每周四,她又变成了采摘员,花大量的时间去收获水果和蔬菜,然后通过生态城市农场食品社群订购项目(community food subscription program)将它们配送出去。从周五到周末,她又变回农场管理员的身份。

雷恩喜欢努力工作,工作能够使她坚定地兑现自身的价值观,并保持积极的工作态度,因此她无所不能。雷恩真的可以算是一名理想员工,只在一件事上例外。她实际上并不是真正的生态城市农场员工——她只是一名希望能在农场找到一份带薪工作的志愿者。

雷恩对这种处境表现出自嘲,她打趣说:"是啊,没工资可拿让人好郁闷呢。"但她愿意为这份工作做出牺牲。为了获得梦寐以求的工作,她将一系列无薪或底薪实习拼凑在一起。获得可持续发展专业的研究生学位后,雷恩就找了一份保姆和餐饮服务生的工作,这些工作为她带来的收入足以维持满足她信仰的志愿工作。

对找得到一份符合自身职业使命感的有偿工作这件事,雷恩仍然抱有希望,但她并没有摆脱忧虑的侵扰。可持续粮食种植和城乡土地修复领域的专业出身确实很难找到对口的工作。"这真的很让人沮丧,"她说道:"(像我在生态城市农场干的那类工作)通常是非营利的,至少不具备传统意义上的营利性,同时非营利组织也付不起招聘费用。"她坚决认为有许多年轻人希望从事可持续粮食系统及相关领域的工作,但"相应的工作岗位压根就不存在"。

很多人在其选择的工作领域面临激烈竞争。然而令人担忧的是(尤其是在可持续经济转型的过程中):一名聪明、勤奋、受过良好教育且品貌兼优的求职者渴望从事的工作具有如此重要的意义,她却不得不面对如此渺茫的工作机会。一个功能正常的经济系统应该能够为这样一位有价值的员工提供一份关键的工作岗位。那么在现有经济制度下，到底是什么让雷恩这样的求职失败的故事变得如此普遍？

为了有助于回答这一问题，我们首先来审视一下自己寻找带薪工作的动机。在某种程度上，人们的选择是因为他们喜欢这份工作，但同时他们也是为了获得工资而去工作。我们需要从工作中获取报酬以支付房租，购买食物、衣服和其他商品与服务。另外，人们也会出于社会压力而工作，因为拥有一份体面的工作是获得尊重的途径。人们初次见面时最常提的问题之一正是："你做什么工作？"此外，简历上有空档期的人（比如失业一两年者）在劳动力市场上可能会被视为缺乏竞争力。因此，许多人正在坚持干下去的工作并不是自己真心喜欢的，尤其在需要养家糊口时，这种情况出现得更频繁。在另一些情况下，人们可能确实是喜欢自己这份工作的，但他们的实际工作时间超过了他们愿意选择的时长，按后者安排的话他们本可享受更多的时间自由。

失业（unemployment）、就业不足（under-employment）和就业不理想（unsatisfactory employment）等问题源于经济系统内部存在的三个主要缺陷。

第一个缺陷是由劳动力生产活动得来的收益被错用。技术进步使企业的商品和服务生产过程变得更加高效，因此相较于以往，在工作时间保持相对不变的情况下，现在只需要使用更少的劳动力就可以生产相同数量的商品和服务。这种选择使经济增长成为了创造、维持就业的必要条件。正如经济学家维克多解释的那样，"就业短缺已经变得比产品短缺更严重。过去，生产商品和服务需要人手，因此我们不断让更多的人去参加工作，但现在倒果为因，我们不得不持续增加产量，只是为了让人们不至于失业。"[3]

然而，通过增加生产和消费来确保就业的策略已经维持不下去了，尤其是对那些已经使用了太多资源、排放了太多废弃物的经济系统来说，该策略很难奏效。事实上，要实现朝向稳态经济系统的转型，使地球的资源利用和废弃物排放都限定在生态极限以内，这就需要人类生产和消费的减量化。

可是，在当前的经济布局中，减少生产就会导致就业岗位变少、失业率上升——简而言之，就会出现工作机会不足的窘境。

第二个缺陷是雇主时常缺乏灵活性(flexibility)。企业为了削减成本，需要对运营过程进行标准化管理，因此往往会对工作流程和工作时间制定"一刀切"(one-size-fits-all)式通用规章。例如，一些公司只提供全职工作岗位，没有换班的选择。因此，许多员工直到退休都陷于僵化的工作安排，与理想状态相去甚远。

第三个缺陷是经济系统提供的工作岗位与社会对工作的真正需要并不匹配。诚然，现有的工作岗位配置确实是社会价值观的一种反映，但这恰恰表明我们低估了维护健康的社区和生态系统的重要性，同时高估了物质消费的重要性。在这一方面，讽刺各种不良社会现象的假新闻报纸(mock newspaper)《洋葱新闻》(*The Onion*)的戏仿堪称一针见血(hit the nail on the head)。该报刊载了一篇煞有介事的文章声称消费品多样性已经超过生物多样性，该文的逼真感令人不安。这篇文章调侃道："去年北卡罗来纳州的特有种羽冠鸡刚刚灭绝，Dentyne 牌木糖醇冰感口香糖就推出了新的肉桂口味，这是我们首次将产品多样性放在首要位置。"[4] 众多亟待进行的工作尚未完成，就因为它们无利可图(例如修复受损的生态系统)。与此同时，我们干了许多实际上并不需要的工作，但它们却得到了市场的青睐(例如纯投机性金融交易的中介代理工作)。

这三个缺陷将会阻碍有效就业——不利于有工作意愿的人找到有益于社会的工作。当我们向稳态经济转型时，这些缺陷需要得到修复，目前对此有两项政策可以提供支持。

我们能采取哪些替代措施？

在稳态经济系统中，就业目标相当直接：为需要工作的人提供足够的就业岗位，并确保劳动力流向有建设性、有意义的工作。经济系统应该对雷恩这样的人才和生态城市农场这样的专业组织所提供的服务给予尊重，因为他们正努力从事重要的工作。生态经济学普林格(M. Pullinger)和奥尔科特提出了两项关键政策,以帮助人们在稳态经济系统中获得有意义的工作:减少工作时间、制定就业保障政策。

减少工作时间

减少工作时间提供了一种对劳动生产率提升的成果进行重新分配的途径。我们可以逐步缩短工作日、工作周、工作年的时长,甚至是缩短整个职业生涯的长度,而非利用劳动率提升的成果来扩大生产规模。[5]在西方经济系统中,一个工人每小时劳动所生产的商品和服务通常以年均2%左右的速度增长。假设劳动生产率继续以这种速度增长,若保证工作收入不减少,则我们可以在未来12年内每周只工作4天,在未来25年内每周只工作3天,依次类推。[6]当然,生产力的提升是有限度的,某些行业的生产力提升前景可能有点渺茫。例如,人力服务行业(例如健康理疗或咨询行业)的生产力提升比较困难,因为这些服务行业的效果取决于人与人直接接触(通常是一对一接触)的时间长短。[7]即便如此,技术进步和生产力的发展趋势表明,工作时间可能会从目前的水平大幅下降。

技术进步所带来的好处应该是减少工作时间而非增加产量,这种想法可能对很多人具有吸引力。一项调查数据表明,如果可以选择的话,那么大多数人宁愿减少工作时间也不愿多赚钱。在美国劳工部的一项研究中,84%的受访者表示他们愿意用未来的部分或全部收入来换取额外的自由时间。[8]此外,即使减少工作时间会导致薪水下降,仍有很多人支持这种改变。一项对15个国家进行的研究的结果发现,工作中有41%的人希望工时更短(赚取较少收入),而10%的人希望工时更长(赚取更多收入)。[9]

有许多潜在的方法可以实现工作时间的减少,也许最明显的方法就是缩短工作周的标准。在美国,每周工作40小时这一标准的制定可以追溯到20世纪30年代,当时的总统小罗斯福(F. D. Roosevelt)、工会、国会和法院就每周工时的长短进行了针锋相对的讨论。尽管每周工作40小时的标准在当时饱受争议,但每小时0.25美元的最低工资标准被认为争议性更强。[10] 然而,最低工资标准随着时代的变迁在不断变化,每周工作时间的标准却一直没有变化。几十年来,一周工作的小时数始终保持不变,这样的标准似乎有点武断。为什么每周工时不能变成35小时呢?另一方面,即使规定了每周工时是40小时,员工的实际工作时间仍在不断增加。尽管有证据表明长时间工作不利于健康,许多大学毕业生的每周实际工时仍然超过了50小时,而有孩子的已婚夫妇比他们的上一代人的工作时间更长。[11]

另一个实现工时减少的简单方法是降低退休年龄标准或将提前退休的选项提供给劳工(如果说目前在政治上未必行得通,至少在概念上成立)。不幸的是,为了追求经济增长和财政收支平衡,现实中的政府反而在不断提高人们的退休年龄标准。例如,2010年意大利政府颁布了一项计划,将退休年龄从65岁提高到68岁,试图借此减少养老金支出、保留更多劳动力,从而缩减财政赤字。[12] 还有一个更简单的改革措施,那就是增加假期时间。美国的每年最低带薪假期时长(没有法律要求,但通常为2周)与欧洲标准(5周左右)相比,差距惊人。

其他进步政策如增加兼职工作机会、分享工作机会(即一份全职工作由两份或更多的兼职工作合并而成,这样可以容纳更多人就业)、提供职业休假选择和增加育儿假等,也都可以减少工作时间。这些被通称为"工作—生活平衡"的政策已经在一些欧洲国家经历了多年实践。[13]

欧洲的经验提供了极有价值的案例,阐明了在稳态经济下成功减少工作时间的方法。在英国,家中有8岁以下儿童(如果孩子身患残疾,标准可提升至18岁以下)的父母可以选择更短的工作时长(工资会相应减少)。在荷兰,工作—生活平衡已被纳入促进全社会就业政策。根据20世纪80年代荷兰政府签署的瓦森纳协定(Wassenaar Agreement),工会和雇主同意通过分享工作机会来降低失业率。[14] 2006年荷兰政府推出的"生命历程储蓄方案"(Life-Course Savings Scheme)提出个人也有权要求减少工作时间,并有权享受最长3年的职业休假。该方案允许人们更为方便地进出劳动力市场,并保护他们的未来就业能力或避免其在职业生涯中遇到不利影响,从而使人们获得了对自己生命历程中时间安排的更大自主支配权。[15] 这一方案允许工人在整个一生中将收入进行时间上更为均匀的分配,从而为他们提供了更高的财务安全性。

荷兰制定的这些工作—生活平衡政策有助于保障该国人民的工作时长在高收入国家中处于最低水平——每年约1377小时。相比之下,美国的人均工作时长是每年1778小时,英国的人均工作时长是每年1647小时。[16] 这意味着荷兰人每年要比美国人少工作10周,比英国人少工作6周! 荷兰还实现了低失业率(2009年低于4%)与高劳动力参与率(几乎占适龄劳动人口的80%)。[17]

荷兰式工作—生活平衡政策通过将灵活工作场所这一手段制度化,直截了当地解决了员工被雇主绑定的僵化缺陷。另外,这类政策还通过将减少的工作时间均衡地分配给人们,解决了劳动生产活动所产生收益的错用问题。随着生产力的提升,企业对劳动力的需求减少,此时每个人都从事一些报酬较少的工作,被迫下岗的人数就会减少。因此,更广泛地实施减少工作时间的政策不仅可以防止失业,还可以减轻政府支付失业救济金的财政负担。

减少工作时间除了能缓解失业问题的重担,还能产生人类福祉的红利(well-being dividend)。在工作上花费的时间减少,就意味着可以在工作之外寻找、实现新目标的机会增加。一旦获得了基本生活必需品,我们之中的大多数人更加需要的就不再是更多的消费品,而是更多的时间。更少的工作时间意味着个人会以物质化程度更低的方式去追求幸福,例如与朋友和家人共度美好时光、参与社会活动、从事创造性活动并开始提升个人能力或追求精神层面的发展。我们面临着"不便讨论的真相"(inconvenient truth)*,由

---

* 这一短语在全球气候变化领域因美国前副总统戈尔(Albert Arnold Gore, Jr)的著作及纪录片 An inconvenient truth 而知名,中译版书名被译为《难以忽视的真相》《不愿面对的真相》。

于环境限制,当前的生活方式已经无法继续;但同时也有"便于讨论的真相",那就是工作时长和消费量的削减可以增进人类福祉。[18]

减少工作时间还可能通过减少资源的使用量和废弃物的排放量来产生环境红利。如果工作时间的下降比率与劳动生产率的上升比率相同*,人们可以工作更少的时间,但仍能获得相同的收入。像往常一样,他们可以花同样多的钱,消费同样多的商品和服务。在消费水平处于稳定状态的情况下,由于生产方式变得更清洁,生产商品和服务的资源投入量更少,经济活动对环境的影响会随时间的推移而降低。另一种可能是,如果带薪工作时间的下降比率大于劳动生产率的提升率,人们将赚得更少、花得更少、消费得更少。在这种情况下,社会的总消费量将出现下降,经济活动对环境的影响会下降得更快。

让我们假设这样一种情景:为支持社会减少工作时间,我们制定了适当的政策。我们会开始积累社会效益和环境效益,但人们仍然可能难以找到工作,尤其是那些满足社会真正需要的工作。那么,一种超越工时削减的政策可能仍然是实现稳态经济下所有就业目标的必需,该政策应该能够化解经济系统提供的工种与我们需要的工种之间所存在的不匹配问题。

就业保障政策

就业保障政策将百姓就业最后的托底保障交给国家,并为那些有就业意愿但苦于找不到工作的人创造就业机会。提供有保障的工作似乎是一种激进的想法,但工作权被列入1948年发布的《世界人权宣言》第23.1条**,并在印度、阿根廷和一些欧洲城市(如苏黎世)得到部分实施。[19]如同公共部门要对人们享有初等教育、垃圾清运和基本医疗护理等服务的权利提供保障

---

* 此处原文 the same rate 指的是比率、倍率而非升降速率的绝对值。例如工作时间如果缩减一半,那么为了保持收入不变,劳动生产率应增加到初始值的2倍而非150%。

** 第23.1条全文为:"人人有权工作、自由选择职业、享受公正和合适的工作条件并享受免于失业的保障。"

一样(这些政策在大多数工业化国家已得到实施),就业保障政策的作用就是保证人们享有工作权,并在这一过程中实现充分就业目标与经济规模或经济增长率的脱钩。

传统上,解决失业问题时使用的是间接手段。经济增长、赤字开支(deficit spending)乃至减少工作时间政策,都是国家采用间接经济手段实现社会充分就业的例子。虽然为提供就业机会创造了条件,但国家并不能保证就业机会一定会产生。于是,我们可以转向另一种选择,那就是与失业率展开正面斗争。就业保障政策能够直接保障实现充分就业的成功,同时推进以下3个重要目标的实现。

1. 它为需要钱的人提供收入。

2. 它使用相对廉价的劳动力来完成有益于社会的公共工作(例如关爱护理、卫生清洁、园艺修剪、建筑修造等)。

3. 它缓解了人们在想要一份工作却苦于找不到时产生的心理压力和社会问题。[20]

在这些目标中,第三个可以说是具有决定性的,因为前两个目标在很大程度上可以通过其他方式实现。例如,第一个目标可以通过提供最低收入来实现(见第七章中提到的全民基本收入),第二个目标则可通过政府投资公共项目的传统方式得以实现。

美国历史上最著名且最成功的就业保障项目之一是"民间自然资源保护队"(Civilian Conservation Corps,CCC)*。CCC项目的持续时间因第二次世界大战的爆发而缩短(1933—1942年),但在短暂的存在期内,该项目完成了许多伟大的工作。[21] "大萧条"经济危机给当时的美国经济蒙上了一层阴影,造成了大量失业,许多年轻人都渴望找到工作,其中也包括劳德巴克(I. Louderback)。"当年我真的无事可做。我需要这份工作——这就是我加入

---

* 第二次世界大战前,"环境保护"理念尚不成熟,所以此处队名中的 conservation 指的是自然资源的保护。

CCC的原因。"²² 完成高中学业和大学里的一年学习后，19岁的劳德巴克应征CCC项目，在90天的启动期内，他与全国其他275 000名年轻人一同成为了项目正式成员。²³ 他被分派的驻扎点位于弗吉尼亚州乡间的谢南多厄山国家公园(Shenandoah National Park)，处在被高山草甸和起伏森林包围的高耸山脊上。当时这个国家公园成立仅7年，劳德巴克在这里从事森林健康维护项目——蹲点调查以清除当地灌丛中的入侵物种。此外，他还有一项工作是清理天际线公路(Skyline Drive)上的碎石，这条风景优美的公路蜿蜒于谢南多厄山脊上。

被问及在CCC营地的生活时，劳德巴克说："这是一段美妙的经历，也是一次很棒的训练，它让你变得更加自立。"但更重要的是，这段经历重塑了他的后半生。"我想也许我所取得的成功……正是源自我早年在CCC项目中获得的训练。(它)教会你很多行当的技艺以及可以去做的其他事情，这些对你今后的发展十分有益。"²⁴ 许多人自CCC项目开启职业生涯，此后从事了林业、木匠、机械、工程、石匠和野生动物管理等行业的工作。²⁵

CCC项目为那些迫切需要收入的家庭提供了及时的救助。应征该项目的人大多来自正在领取或有资格领取福利救济的家庭，他们很高兴能领取每人每月30美元的工资(相当于现在的500美元)，但根据法律，其中25美元必须寄回家中。²⁶ 像劳德巴克这样有上进心的应征者经常能赚到很多外快。他与其他应征者约好周末由他留下来打扫营地卫生，而此时别的人都在家休息。为此，他的营地伙伴愿意每人每次付给他10美分报酬。靠着各种来源的收入，他就能支持弟弟完成商学院的学业。²⁷ 最终，有300万人通过CCC项目找到了工作。²⁸ 他们修复了遭受几代人破坏的自然区域，并在美国的大地上建造了一些最持久、最美丽的建筑。劳德巴克在层峦叠嶂的谢南多厄山脉中度过了美好时光，他可以自豪地回顾过往，表示参加CCC项目"真是一件很棒的事——它让我真正完成了一些事业。"²⁹

经济增长让我们身处两难困境：一方面，我们依赖经济增长以创造就业；另一方面，持续的经济增长正在破坏地球的生命支持系统。最重要的是，一旦经济学家和政府官员开始考虑终结经济增长，失业的威胁就会困扰着他们，并阻止他们思考增长的替代方案。减少工作时间和就业保障等政策提供了一条走出困境的途径。这些政策让经济学家、政府官员和社会上的其他民众感到宽心，在向稳态经济转型的过程中它们对维持充分就业提供了担保。这些政策改革还可能有助于我们完成一些有用之事。

我们该何去何从？

如果一个经济系统不断出现失业，这说明它存在严重的缺陷。如果该系统提供的工作岗位中有许多根本没有存在的必要，这也说明其存在缺陷。当人们发现自己的工作毫无成就感，还是说明系统存在缺陷。减少工作时间和就业保障等政策有可能消除（或者至少是减少）这些缺陷。但是，就像实现朝向稳态经济的转型变革一样，就业政策的改革需要先转变人们的价值观，尤其需要使其向更强的环境友好、社区和睦价值观转变。为了应对当今环境、社会状况的挑战——根源在于太多的人口消费了太多的资源，这种转变是非常有必要的。目前的社会、环境景观包括生态系统退化、社区破碎化、能源供应不断减少以及政府服务的质量不断下降。这看起来似乎是一幅可怕的景象，但其中也充满机会，尤其是就业机会。

生态系统需要恢复，社区关系需要治愈。廉价石油时代的终结可能意味着人类劳动力需求的增加。照看孩童学习阅读、照料社区花园、照顾老人、修复河溪廊道的沿岸原生植物——这些都是劳动密集型工作的案例。如果我们将这些工作置于优先地位，就可以雇佣更多的人去完成任务。简而言之，仍有大量工作等着我们去做，许多人已经做好准备，并且有能力去完成这些工作，切实可行的配套政策也有助于实现这一过程。但我们必须首先改变自己的价值观，这样才能正确地评估需要去做的工作。

除了价值观，商业结构也需要改变。在如今的商业环境中，更高的劳动生产率几乎全部转化为更高的产量。这是因为受利益驱动的企业老板具有增加销售额的充分动机,却没有减少工作时间的动机。具有不同的产权结构(更为民主化)、经营决策标准以及成功衡量指标(不再局限于财务收益)的商业活动将更有可能使生产率收益转化为工作时间的减少。我们将在下一章中看到,新的商业模式具有满足社会需求的潜力,同时能够削弱增长的必要性。

实现所有这些变革的动力是转变价值观、改革商业模式、采用新的就业政策。这些动力均来自经济体制(the economic establishment)以外,毕竟导致我们陷入困境的罪魁祸首正是那些建章立制者。雷恩在讨论如何保障当代年轻劳工找得到薪资优厚的有意义工作时说:"我们必须亲自去推动这件事——不能坐等别人来为我们干。"然而,只有当价值观发生转变且经济政策也随之变化时,有保障且有意义的工作才会出现。雷恩的观点真正适用的地方应该是推进这些变革的引入。只有社会上存在足够多的人要求从事蕴涵着恰当价值观的有意义的工作,就业制度才会为了适应这种需求而发生改变。

第十一章

"一切照旧"情景已经让人受够了
——重新思考商业模式

商业是我们西方文化中的经济引擎,如果商业能够实现一种真正的转变,使其按照现在服务我们的方式去服务自然,它就能成为拯救我们的关键因素。

——卡尔-亨利克·罗伯特(Karl-Henrik Robèrt)[1]

我们正在做什么?

在商业对环境产生的过度破坏这方面,哪本批判性著作最具影响力?有些人的答案分别是梭罗(H. D. Thoreau)的《瓦尔登湖》(*Walden*)、卡森(R. Carson)的《寂静的春天》(*Silent Spring*)或者舒马赫的《小的是美好的》(*Small Is Beautiful*),但我们要把这个奖项颁给苏斯博士(Dr. Seuss)*的童书《老雷斯的故事》(*The Lorax*)**。苏斯博士在书中描绘了一幅充满幻想的风景画,其中包括一片色彩斑斓的绒毛树(Truffula)森林,一个稀奇动物组成的动物园以及两位主角——一位是精明的企业家一时乐(Once-ler),一个是坚定的环保主义者老雷斯。[2] 这本书的影响力部分源自苏斯博士与孩子(以及那些童心未泯的好奇成年人)之间值得称道的融洽关系。书中那些离奇古怪的插图,热情奔放、富有韵律和创造性的语言,令此书的影响力经久不衰。另外,它的影响力还来自一条能够引起全世界读者广泛共鸣的故事线——一条能够观察到现代商业实践内在弊端的故事线。

这位具有经营头脑的一时乐先生在乡村间转悠,试图寻找财富,他来到绒毛树林,意识到这里有商业机会。他用树上的绒毛簇编出一种万能料子"人人爱"(Thneed),然后再也克制不住了,兴奋之情溢于言表。

人人爱是大家都需要的好东西!

可以做衬衫,可以做袜子,可以做手套,可以做帽子。

还可以做其他东西,太有用了。是的,远不止这些。

你可以用它来做毯子、做枕头、做床单!

---

* 苏斯博士是美国20世纪最负盛名的儿童绘本作家之一,他的本名是西奥多·苏斯·盖泽尔(Theodor Seuss Geisel)。

** 该绘本有多个汉译版本。"老雷斯"和"一时乐"采用的是刘之琬译本的译法(《老雷斯的故事》,中国环境科学出版社1986年5月第1版)。英文Once-ler有只干一锤子买卖的短视者含义,因此"一时乐"译法较好地体现了原书的故事寓意。"绒毛树"和"人人爱"采用的是任溶溶译本的译法(《绒毛树》,上海译文出版社2002年9月第1版)。

还可以做窗帘！或者给自行车座整个新罩子！"[3]

凭借一身销售的好本事，一时乐把这项业务发展成拥有数十名员工的庞大工厂。他的迅猛崛起成了企业传奇、经典案例，但随着业务量的增加，这种商业活动对周边环境的影响也越来越大，包括环境污染和森林退化。这些影响刺激了老雷斯，他开始光顾一时乐的工厂，并指责后者造成了森林健康与当地特有物种种群的退化。

"一时乐！"他喉咙嘶哑地哭诉起来。

"一时乐！你弄得这里乌烟瘴气！

我可怜的天天鹅（Swomee-Swans）……

它们为什么连一个音符都唱不出来了！

因为它们的喉咙里呛满了烟雾，怎么还可能唱得出来。"[4]

然而一时乐觉得自己仅凭商业头脑和这里的森林资源就建造了一个商业帝国，因此他毫无收手的意思。当老雷斯继续谴责他破坏森林的行为时，一时乐愤怒地宣布了他商业计划的本质。

我简直气疯了。

我对老雷斯吼道："你给我听着，祖宗！

你所做的只有喋喋不休说这不好！那不好！这做得不对！那做得不对！

然而，先生，我有权这么做，我这就告诉您我马上要做的事！

以下信息谨供您老雷斯阁下参考——我正在推进

更大的

更大的

更大的

更大的商业计划

我会把更多绒毛树变成每个人、每个人、每个人都需要的东西！"[5]

不久之后，最后一棵绒毛树倒下了，一时乐的商业帝国也破产了，这是"贪图做大"(biggering)的经济规模超越生态承载力的后果。在开发完最后一种可用的资源后，这位曾经眼光锐利的实业家被迫关闭了工厂。他的员工、令他讨厌的老雷斯和森林中的物种全都别无选择，只能远走他乡。

苏斯博士关于森林生态系统被摧毁的故事仅仅是——一个儿童故事。但是，这则故事里发生的事不只限于虚构的绒毛树和天天鹅。由于同现实世界中的事件具有相似性，故事引起了读者的共鸣。美国蒙大拿州布特市(Butte)阿纳康达铜矿公司(Anaconda)* 事件的后果与故事如出一辙。

19世纪，矿工们在布特市附近开始挖矿，但当阿纳康达铜矿公司于1955年开发伯克利矿井(the Berkeley Pit)时，小矿山已经远远不够用了，大规模的露天开采开始了[该公司此后被大西洋富田石油公司(Atlantic Richfield Company, ARCO)收购]。在27年的时间里，该公司开采了3亿立方米的岩石与超过10亿吨的矿石，其中大部分是铜矿，也有铅矿、锌矿、金矿和锰矿。[6] 因为那里出产的大量矿石，伯克利矿井地区曾被称作"地球上最富饶的一座山"。[7]

15号州际公路和90号州际公路有几英里是重叠的，在重叠处的东西向公路刚好穿过布特市南侧。行驶到这段高速公路上，现在你再也看不到这座最富有的山了，相反，你会看到地球上最脏乱的一处地方。这里再也不存在什么山了，取代山体的是一个巨洞，裸岩组成了黄色的洞壁，这个洞看起来大得好像可以把旁边的整个布特市都吞进去。洞底是一个深蓝色的湖，让人感觉在这片破碎的景观中透出一种难以置信的清凉感和吸引力。

事实上，这片湖水是一汪富含有毒金属物质的酸性混合物。在挖尽了所有具有经济价值的矿石后，ARCO公司于1995年停止了该处的开采，现在这里成为了美国最大的超级基金(Superfund)的运营综合体办公点(超级基

---

* 公司名Anaconda意为水蚺，世界体型最大的蛇类之一，主要生活在南美洲的河流湿地如亚马孙河流域。

金是美国环境保护署的一个项目,旨在清理危险废弃物区域)。在矿坑被废弃的那一年,350只雪雁犯了个错误,停在这个湖上休息。在每年一次的向南迁徙过程中,它们需要在此地歇脚,结果却中了湖水的毒,纷纷因化学烧伤和伤口溃疡而死。[8]

然而,并不是所有的企业都采用不可持续的方式开采诸如铜矿之类不可再生资源,也不是所有"开采"可再生资源(如绒毛树)的企业的开采速度都会快到造成资源耗竭。很明显,出问题的是"一切照旧"情景。

当今世界上商业活动的主导形式是股份制公司(share-holder-owned corporation,又称股东所有制公司)。此类公司形式的一个关键特征是它在法律上有义务为其股东实现利润最大化——换言之,它必须把股东利益置于其他利益之上,这是股份所有制公司与其他形式商业组织(如私人所有制公司,privately owned companies,简称私有公司)之间的区别。[9] 福特(H. Ford)曾有一个改善社会状况的计划,该计划在1918年实施后与实现股东利润最大化的义务发生了显著的冲突。福特宣布,该计划与向股东支付不断增长的利润这一目相反,他想"多雇佣一些人,让现有的工业体系产生的利益惠及最广泛的人群,从而帮助人们构建自己的生活和家庭。"然而,法院的命令要求福特公司发行针对股东分红的股票,这样一来,福特想要的企业收益普惠投资就无法实现了。[10]

股份制公司形式已成为主流,如果你给国家、地区(按GDP)和公司(按收入)进行排名,那么全世界的前100名经济体中有48个是公司(表11.1)[11]。沃尔玛公司的收入略低于挪威的GDP,而比委内瑞拉的GDP更大。大型石油公司如荷兰皇家壳牌石油公司、埃克森美孚公司和英国石油公司的收入都处在介乎哥伦比亚和芬兰两国GDP之间的位置。丰田公司的收入在接近以色列GDP的同时,已经把爱尔兰的GDP甩到了身后。姑且先不论企业财富相当于国家规模上的财富这种说法是否具有严谨性,那么我们可以说这些企业在提高收入和集中权力方面可谓大获全胜。

表11.1 全球国家、地区的GDP排名和公司收入排名
（2010年，公司用斜体标出）

排名	国家、地区或公司	GDP或收入（亿美元）	排名	国家、地区或公司	GDP或收入（亿美元）
1	美国	145 824.00	24	*沃尔玛公司*	4082.14
2	中国	58 786.29	25	委内瑞拉	3878.52
3	日本	54 978.13	26	奥地利	3761.62
4	德国	33 096.69	27	阿根廷	3687.12
5	法国	25 600.02	28	南非	3637.04
6	英国	22 460.79	29	泰国	3188.47
7	巴西	20 878.90	30	丹麦	3104.05
8	意大利	20 514.12	31	希腊	3048.65
9	印度	17 290.10	32	哥伦比亚	2881.89
10	加拿大	15 740.52	33	*荷兰皇家壳牌公司*	2851.29
11	俄罗斯	14 798.19	34	*埃克森美孚石油公司*	2846.50
12	西班牙	14 074.05	35	*英国石油公司*	2461.38
13	墨西哥	10 396.62	36	芬兰	2388.01
14	韩国	10 144.83	37	马来西亚	2378.04
15	荷兰	7834.13	38	葡萄牙	2285.38
16	土耳其	7352.64	39	中国香港	2244.58
17	印度尼西亚	7065.58	40	新加坡	2226.99
18	瑞士	5237.72	41	埃及	2189.12
19	波兰	4685.85	42	以色列	2173.33
20	比利时	4674.72	43	*日本丰田汽车公司*	2041.06
21	瑞典	4580.04	44	爱尔兰	2038.92
22	沙特阿拉伯	4346.66	45	智利	2034.43
23	挪威	4144.62	46	*日本邮政公社*	2021.96

(续表)

排名	国家、地区或公司	GDP或收入（亿美元）	排名	国家、地区或公司	GDP或收入（亿美元）
47	菲律宾	1995.89	68	匈牙利	1304.19
48	尼日利亚	1936.69	69	意大利忠利保险	1260.12
49	捷克	1921.52	70	德国安联保险	1259.99
50	中国石化	1875.18	71	美国电话电报（AT&T）	1230.18
51	中国国家电网	1844.96	72	家乐福	1214.52
52	法国安盛保险	1752.57	73	福特汽车	1183.08
53	巴基斯坦	1747.99	74	意大利埃尼能源	1172.35
54	中国石油	1654.96	75	摩根大通	1156.32
55	雪佛龙	1635.27	76	惠普	1145.52
56	ING荷兰国际集团	1632.04	77	德国意昂能源	1138.49
57	罗马尼亚	1616.24	78	伯克希尔·哈撒韦	1124.93
58	阿尔及利亚	1594.26	79	法国燃气苏伊士	1110.69
59	通用电气	1567.79	80	戴姆勒	1097.00
60	法国道达尔能源	1558.87	81	日本电报电话（NTT）	1096.56
61	秘鲁	1538.45	82	三星	1089.27
62	美国银行	1504.50	83	花旗集团	1088.85
63	大众汽车	1460.25	84	美国麦克森医药	1087.02
64	哈萨克斯坦	1429.87	85	威瑞森通信	1078.08
65	康菲石油	1395.15	86	法国农业信贷银行	1065.38
66	乌克兰	1379.29	87	西班牙桑坦德银行	1063.45
67	法国巴黎银行	1307.08	88	通用汽车	1045.89

（续表）

排名	国家、地区或公司	GDP或收入（亿美元）	排名	国家、地区或公司	GDP或收入（亿美元）
89	汇丰银行	1037.36	95	嘉德诺健康集团	996.13
90	西门子	1036.05	96	雀巢	991.14
91	越南	1035.72	97	CVS健康	987.29
92	美国国际集团(AIG)	1031.89	98	美国富国银行	986.36
93	英国莱斯银行	1029.67	99	日立	965.93
94	孟加拉国	1000.76	100	国际商业机器(IBM)	957.58

资料来源：参见本章注释11。

当然，并非所有企业都是股份制公司。其他形式的商业组织也是存在的，如私有公司与合作社企业(cooperatives)，这些商业组织不像股份制上市公司(publicly traded corporations)那样被明确授予追求利润的权利。然而，大多数企业都在一定程度上追求利润。因此，关键问题在于追求利润的动机是否能与非增长型经济系统相融合。

一方面，利润和增长其实是两回事。利润是公司赚到的钱（收入）和花费出去的钱（成本）之间的差额，而增长指的是总产值的增量。因此，企业可以在不增加利润的情况下实现增长，也可以在没有增长的情况下实现利润的提升。此外，我们观察一组公司时可以设想这样一种情况：一部分盈利的公司出现了增长，而其他盈利困难的公司关门倒闭，这样经济总量的规模就能保持不变。

另一方面，尽管利润和增长不是同一回事，但两者之间确有关联。公司为了争取更高的市场份额或单纯为了生存而相互竞争。一个公司生产的商品越多，单位产品的生产成本就越少，这就意味着更容易达到乃至超过账务上的盈亏平衡点。此外，获得利润的公司有更强的实力在生产设备、技术研发和固定资产等方面进行投资，从而可以刺激增长，增长又会给其自身赋能，使其具备获取更多利润的潜力。在当前的经济系统中，如果一家公司能够证明自身具有盈利能力和增长潜力，那么它就更有可能吸引投资者来注入资金。

追求利润的动机，正如第八章讨论的基于债务的货币创造系统一样，是因为利润看起来也是促进经济增长的因素之一。经济增长的其他促进因素包括：人口增长、作为进步衡量标准的 GDP 指标使用、对失业的恐惧以及消费主义文化的盛行。综上所述，这些因素各自都在某种程度上造就了"增长必行"（growth imperative）理念。为了实现稳态经济转型，我们需要找到能够削弱并最终消除该理念的方法。

我们在第五章提出了对物质和能源吞吐量进行限制的若干政策。这些政策的实施将显著改变商业运营的游戏规则。国家对资源利用和废弃物排放实施总量控制将促使企业更为高效地利用物质材料和能源。从避免国家过度干预市场的诉求（hands-off appeal）出发，制定这些政策后可以让企业按照自己的方式进行调整，这在一定程度上是合理的，但我们提出至少有三个理由表明政府采取的方案应该更加积极主动。首先，如果真的想在企业运营中消除"增长必行"理念，我们建立的商业模式和组织结构就应该能促使非增长型经济系统良好运行。其次，为了增加企业实现社会与环境目标的可能性，从运营开始时就以这些目标而非增长目标为准，这是相当重要的。最后，考虑到企业拥有一定的权利，如果不推进商业模式变革，我们就很难制定吞吐量限制政策——而且这两项措施必须同时推进。

我们能采取哪些替代措施？

在朝向稳态经济的转型过程中，商业活动可以发挥关键的积极作用。我们需要商业活动去持续地创造就业机会、开发新技术、孵化创新，但这些活动要遵循"存在生态极限"的理念，并且要在增进人类福祉的框架内实施。目前有 3 种方法来推动商业实践的目标向稳态经济看齐：① 促进商业模式创新，创造共享价值（shared value）；② 创造不易增长（less prone to growth）的商业构造（business structures）；③ 采用新方法衡量商业模式是否成功。

促进商业模式创新，创造共享价值

商业组织是创造**价值**的组织，但是对"价值"的理解不应囿于生产消费品和提供服务；商业活动创造的价值可以（而且也必须）包括社会价值和环境价值。这种价值观的转变需要通过新的商业模式来实现。

商业模式指一个企业创造收入、赚取利润时需要遵循的计划——关于企业如何创造、交付和捕获价值的计划。[12] 如今最常见的商业模式是向客户销售实体产品。然而，在稳态经济系统中，更多的企业可能会专注于提供"服务的解决方案"（service solutions）。与出售一款具体产品（如洗衣机、汽车或民用燃料油）的目标相反，稳态经济系统中企业的目标是为客户提供特定的**效果**或**功能**（如衣物清洁、出行服务或取暖功能）。[13]

商业活动依照提供服务解决方案的模式开展时，通常企业会持有服务所需设备的所有权，并承担提供、维护和回收这些设备的责任。这种商业模式安排有助于企业交付客户所需要的效果，同时节省物料和能源的使用。美国英特飞（Interface）是一家为客户提供"地板被覆服务"（floor-covering service）的公司。顾客可以向其租赁铺地毯服务，而非购买地毯。如果有个别地毯模块的拼接处磨损，它们会被回收、分解、再制造（remanufacture），同时由公司负责更换新的地毯，这种做法大大减少了资源的使用。[14]

商业活动依照提供服务解决方案的模式鼓励产品共享也可以减少资源的使用。例如，一些企业通过共享汽车或自行车的模式提供运输服务。这些企业在为客户提供用车便利的同时，降低了人们的购车需求。这种共享模式还会从其他方面减少资源的使用。荷兰的研究者对当地一家汽车租赁服务公司的研究发现：租赁参与者的汽车行驶里程在接受这项服务后平均减少了1/3。类似的商业计划除了可以减少资源的使用，还对引入新技术（如电动车）的成本和风险进行了分散，从而为环境创新提供了市场空间。[15]

上述企业已经证明了提供服务解决方案的商业模式的有益性，这固然令人振奋，但商业模式从销售产品向销售服务解决方案的转型尚未完全实现。企业需要在对价值的理解上根据一种更为广义的定义来运营其商业模式。一篇发表在《哈佛商业评论》(*Harvard Business Review*)期刊上的文章颇具影响力,波特(M. Porter)和克雷默(M. Kramer)在文中认为,一些企业已深陷过于狭隘的价值创造理念,这种理念强调追求短期利益,忽视了人们真正的需求。他们写道:"提供服务解决方案是基于**共享价值**(此处由本书作者加粗以示强调)原则的,这种方案通过反映人们的需求与他们面临的挑战,在创造经济价值的同时创造社会价值。"他们继续写道:"现代企业的经营目标必须被重新定义为创造共享价值而非仅仅谋求自身获利。"[16]

创造共享价值的理念超越了传统的"企业社会责任"(corporate social responsibility, CSR)概念。在传统CSR概念下,企业可能会将其部分利润捐赠给慈善机构或者采用公平的贸易采购政策,但从本质上来说企业依然从事着破坏环境或损害社会的活动。目前,很多企业都有一些体现CSR的项目(在这方面做出真正尝试的企业确实值得我们为之鼓掌欢呼),但此类项目也一直饱受批评,因为它们主要关注点是企业的声誉,并且对企业核心业务的影响力十分有限。[17] 正如企业家兼商业研究者帕里什(B. Parrish)阐述的那样,"拥有这两种不同理念的企业在运营上的区别在于,一些企业在追求自身私利的同时愿意承担社会和环境**责任**(duty),而那些想为社会–生态系统的可持续发展作出贡献的企业则是受到**使命感**(purpose)驱动的,因为后一类企业深知它们自己也是整个社会—生态系统中的一部分。"[18] 在稳态经济系统中,更多的商业运营是由使命感而非责任感驱动的。

很多公司已经将社会目标或环境目标嵌入其商业模式,它们通常被称为"社会企业"(social enterprises)。英国的大志公司(The Big Issue)就是一个典型的社会企业案例,该公司把卖《大志》杂志的机会提供给无家可归者专享,希望通过这种方式使他们获得收入,从而帮助解决这群人带来的社会问题。[19] 正如股份制公司是基于增长的经济系统的主要代言人,社会企业是稳态经济系统的主要代言人。但想为社会企业的发展打开空间,就必须对商业活动的构造转变提供足够的支持。

创造不易贪求增长的商业构造

某些商业构造能够减少企业追求利润的欲望并削弱股份制企业所抱持的"增长必行"理念。合作社这种商业构造已经运行了很长时间。近来又出现了另一种商业构造——公益性公司(the public interest company)。这些合法的商业构造允许乃至鼓励企业优先追求社会和环境目标,将追求经济回报的目标排在后面。

合作社这种商业构造在18世纪就已经于欧洲和北美正式成为合法的实体,比现代企业的形成时间早了100年左右。最具象征意义的早期合作社包括罗奇代尔公平先锋社(Rochdale Society of Equitable Pioneers,英国的一家销售食品和消费品的合作社)和费城捐助会(Philadelphia Contributionship,美国殖民地时期的一家火灾保险合作社)。具有下列两个明确特征的商业构造与合作社的定义相符:①致力于实现对每一名成员都有益的目标;②将决策职能和收益在成员间公平地分配。[20]

经济理论表明,合作社从构造上就不像传统企业那样具有扩张性,而且哪怕一些合作社的规模已经变得相当大了,但在实际运营中它们仍显示出发展方向不会以传统企业的增长目标为导向。产生这种差异的主要原因在于:两类商业构造内部的绩效指标不同。传统企业的绩效指标是盈利能力,企业通常采用扩大规模和增加员工数量等手段来实现其盈利目标。相比之下,合作社则通过跟踪成员的利益流动来衡量其绩效。由于对合作社来说,增长可有可无,其扩大规模的动力较弱。[21]此外,对几个国家的合作社进行的比较表明,合作社往往比公司更能有效利用各种资源投入。[22]

近些年,合作社构造已在经济生活中东山再起。在英国,一家合作经营的百货公司约翰—路易斯(John Lewis)相比其他竞争对手,能够更快地从2009年的经济衰退中复苏。[23]合作集团(The Co-operative)是英国最大的农业组织,其成员数量正在不断增加。[24]西班牙的蒙德拉贡合作社成立于20

世纪50年代中期,该合作社目前雇佣了83 000人。[25] 2007年,德国对合作社法进行全面修订。2006年,欧洲国家承认了一种新的合法商业组织形式(legal form),其拉丁文名称为"欧洲合作社"(*Societas Cooperativa Europaea*),这种形式使欧洲国家得以更方便地建立和管理合作社。[26]

可能特别适合稳态经济的第二类商业构造是公益性公司。过去,社会企业在考虑采用哪种商业构造时面临两难抉择,要么以营利形式成立企业(这限制了社会企业实现其社会或环境目标的能力),要么以非营利形式成立非营利组织(这限制了其实现商业目标的能力)。然而,近来在各国中出现的一些新的合法商业组织形式已经综合了营利组织和非营利组织的特点。[27] 这些形式具体如下。

- 美国的低营利有限责任公司(Low-profit limited-liability company),或称L3C公司。
- 美国的公益性公司(Benefit Corporation),或称B公司。
- 德国的非营利性有限责任公司(*Gemeinnützige GmbH*),或称公益性有限责任公司(public interest limited company)。
- 德国的非营利性股份制公司(*Gemeinnützige Kapitalgesellschaft*),或称公益性法人组织(public interest corporation)。
- 英国的社区利益公司(Community Interest Company),或称CIC公司。

这些新的合法商业组织形式有助于社会企业优先考虑社会目标和环境目标,而它们仍可将追求利润作为次要目标,其中CIC公司的运行尤为成功。自2004年这类形式在英国得到合法性确认以来,已有超过6000个CIC公司开展商业活动。[28] CIC公司可通过2个严格的限制条件与一般企业进行区分:① CIC公司发放给股东的股息不能超过公司利润总额的35%;② CIC组织必须有能力证明"其运营目标可被普通的正常人(reasonable person)* 视为

---

* 该词为英美法系中常用法律术语,注意其与现代经济学中常见术语"理性人"(rational people)的区别,理性人假设恰恰是以"从事经济活动者的利己倾向是理性的"这一理念为基础的。

符合社会利益或更广泛的公共利益"。[29] 这两个条件意味着CIC公司运营的底层逻辑与传统企业不同。虽然CIC公司仍然要纳税,但一些国家会对公益性质的公司给予税收减免。例如在德国,一旦得到公益的定性,公司就不再需要缴纳企业所得税,这类政策可以更好地促进社会企业的发展。[30]

采用新方法衡量商业模式是否成功

在第九章中,我们提出了衡量经济系统整体进步程度的新方法。生态足迹、收入不平等性和幸福生活年数等将取代GDP,成为衡量经济进步的指标。同样,经济领域的"景观"变化也需要采用新指标来衡量商业活动的进步程度。由于商业活动在开展过程中正越来越多地寻求创造社会价值和环境价值,这就需要一些指标来跟踪其相应的活动绩效。使用新指标将不仅为管理者,也为投资者提供有价值的信息,它们能够将资金引导到那些致力于寻求社会、环境和经济回报间平衡的公司。

在衡量企业内部的盈利能力方面,我们已经构建了大规模的会计基础(accounting infrastructure)。但目前并不存在类似的基本条件来支持对一个公司的社会影响和环境影响进行衡量。尽管如此,有一些公司仍在使用某些相关标准,而且衡量社会、环境影响的其他标准也在不断涌现。例如,自然之道(the Natural Step)是一家非营利性组织,它帮助企业评估在可持续发展目标方面的相应绩效。[31] 国际标准化组织(International Organization for Standardization, ISO)已经开发出一套标准(ISO14001)来帮助企业减少污染、保护环境。[32] ISO14001标准包含如何评估企业环境绩效的指南,而另一套标准(ISO26000)包含评估企业社会责任的指南。[33]

这些标准的制定为企业衡量其环境绩效和社会绩效提供了一个良好的开端。然而,德国齐柏林大学(Zeppelin University)的研究员、经济学家赖歇尔(A. Reichel)提出了一种截然不同的衡量方法。他认为,公司不应以追求利润的最大化与持续增长为目标,而应以实现"规模适当的利润"(right-size profits)为目标。[34] 他认为,一个公司的盈利规模应该增大至足以维持财务运营的程度,但不能继续增大到损害环境的地步。为了让企业判断其获利规模是否得当,赖歇尔建议在企业的商业活动信息中提取、构建两项新数据:① 量化评估每个企业对生态环境产生的实际影响值;② 制定一个企业的生态影响限额(ecological allowance),并将该限额与实际影响值进行比较。[35]

然而,无论是ISO标准体系还是赖歇尔的建议都无法解决商业活动在衡量领域可能面临的最重要挑战。如上所述,稳态经济系统下的公司需要一个内涵更广泛的"价值创造"概念,该概念应明确包含对社会价值和环境价值的追求目标。为实现这一目标,公司及其投资者需要采用新的指标来衡量效率——资金投入转化为社会、环境产出的效率。虽然目前这种会计核算方法还没有公认的标准,但一种计算"投资的社会回报率"(social return on investment, SROI)的方法正由名为SROI网络(SROI Network)的组织开发并推广。[36]这一领域的方法改进和公认标准的确立将更好地指导投资者,并在此过程中提升针对创造社会和环境价值的商业活动的投资量。[37]

我们该何去何从?

重新思考商业模式的部分在本书中刚好排在第十一章,这是一个完美的巧合,因为美国破产法的第十一章正是为无法偿还债务的商业活动提供保护与重组条款的章节。"根据第十一章提交(破产保护)申请"(filing for Chapter 11)在美国口语中已经成为"商业活动失败"的同义词组。历史上根据破产法第十一章申请破产保护的著名公司包括:雷曼兄弟(Lehman Brothers)、安然(Enron)以及世通(WorldCom)。这些臭名昭著的公司都已倒闭,这代表了传统商业模式下的最差情况(the worst of the worst),但正如我们所见,它们并不是特例,大型股份制公司的运营方式中普遍存在一个问题。

综合来看,公司运营对环境产生的冲击已经压垮了世界各地生态系统的恢复能力:大气层无法再吸收更多的污染排放;土壤退化已退无可退;森林再也经不起更多的砍伐。与此同时,由于众多商业活动的视野狭隘,只知道盯住利润不放,结果它们错失了大量创造社会价值和环境价值的机会。

因此，我们需要用第十一章整整一章的内容来关注当前商业活动的运营模式。

为了提升新型商业模式与构造的吸引力，一个必不可少的环节是与企业抗衡并削弱其权力。不过，"企业运营就是为了获利"这种观念是如此根深蒂固，要从企业手中夺权着实不易，这是毫无疑问的。美国企业在这方面可能表现得尤为突出，这是因为美国法院授权它们无须对投入政治竞选的"捐赠"资金量设置任何有实际意义的上限。[38]

幸运的是，人们正在呼吁为创造公平的竞争环境采取相应的措施。例如，律师、政治家兼社会活动家戴维·科布（D. Cobb）发起了一场运动，呼吁修改美国宪法以限制公司权利，尤其是它们在参与竞选方面的财务权利。[39]

然而与企业的抗衡目前只能走到这一步了。正如著名设计师兼系统理论家富勒（B. Fuller）*所说："与既定事实抗衡，你永远也改变不了什么。想改变某些事物，你需要构建新的模型来替代既有的过时模型。"[40]在向稳态经济转型的过程中，企业家可以遵循富勒的建议，培育新的商业模式以创造共享价值，应用替代性商业构造，跟踪商业活动的社会与环境绩效。

政府也可以在向稳态经济转型的过程中发挥作用。首先，它们可以对股份制公司攫取超额利润的行为进行征税。其次，他们可以通过简化行政要求或提供税收减免等手段来刺激替代性商业构造的建立（或转化）。最后，他们可以强制企业必须在使用财务绩效指标的同时，纳入社会绩效和环境绩效指标来衡量进步程度。

在公私部门领导者的共同努力下，彻底变革商业模式的路径已经打通，积极的变革将会出现。商业活动将会适应稳态经济政策的发展，在新的经济格局中获得蓬勃发展。它们将会持续地创造就业机会、开发新技术、孵化创新，但这些活动都将遵循不得超越生态极限的原则，并在促进人类福祉的

---

* "富勒烯"正是因分子结构与富勒提出的测地线圆顶结构类似而得名。

框架内实施。目前此类商业活动已然存在某些振奋人心的范例,甚至出现在资源开采行业中。

和童话中的一时乐一样,柯林斯(T.D. Collins)也在林业中看到了发家立业的机会。柯林斯在1855年创办了一家企业,但其创业理念与《老雷斯的故事》中的一时乐截然不同。如果你想了解这家企业建立过程中的来龙去脉,只须读一下今日柯林斯公司倡导的核心价值,便可通晓其中缘由。

我们相信,引入独立第三方来认证我们林地的价值,这是对森林生态系统这种自然遗产的整体延续性加以保护的最佳方式——现在如此,未来也是如此。为了实现这一点,我们必须去倾听、学习并改变。过去我们曾经这样做到,未来我们也必须继续做到。

我们也相信,将"自然之道"原则融入我们的商业运营,可以造就一个可持续社会。这再一次要求我们不得不去倾听、学习并改变。再一次,我们重复,必须做到这样。

某些方面的改变相对简单,某些方面的改变较为复杂。然而,如果你的行动纲领是要努力创造一个健康的、可存续的地球以及一个良性运作、可持续的企业,那么改变现状的所有风险你都必须去主动承担。你必须去引发改变。[41]

柯林斯公司出售的木材产品经过森林托管委员会(the Forest Stewardship Council)的认证,该公司既不需要对股东承担支付股息的义务,也不受限于获取短期利润的动机约束。经过五代人的经营,公司所有人一直持续开展成功的商业活动,并尽心尽职地保护当地的土地和水资源。该公司的商业活动远不只创造了财务价值,而是在创造了社会价值和环境价值的同时,还形成了实现稳态经济的一种商业模式。

当商业模式变革与第五章至第十章介绍的朝向稳态经济转型的其他变革相结合,新的商业模式就能开辟出一条路径,实现我们所追求目标的转变——从疯狂且不可持续的"贪多"转向理想中的"适度"。然而,想要让这些政策改革落实到位,还需要做更多的工作来改变人们的价值观,战胜根深蒂固的逐利目标,并让更多的人知晓稳态经济的信息。本书的第三编"**推进适度经济**"将探索实现稳态经济的以下战略:① 超越消费主义文化;② 开启关于经济增长负面效应和稳态经济正面效应的公开对话;③ 扩大国际合作。这些战略的成功实施将有助于稳态经济实现转变——从充满希望的愿景变为充满希望的现实。

第三编

推进适度经济

第十二章

物质主义已经让人受够了
——改变消费者行为

在今日的富裕国家,消费活动的构成方式是:人们花着并不属于他们的钱,买他们不需要的商品,试图给他们不喜欢的人留下深刻印象。

——克莱夫·汉密尔顿(Clive Hamilton)[1]

我们正在做什么？

从散落在车间各处的零碎杂物来看，有人同时在干两件截然不同的事：建造一个木柜、修理一辆自行车。木屑散发的木头味和油脂散发的泥土气息交杂在一起，木匠和修车师傅用的工具都摆在工作台上彰显着各自的存在。装废木料的纸板箱与装着自行车废旧零件的板条箱在地板上抢夺地盘。为了完成这两件事（或者可以想到的任何其他事情），要用上箱子里那好几卷修补管道的强力胶布。墙上的架子和展示柜摆放着砂纸、锯子、扳手、槽刨、钳子、平刨，这些东西成了整个车间的"守望者"。

尽管这个地下车间已经废弃多年，但我仍然可以从中看出父亲当年去那里干活的样子：翻开抽屉，用手指不停拨弄各种螺母、螺栓和备用件，直到找出合适的小零件来修理发生故障的机器。这就是他在我们家地下室一直保留着的车间，可以说已经被塞得满满当当了，而其中各种工具的使用率其实很低。当然，我父亲知道如何使用（甚至包括如何找到）那里的每一件东西，但他攒满的这些东西里很多都几乎没有用武之地。显然，他对收集工具有瘾头（tool addict）。如果找得到合适的理由，他甚至会提出要买一个带振动和泵动功能的热熔胶消磁器。

工作时手上有件合适的工具能让人感觉既方便又安心，而一间工具完备的工作室则可以成为创造力、乐趣以及赋能的源泉。但是，拥有很多工具同时也意味着它们中的很大一部分将闲置落灰，这就不太好了。这种情况也同样适用于衣服、小饰品、电子产品、玩具和其他各种物料的制成品，这些东西塞满了消费者的橱柜。况且，这些东西已经多到超出了单纯令人不安的程度——过度强调物质层面的购买、拥有和展示其实是深埋于我们文化核心中的腐朽部分。

在高收入国家中，消费主义文化主导着现代经济的运行，这种文化的关注点偏重物品的消费而非其制作、生产、形成的过程。[2] 消费主义主流文化对人们发挥自身的潜力毫无益处，也不能帮助人们过上更充实的生活。[3] 在角逐最新、最好产品的竞赛中,人们追捧iPod、iPad、iPhone和其他众多"我就是想要"类型的商品,而不是在追求真正的福祉。对很多人来说,总是想要获得更多、更好的东西并将其积攒起来,这已经超乎实现更高目标的方法、手段范畴,反而成为终极目标本身了。那么,这种文化的源头何在?

19世纪晚期,凡勃伦(T. Veblen)创造了"炫耀性消费"(conspicuous consumption)一词,那时消费主义已经在美国兴起,但仍处于初始阶段。[4]此后,两场世界大战和中间的经济大萧条使消费主义受到了遏制。但到了20世纪50年代,这种文化迅速步入了它的"青春期"。当时有一位经济学家兼生意人雷博(V. Lebow)在《零售杂志》(*Journal of Retailing*)上发表了一篇文章,题为《1955年的价格竞争》(*Price Competition in 1955*)。雷博以语出惊人的坦率笔调描绘了消费社会的景象。

规模庞大的生产性经济系统要求我们把消费作为自身的生活方式,要对购买并使用商品习以为常,这种方式让我们能在消费中求得精神满足,或者说自我欲望的满足(ego satisfactions)。目前,在我们的消费模式中可以找到衡量个人社会地位、社会接受度和社会声望的印记。如今我们的生活意义和重要性已经要靠消费来定义了。[5]

雷博此文点明了市场营销的新兴战略,自此之后,消费主义成为一股成熟的强大力量,席卷了我们的整个经济大家庭。来自坊间观察的逸闻性证据(anecdotal evidence)随处可见,如"圣诞节抢跑"(Christmas creep)*、"零售大卖场"(big-box retail)、"超级购物中心"(mega-mall)等现象已经变得司空见惯。T恤和汽车的保险杠上经常贴有此类字样:"日子越艰难,坚强者越要买买买"(When the going gets tough, the tough go shopping)。

从统计数据上看,消费主义盛行的证据也比比皆是。美国公民现在的平均物质消费量是雷博发表文章时的2倍(别忘了有消费能力的美国人口几

---

* 指零售商在正常的圣诞假期之前提早销售带圣诞元素商品的现象,有的商家甚至在10月初已经开始举行所谓"圣诞季"的首轮减价促销。

乎达到了1.5亿,这个数目不容小视)。此外,如今美国人每年接触到的广告数量比雷博和他的同时代人一辈子看的还要多。[6] 在欧洲也存在类似情况。例如在瑞典,每年商家花在广告上的投资额度与政府对教育的投入相当。[7]

商家绞尽脑汁"让消费成为我们的生活方式",因此我们可以预见产品背后的生产企业将实施"计划性报废"(planned obsolescence)策略,这是一种快速消耗产品(但也不能太快,以免影响到消费者的"品牌忠诚度")而非使其更耐用的产品设计策略。消费主义营销还有另一个令人反感但细想起来并不奇怪的特征:基于污名化策略搞推销(stigma-based marketing)。依据商业大师(business gurus)丹·希思(Dan Heath)和奇普·希思(Chip Heath)兄弟的说法,营销人员有意识地在消费群体中植入不安全感和社会污名"烙印",从而使消费者渴望有产品能缓解这种痛苦,这样企业就能够通过满足由它们制造出来的消费者心理需求完成相应产品的推销。[8] 他们以宝洁公司(Procter & Gamble)在中国推销洗发水的策略举例说明:在中国的传统文化中,头皮屑被视为(或者说,至少曾被视为)无伤大雅,不成其为问题。但宝洁公司在广告中将头皮屑描述成一种象征社会污名的标记物——这样一来,人们为了从自己的身体上根除这种会不断产生的恶名印记,就会纷纷选择长期购买该公司的产品。[9]

当消费者追求新奇的心理遭到商家营销策略无情的(有时甚至可以说是肮脏的)玩弄与利用,两者就结成了一种邪恶联盟(unholy alliance),并将购物和消费行为作为一种仪式(ritual)置于当今经济系统的核心。雷博在他的文章中再次公开提出了这一论点,他当年对即将到来的物质主义浪潮可谓独具只眼、未卜先知。

我们需要不断加速消耗、用尽、替换和丢弃各种东西。我们需要让人们的衣食住行越来越复杂多变,由此消费活动也变得越来越昂贵。家用电动工具和整场DIY运动都是"昂贵"消费的好例子。[10]

雷恩甚至预见到了像我父亲的地下工作室这种状况。也许伴随着1955年开始的经济发展，物质主义浪潮的发生是不可避免的，正如那些没有得到充分利用就遭受遗弃的工具一点点填满了我父亲的地下室那样。但我们一定要在这条发展路径上一条道走到黑吗？本书第二编详细介绍了稳态经济的政策工具包，如果能将这些政策工具付诸实施，社会将形成一种完全不同的经济模式——一种旨在分享且自给自足的经济模式，而非崇尚贪婪、购物至上的经济模式。但这句话里的关键词是"如果实施"。想要在没有彻底改变消费主义文化的情况下制定、实施这些政策，并以"适度"的智慧取代"贪多"的疯狂，这几乎是不可能做到的。

我们能采取哪些替代措施？

我父亲的地下室车间与另一个车间十分相似。另一个车间有着相同的气味，同样集满了有用的工具，并且工具在货架和地板上同样激烈地竞争着空间。这个车间位于一个车库而非地下室，但它和我父亲地下室真正明显的唯一区别是使用主体。这个车库车间属于由34户家庭业主组成的社区而非某个很少使用收集到的工具的单一业主。我们有幸得以参观这样一个工具充足的车间，其中一位业主告诉我："如果没有这个车间，我只能用锤子和螺丝刀来造、来修每一样东西！"

如果我父亲也有机会使用这样一个社区共享车间，我猜他会同样开心（也许会比用自己的工具更开心）。说到底，他究竟想要追求什么呢？无论是想获得解决问题时的施展才华有用感、创造美好事物时的自豪感还是亲自动手工作时的满足感，所有这些感受都可以在社区工作坊里获得，而且远不止这些。在一个共享的车间里，父亲可以和其他人一起工作，与他们进行友好的对话，交换专业知识与想法。但要建立这样一个工作坊，父亲和他的邻居必须支持共享社区事务而非独享式消费。

许多人正在探索抵制消费主义文化的方法，并建立属于他们自己的、充满活力的文化。例如，许多年长的人在物质上花费较少而在个人体验上花费较多,这样的消费对物质消耗的影响较小。此外,无论是个体还是群体,越来越多的人选择了"换挡降速"(downshifted)的生活方式,他们如社会学家埃尔金(D. Elgin)所述,追求"内在丰富而外在简朴"的生活。[11] 这些人不太关注金钱能买到的东西(各种物品),而更多地关注金钱买不到的东西(如时间、关系和社区氛围)。

非常重视"适度"理念的人们因此过上了更美好的生活。无论是社会科学家还是神经科学家都一直在研究什么能让人快乐——什么能让人们的生活变得充实——他们的发现都完全背离了消费文化的指向。新经济基金会总结相关例证并描述了5种行之有效的幸福感获取方法。

1. 保持联系。保持与家人、朋友、邻居和同事之间的密切关系。

2. 保持活跃。参加令人愉快的体育活动。

3. 保持关切。不要抑制自己的好奇心,品味当下,关注世界上正在发生的事情。

4. 持续学习。尝试新事物,设置一些能让自己乐在其中的挑战。

5. 乐于奉献。不要吝惜表达感激之情,做有益他人的事情。[12]

2011年底,作家兼环保主义者吉尔丁(P. Gilding)在其一次演讲中指出这5种实现幸福的方法有2个共同点:① 它们都需要花时间去实施;② 它们都是免费的。这个想法令人高兴,因为正如吉尔丁指出的,"看上去未来的经济系统将表现为更少的货币、更少的物质、更少的债务、更多的时间、更多的乐趣、更多的幸福。"[13] 如果你想实现良好的健康并找到生活的意义,那么消费主义应被视为一种不明智的策略,无论是从科学视角或是从常识视角来看都是如此。一旦我们满足了自身的基本需求,像原来那样靠花钱去获取幸福感便基本上不再可能。当前的挑战是规划淘汰消费主义文化的具体步骤。

我们该何去何从?

了解消费主义植入我们日常生活的程度有多深之后(远不止于该文化

诱导人们以无效的方式追求获得感），为了推翻这种主流文化的正统信条(orthodoxy)，我们需要对自己的价值观发动一场革命。然而，由于人们对转型会产生很自然的焦虑，变革不太可能会迅速或轻易地发生。此外，还有众多强大势力是从人们的消费活动中获取利益与力量的，这些既得利益势力在转型过程中不会轻易言败，不可能毫无抵抗便让位退场。广告商，信用卡公司，银行，汽车、软饮料和计算机的制造商以及政府激励计划等，我们列举的这些只是消费主义在经济系统内同盟者名单的一小部分。

要成功击退这些势力，需要我们付出持续的协同努力，以削弱大公司和媒体界的权力，因为它们都拥有对人们生活的重大影响力。尤为重要的是，不能低估这些实体势力以及它们影响消费者行为时采取的策略，后者往往是精微巧妙的。不过从本质上来说，银行家、广告商和制造商只是简单地响应了消费者的需求（尽管它们在部分需求的创造过程中确实是同谋者）。因此，转型所需的变革之力也许应该源自个人价值观的转变，以及对"群体巨婴化"(mass infantilization)营销策略的草根性抵制，正是这种策略促使人们未经思考便开始盲目消费。推进转型的积极方式之一是支持那些选择非物质主义生活方式的人们，并鼓励其他人去追随他们的脚步。在整个社会中推广可持续价值观会带来巨大的机遇，但想要有效推广该价值观，首先需要社会全面理解这场转型运动并找到多个可能进行干预的介入节点。[14] 下面是对顺利推进转型的一些意见。

颠覆传统的营销方式(Turn marketing on its ear)。多年来，营销人员一直在磨炼自己的带货技巧，这些技巧同样可以用来"推销"合理的文化价值观而非大批量消费品。我们可以想象按雷博的方式这样说："我们需要让获取幸福感成为自己的生活方式。"找到这种感觉以后，让我们再想象一下，可口可乐和麦当劳的所有营销团队不再推销更多的碳酸饮料，而是全力投入到这场变革过程中来，那会是怎样一幅场景。

巧用艺术的力量。从音乐到舞蹈再到视觉传媒，相比购物型旅游和过度消费,艺术能更有效地滋养人们的灵魂。艺术能激励人,并帮助我们畅想一个更美好的世界,在这个世界里的生活要比我们今天所拥有的更完美。通过参与创造性艺术活动(往往是一种合作过程),我们能为创造这种更美好的世界直接做贡献。

做出改变。了解消费主义缺点的人可以拒绝不必要的消费品,并树立"按自己的价值观生活"(living their values)的正向标杆。他们可以参与本地的行动倡议项目,通过减少消费量、推行本地化生产以及抵制面向大众消费者的折扣专营店(outlets),从而构建出大规模消费的替代方案。在消费主义文化中,很多固有的自私行为源于一种价值取向,它偏离了基于社区的价值观而倾向于个人主义。那些树立了非物质主义标杆的人可以帮助扭转这一取向。

招募高影响力者。高影响力者在社会网络中占据中心地位,他们是新社会范式产生过程中的关键人物。如果这些人理解了消费主义的缺点和减少物质消费生活方式的优点,他们就可能成为可持续发展理念强有力的代言人。[15]

将"僵尸消费主义"(zombie consumerism)* **与非物质主义的美好生活进行比较**。物质主义的生活方式可能是浅薄、无聊和沉闷的。相对而言,一种非物质主义的、可持续的生活方式,可以是动态的、令人耳目一新的,但人们必须做到将其可视化。一场转型城镇(Transition Towns)运动激发了许多人的想象力,并开始展示如何更简单、更有意义地生活的方法,这种展示过程的任务是相当艰巨的。[16] 如果政府官员看到转型城镇以及类似运动以足够大的规模涌现,他们将会倍感压力,因而选择"上车"参与(get on board)。

消除"计划性报废"策略。从毛衣到半导体,"计划性报废"已经成为一

---

* 僵尸消费主义指人们为了在社交媒体上炫耀而购买不必要的物品。这些物品并不能满足他们的实际需求,只是为了追求虚荣心和面子。这种行为会导致浪费资源、增加环境负担,并且可能对个人造成经济压力。

种普遍的营销策略，一些销售人员甚至称赞这种策略推动了社会的进步（他们可能还没跟上目前的环境和社会趋势）。[17] 但在一个拥有 70 亿人口、资源有限、环境问题严重的世界里，长期"耐用"（durable）而非一次性的"用后即弃"（disposable）才是消费者真正需要的口号。拒绝购买短生命周期产品是能够阻止公司继续采用面向垃圾场的产品设计（designing for the dump）的一条确定途径。

限制广告宣传。立法者已经制定了法律，对包含不良行为的广告宣传进行限制，从而开创了对销售部门过度营销行为进行干预的先例。1980年，加拿大魁北克省开始禁止播放包含儿童信息的广告，这有助于儿童保持更健康的消费习惯。[18] 希思兄弟提出若广告涉及污名化信息，销售业界人士有责任对自身的营销行为进行调整。[19] 无论是通过自我监管还是其他方式，停止传播包含污名化信息的广告，并制止其他有害信息营销行为，这样才对社会发展有益。

培育非消费主义机构。政府和社区可以通过创建并赋能非消费主义的组织与机构，发挥推进转型的作用。这些组织、机构专注于满足人们的需求而非销售实物。它们管理资产的目的是为资产所有者带来长期福祉而非短期的财务回报。[20] 合作社、土地信托（land trusts）乃至社区工作室等都是典型的例子。

上述意见为减少物质主义思潮提供了一些有趣的方法，但想真正地转变文化思潮，需要人们接受这样一个基本事实：购物所带来的益处并不能支持我们获得长久的生活满足感。有些人能轻松地掌握此中智慧，他们对营销人员的死缠烂打似乎具有"先天免疫力"。其他人则需要一定时间来产生"获得性免疫力"——因为他们必须先体验到消费主义文化带来的内心空虚才能免疫，对有的人来说这种体验然后领悟的过程可能需要几十年时间。至少在美国的消费社会里，人们在经历了中年危机后才会重新开始生活，这已经变成一种陈词滥调式的固定套路了（cliché）。人们试图通过对炫耀性消费的徒劳尝试来抚慰中年危机造成的伤痛(想象一名45岁的中年男子买了一辆鲜红色法拉利或其他高油耗跑车),之后还是会回到关注人与人之间的联系与幸福感并寻求生活真谛的阶段,并以此来获得内心的平和。但依然存在那么一小群人,无论在人生的哪个阶段,他们都会按照自身非消费主义价值观的内在要求去生活,这些人为推进转型带来了信心。无论是转型城镇运动、自觉简朴生活(voluntary simplicity)、经济本地化(economic localization)还是生态村落(ecovillages),这些积极的迹象表明人们正在为过上物质密集度降低的幸福生活而努力。

来自不同职业、背景和阶层的人们正在努力建设实现美好生活的创新模式,但要让这些创新模式在社会中广为传播,我们不得不同促进消费主义文化的结盟势力进行对抗。这些势力对政治家和媒体施加了不良影响,诱导人们无视资源的有限性,以无效的方式追求满足感,从而导致社会不平等。我们可以通过协同一致且坚持不懈的行动来对抗这些势力。然后,我们可以用可持续发展文化和实现"**适度**"的价值观来取代消费主义文化和"**贪多**"的价值观。

第十三章

沉默已经够久了
——推动政界和媒体参与

> 发声是人类与生俱来的天赋,应该被好好地保护并使用,我们要尽可能彻底说人话。各种形式的沉默只会助长无力感。
>
> ——玛格丽特·阿特伍德(Margaret Atwood)[1]

我们正在做什么?

大学生涯里最后一个暑假,我去了美国最大的工会组织进行实习——该组织就是美国劳工联合会—产业工会联合会(American Federation of Labor and Congress of Industrial Organizations, AFL-CIO, 简称"劳联—产联")。讽刺的是,劳联—产联雇佣我的工资低于全社会最低工资水平。尽管付给我的工资很低,但我度过了一个非常棒的夏天,尤其是这段经历让我了解华盛顿市区哪些酒吧的"欢乐时光"(happy hour)* 会提供免费炸玉米饼。在第一天工作时,我就知道了劳联—产联十分关注国会议员看待各种劳工问题的态度(也许这事并没什么稀奇)。实际上,我的顶头上司告诉我的每日首要任务就是梳理报纸资料,收集关于工会和劳工政治的文章。那时还不像现在这么流行用互联网,所以我会随意浏览一堆报纸,然后把相关的文章搞点剪贴。然后,我将剪贴资料归档到文件夹里,供领导参阅。

然而,如果我现在从事类似的整理工作而收集的话题是经济增长而非劳工问题,那么我可能需要几升胶水才能贴完一周的信息。追捧增长的专栏文章可以做成一本厚厚的剪贴簿,里面充斥着类似以下形式的标题。

- 经济增速已经回暖,为什么所有人依然如此悲观?[2]
- 欧洲亮点:尽管存在欧元危机,波兰经济在 2011 年仍然增长了 4.3%。[3]
- 苏格兰地区正在庆祝 GDP 的增长。[4]

最后一个标题特别有趣。苏格兰真的在庆祝 GDP 的增长吗?有没有哪个节日可以用来纪念强劲的 GDP 数据呢?这篇文章没提到在爱丁堡大街上跳舞。挺奇怪的是,该文的主要关注点是苏格兰地区的 GDP 增速如何慢于英国的整体增速。

我还可以收集一份同样厚度的剪贴簿,里面充斥着为经济增速放缓或

---

* "欢乐时光"期间,饮料会打折出售,酒吧以此吸引人们前来。通常时间设在傍晚5—7点左右。

停滞而哀嚎的文章。最近的一些例子如下。

- 分析：亚洲的经济增长滑向中性（neutral）。[5]
- 美联储暗示：全面复苏还需数年时间。[6]
- 由于美国经济增速的改善程度没有达到投资者的预期，全球股市正在下跌。[7]

像这样的标题没有超出读者的预期——经济放缓会带来明显的问题，这正是因为当前的经济体系只有在经济规模呈现增长时才能运转良好。经济规模收缩会导致失业，从而使财政收支陷入更难平衡的艰难时期。但由于现有经济系统提出的增长假设是如此根深蒂固，几乎没有人愿意花笔墨去研究一个非增长型经济系统可能如何运作。最近这些"唱衰"文章的频繁发表也验证了另一点：国家和企业竭尽所能实现经济扩张的努力见效甚微，正在日益陷入挣扎。

这种对经济"拔苗助长"行为的失败让政界感到焦虑。在劳联-产联那里，如果我的上司想要在这本剪贴簿中找到证实这种政治观点的资料，只要再将一堆剪报粘到一起就可以了。

- 减、减、减的终结？默克尔和萨科齐在聚焦经济增长这一点上达成一致。[8]
- 奥巴马说自己对2012年的美国经济'满怀希望'，希望能看到更大的增长。[9]
- 英国首相说，果敢的行动能够为欧洲经济的增长赋能。[10]

为经济增长喝彩已成为大多数记者和政界人士的常态。但在增长的极限和稳态经济等话题上，主流媒体明显在刻意保持沉默。一些非主流的另类媒体确实会时不时发布一些关于此类主题的故事。同时，每隔一段时间，某一篇以稳态为主题的文章就得以挤进较大的新闻信源正式发表。例如，戴利为《科学美国人》（Scientific American）杂志写了一篇题为《丰足世界中的经济学》（Economics in a Full World）的文章。[11]《纽约时报》（New York Times）

刊登了赞西(E. Zencey)的一篇社论,题为《索迪先生的生态经济》(*Mr. Soddy's Ecological Economy*)。¹² 哈珀斯杂志(*Harper's Magazine*)刊登了贝里(W. Berry)撰写的故事《浮士德经济学:地狱无边》(*Faustian Economics : Hell Hath No Limits*)¹³ 和斯托尔(S. Stoll)撰写的故事《对"休耕"的恐惧:零增长世界的幽灵》(*Fear of Fallowing : The Specter of a No-Growth World*)*。¹⁴《新科学家》(*New Scientist*)杂志发表了一期特刊,里面有多篇关于"增长之愚(the folly of growth)"的文章。¹⁵ 然而,与支持增长的评论形成的滔天洪水相比,这些文章不过是涓涓细流。

政界似乎比媒体界更不愿意讨论稳态话题。平心而论,他们中有些人在学术或职业生涯中确实从未接触过稳态经济概念。劳斯(C. Rouse)是普林斯顿大学的劳动经济学家,她接受奥巴马总统的任命,于2009—2011年在美国经济顾问委员会(the U.S. Council of Economic Advisers)就职。该任期之中,有人在一次公共论坛上询问她本人对稳态经济学持何种看法。她在回答中大谈"可持续增长""稳态增长""平衡增长"等术语。¹⁶ 但事情很快就露馅了,很明显她此前从未接触过作为可持续发展途径的非增长型经济这种概念。

其他政界人士似乎认为,捍卫一种不同于增长的理念会导致他们被选民抛弃(另外,考虑到媒体对增长的描述一贯如此正面,他们的这种政治选择很可能是正确的)。在另一次公共论坛上,美国众议院议员德法齐奥(P. DeFazio)谈到了俄勒冈州经济的未来。当他被问及增长的极限时,他的回答批判了卡特(J. Carter)总统几十年前发表的一篇演讲。卡特总统在这篇所谓"萎靡不振的演讲"(Malaise Speech)**中呼吁人们通过"拥有并消费资源"以外的方式来节约能源、共享资源、追求生活的意义。¹⁷ 德法奇奥议员解释道,

---

* 这个标题明显在模仿《共产党宣言》首句的写法。

** 卡特的演讲被认为与令人振奋的里根竞选演讲形成鲜明对比,最终里根以压倒性优势当选美国总统。

承认增长存在极限就相当于为卡特的"悲观主义道路"提供背书(你们看,卡特这种政见恰恰给他自己带来了悲剧结局——仅仅完成了一个总统任期就被赶出了白宫)。

就像在媒体上偶尔出现的稳态经济故事那样,当一位政治家敢于探讨经济增长的替代方案,他的观点总是令人耳目一新。英国国会议员、前欧洲议会议员卢卡斯(C. Lucas)就是这样的政治家。她在经济增长问题上和稳态经济发展中心(CASSE)持有相同立场,该立场呼吁经济系统向稳态经济转型。[18] 同时,她也是英格兰和威尔士绿党(Green Party of England and Wales)的前领导人,该政党是支持稳态经济立场的少数政党之一。

考虑个中利害关系,政治家和媒体必须解决增长的极限问题,这关系到整个生物圈的健康和人类福祉。想抓住机会实施必要的经济改革,他们就必须打破自身长期以来的沉默状态,那是一种针对"经济可以永远增长下去"理念的替代者刻意保持的沉默。克服这种沉默是发起转型运动的关键步骤,这项运动将促进社会朝着可持续的公平经济系统方向转型。

然而,沉默目前仍占据着统治地位,这是因为政治家、主流媒体和其他对公众舆论具备高影响力的人士都抱持同一种看法——经济增长等同于经济繁荣,它是一种进步的表现。几代人以来,各个政党一直相互竞争,看哪方的政策能兑现承诺,实现最快的经济增长和最好的生活水平。与此同时,媒体对经济的报道仍以监测经济增长体量为目标。经济增长在公共领域被描绘得无可替代,我们似乎永远无法找到可以与之竞争的经济方案。

高校和其他学校的讨论中也基本不存在与稳态经济相关的选项。目前,经济学界和商界、政界的学术培训项目极少覆盖可持续发展和环境问题领域,更不用说去构建若干非增长型经济模型了。想要更熟练地掌握稳态经济学,学生可以接触到的机会十分有限,想深入研究这个主题则更难。因此,该话题几十年来一直被忽视,很少有理论研究者和实践者致力于研究如何在不追求经济增长的情况下实现经济繁荣的有序转型。

我们能采取哪些替代措施？

为了助推人们打破这种沉默，我们提出了一种"三步走"策略：① 使稳态经济的相关信息更易获取；② 在新举办的论坛上与政治家、记者和学术机构多多沟通交流；③ 在高校培养研究、分析稳态概念的学术能力，并积极开展教学活动。[19]下面我们来详细讨论该策略中的每个步骤。

使稳态经济的相关信息更易获取

阿姆斯特朗（F. Armstrong）知道如何做到这一步。作为一名环境和社会领域的活动家，阿姆斯特朗成功地吸引了人们的注意，她通过募集到的资金支持开展正义事业，这种方法也已被移植到电影制作项目中。阿姆斯特朗制作了三部纪录片，观看总人数达到7000万人。她筹资拍摄的《愚昧时代》（*The Age of Stupid*）在没有投放正式广告进行宣传也没有主流电影基金资助的情况下，上映后登上了英国票房排名榜第一。[20]她在制作电影传递应对气候变化紧迫性信息的同时，还马不停蹄地发起了"双十运动"（10:10 campaign）*，旨在刺激英国和其他国家削减碳排放量。

为了提高稳态经济学的知名度，阿姆斯特朗提供了一条简单的建议："改名吧"。她说得颇有道理。"稳态经济学"听起来像是广义经济学科下面的一个专门的狭隘子集（"生态经济学"提法听起来同样如此）。在现实中，各种冠以"某某经济学"之名的学科都应该接受这样一种观点：经济系统是生物圈的一个子系统，稳态原理应该渗透到整个经济学领域。给学科原理贴上一个有吸引力的标签，将有助于稳态经济学概念获得人们的青睐。

有些人对"稳态"这个名词持否定态度。即便它指向的目标饱含希望和期许——在地球的生态承载力范围内提升人类福祉——但该词在不少人的脑海中引发的联想却是"停滞"（stagnation）。为稳态经济起一个引人注目的

---

* 双十运动来自阿姆斯特朗与时任英国能源和气候变化大臣米利班德（Ed Miliband）进行辩论时的灵光乍现。她曾读过一份报告称发达国家必须在2010年底前将碳排放量减少10%以避免越过临界点，双十运动因此得名（2010和10%）。

新名字将有助于吸引大量人士致力于推行这一概念。

然而,新名字应该叫什么呢?问题仍然悬而未决。如第四章所述,各位学者和活动家提出了多姿多彩的标签,但各自都存在一定缺陷。一些名字如"绿色经济学"和"新经济学"听起来似乎过于模棱两可。另外一些名字如"生物物理经济学"又偏离了我们的宣传路线,陷入了晦涩难懂的"学术黑话"(scientific jargon)窠臼。顶尖的营销头脑会对既卖含糖零食又卖美白牙膏的自相矛盾想法大喊暂停,转而运用其无与伦比的技能来解决这个命名问题。

同时,重塑概念的过程也包括召集社会活动家,用讲好一个故事的方式来认识稳态经济学。通过数据、图形和理性论据向人们灌输思想往往事倍功半,无法说服他们采取行动,很大程度上是因为这种途径无法让人们产生情绪反应。向人们讲述朝着稳态经济方向转型的真实家庭故事,可以为人们创造一种情感影响,并且为促使人们关注稳态经济提供了一种更有效的方式。但这种方法面临的挑战是说服过程中创建的信息必须既通俗易懂又不落俗套(accessible without being trite)。借鉴阿姆斯特朗创作的脚本,你会发现电影可以成为催化剂,促使公众对经济增长的看法发生根本性转变。然而,不论你想用何种传播媒介模仿阿姆斯特朗的技巧,最重要的是学到她引人入胜的讲故事能力。

此外,在我们试图有效传递稳态经济的相关信息时,每次努力都需要克服"保护性认知"(protective cognition)的阻碍。该术语由耶鲁大学的法律学家卡亨(D. Kahan)提出,他发现如果新认知有可靠的科学证据支持,但它对人们的世界观构成威胁,那么他们往往会忽视证据的存在,单纯认为新认知相当荒谬、不值一驳,这实际上是因为他们在内心深处不愿意承认自己所推崇的东西可能会对社会有害。卡亨写道:"因为接纳新观点可能会造成与同辈、同行(peers)之间的决裂,他们会对这种观点表现出强烈的拒斥情绪倾向。"[21]

卡亨的发现有助于解释人们为什么会抵制与"经济增长存在极限"相关的信息。尽管科学家正不断提供相应的证据，证明持续的经济增长将会对环境系统和社会系统产生有害影响，但人们还是倾向于否认这些证据，否则他们就得选择否定经济增长，而这与他们现在的世界观冲突。

绕过保护性认知这一障碍的关键是，在对经济增长相关信息加以组织时，应采取一种避免让人感到威胁的方式。可能的方式之一是在开展对话时关注人们的需求（注意要覆盖所有人的需求，如生存需求、安全需求、社会参与需求等），以及关注经济系统如何能在不增长的条件下帮助人们满足这些需求。这样的信息组织方式可能会缓解人们对新知的否认态度，并削弱经济增长的危险诱惑力。

在新论坛上与人多多交流

我们需要找到一些新方法，促使决策者和舆论场中的高影响力者更积极地探讨增长问题以及解决该问题的经济改革潜在途径。由政策制定者、政治家和研究者组成的"探索性论坛"（forums for exploration）可以提供这样的探讨场所。在这些论坛上，他们可以探讨本书第二编讨论的棘手政策问题，如人口增长规模、物质和能源的吞吐量、财富的不平等性。这种论坛已经开始以会议（conferences）的形式建立起来，包括在巴黎、巴塞罗那和蒙特利尔举办的去增长国际会议，在维也纳举办的"转型中的增长"会议，以及在利兹举办的稳态经济会议。[22] 这些会议以及其他类似会议应该将研讨结果更广泛地向政府、企业、大学和公众传播。

在会议或其他场合提升稳态原理知名度的方法之一是发布立场声明文件，例如CASSE对经济增长的立场声明或去增长宣言文件。[23] 如果这类声明的内容能得到智库、企业、专业协会、大学与热心市民的大力支持，那么这些人与组织就能推动主流机构和公众人物"打破陈规"（break ranks）。[24] 一旦部分政界人士变得更乐意参与事关经济增长的辩论，"人多保平安"（safety-in-numbers）规律将创造出政治空间，鼓励他们的同行采取同样的行动。一小群具有献身精神的政治家可以显著提升稳态经济方案的知名度,这些方案能够有助于解决社会和环境问题。

为了开展新论坛,通过推广交流给政治家施加影响,同时让公众获得相关教育,稳态经济的活动家需要建立强大的行动中心。目前,全球各地有若干此类行动中心分布,其中大多数是非营利性组织,在资金上较为匮乏:例如CASSE、新经济基金会(the New Economics Foundation)、可持续发展经济学基金会(Feasta)、社会经济和环境研究所(SERI)、研究与去增长组织(Research & Degrowth)、后增长研究所(the Post Growth Institute)、后碳研究所(the Post Carbon Institute)、地球经济学组织(Earth Economics)、新经济研究所(the New Economics Institute)、新经济网络(the New Economy Network)、新经济工作组(the New Economy Working Group)、道德市场组织(Ethical Markets)、盖亚经济学组织(Gaian Economics)等。这些组织要承担起如下责任:帮助公众扩大对经济系统转变的认知,并向政治家和各大媒体讲解转变后的经济系统概念,这类经济系统的目标是促进繁荣而非增长。

培养研究稳态概念的学术能力

想成功实现经济系统的转型,我们需要越来越多的学生、学者和经济学家能够理解生态经济学和稳态经济系统的概念。然而,在大学的经济学院系里很难找到研究稳态的项目,也没有多少稳态经济学课程资源。一些对稳态经济学的教学感兴趣的教授会将其设为自选课程,一般开设在其他学科的院系名下,如环境研究和人类学等。经济学院系本身的稳态概念空缺留下了一道科研鸿沟(research gap)——有必要对稳态经济系统的运行原理进行更严谨的研究。目前的经济智慧致力于追求增长,如果这份智慧能被用于追求经济的可持续性,我们将会拥有更多的好点子来实现非增长型繁荣经济。

好消息是生态经济学这门学科已经取得了长足进步,这在很大程度上要归功于相关学术团队的发展。1990年,戴利、科斯坦萨(R. Costanza)、扬松

（A. Jansson）、马丁内斯-阿列尔（J. Martínez-Alier）与其他学者一同创建了国际生态经济学学会（International Society for Ecological Economics，ISEE）。该学会的基本理念如下。

- 人类的经济系统内含于自然界，经济运行过程包含生物、物理、化学过程与转化过程。
- 生态经济学为研究环境问题的研究人员提供了一个畅所欲言的平台。
- 生态经济学需要跨学科的研究来分析经济运行过程与物理世界的关系。

自成立以来，ISSE的知名度和影响力变得越来越大。[25] 在该学会的推动下，新的书籍、期刊文献以及其他信息资源得到了推广，这些传播行动为各学术机构扩大教学和研究提供了坚实的物质基础。但仍有大量工作等待着我们去完成，尤其是满足学生的需求，他们对经济学课程已经产生了强烈的厌倦感（见第四章）。与那些支持增长理念的同行相比，ISSE发挥的作用依然极为有限，这是因为和那些喜欢报道稳态科学的新闻媒体、促进稳态思想发展的非营利性组织一样，ISSE也相当缺乏资金。

我们该何去何从？

在这个历史转折点，人类普遍面临着经济与环境的动荡，大多数人都认同，我们需要推动一定程度的改革才能解决经济带来的问题。每个人，包括稳态概念最坚决的质疑者，都将从关于经济增长的更广泛、更包容的对话中获益。推动这一对话的3个建议——使稳态经济的相关信息更易获取；在新论坛上与人多多交流；培养研究稳态概念的学术能力——是打破对稳态经济那种令人不安的沉默的方法，而且这三个建议会起到相互增强的作用。实施这些措施的时机就在眼前。政治家和媒体记者在沉默中停留的时间越长，生态极限对他们施加的影响越多，我们解决社会和环境问题的紧迫性就越高。

在利兹大学举办的一场关于替代性经济学的公开讨论中，奥德伦（S.

Odlum)——一名曾在占领华尔街运动中发声的成员——被问及如何实现朝向一个可持续的公平经济系统的转型,她的回答很简单:"我们起而行之(去抗议)。"(We rise.)这些运动和抗议活动为稳态思想的形象提升提供了机会。抗议者一直要求保障人们的工作、实施公平的收入分配、更有力地监管银行业务、减少企业在政治上的影响,以及更加审慎地使用公共资金(例如将公共资金投资于教育而非解救破产的银行)。[26] 概言之,来自世界各地的人们都在寻求社会正义和环境正义——这与提出构建稳态经济系统倡议的动机是一致的。因此,稳态原则可以为参与占领华尔街运动的成员和其他积极改变的探寻者提供统一的经济纲领。抗议者对这一纲领潜力的认识越深,为稳态经济发声的能力就越强,进而克服经济领域关于替代"增长可以永续"教条的万马齐喑式沉默。

当沉默逐渐被打破之后,我们看到的新闻专栏标题将不再充斥着追捧增长狂热者的渲染,而会呈现如下样貌。

- 美国经济顾问委员会对增长发问。
- 银行被提议实施全准备金率(Full-Reserve Banking)以结束债务危机。
- "稳定主义者"(Steady Staters)如何拯救经济和环境。

这些充满希望的新闻标题的出现将标志着一种具有深远影响的转变——这一转变与朝向稳态经济的转型所需要的另外两种转变同时发生:远离消费主义的文化转变(见第十二章);以增强国际合作为目的的国家目标转变(将在第十四章中讨论)。但如果我们不去推动政治家、媒体和学术机构开展更广泛的讨论,所有这些转变都不会发生——它们只会在我们主动发起抗议之后才会出现。

第十四章

单边主义已经让人受够了
——改变国家目标,提升国际合作

几年前去列宁格勒访问时,我想知道自己位置所在,于是查了地图,却没找到确切答案。从我站着的地方可以看到几个巨大的教堂,但在地图上却找不到它们的踪迹。最后一位翻译过来帮我,他说:"我们的地图上是不显示教堂的。"……之后,我回想起这种情况已经不是第一次出现了:我经常发现在地图上查不到眼前分明可以看到的东西。整个中学和大学时期,我获得了很多生活和学识上的指导,它们具有类似地图的指引作用。然而很多我最关心的事情在这些指导中几乎看不见踪迹,在我看来,这些事情原本最有可能对我的生活起到重要的指引作用。

——E. F. 舒马赫(E. F. Schumacher)[1]

我们正在做什么?

美国的人口不到全球的5%,排放的温室气体则约占全球排放总量的18%。[2] 世界前五大煤炭消费国家消耗了全球77%的煤炭产量。[3] 进入21世纪,单一国家的消费习惯就会造成全球经济后果,单方面采取某些经济决策后续可能产生十足的风险。激烈的竞争愈演愈烈,尤其是在最富裕国家之间涉及土地、水和石油等关键资源的控制权争夺,这些竞争可能会带来灾难性的后果。我们最不需要的竞争就是从已经过度增长的全球经济中攫取最后一点增长的碎屑。

另一方面,让我们假设出现了这样一个国家:敢于直面对现实,承认"增长存在极限",并想要实现稳态经济转型。但全球其他所有国家都在继续追求经济增长,那么该国与众不同的高尚行为可能会让自己陷入困境。那些试图提升本国经济基础的国家所采取的战略更像是身处19世纪而非21世纪,因为这些战略是不考虑其产生的更广泛社会和经济后果的。

1884年,德国总理俾斯麦(O. von Bismarck)越来越担忧英国和葡萄牙企图在非洲扩张殖民地,这会对他掌握刚果控制权的计划造成妨碍。他认为国际外交是在非洲保护德国国家利益的最佳途径,因为这一途径受到的阻力最小。为此,他邀请英国、法国、葡萄牙、荷兰、比利时、西班牙、美国、奥匈帝国、瑞典—挪威*、丹麦、意大利、土耳其和俄罗斯等国代表参加一场会议。这场会议的代表们集聚柏林,对他们在非洲的商业愿景进行规划。

俾斯麦提出了3项主要议题:① 刚果盆地贸易自由;② 刚果河与尼日尔河的通航自由;③ 扩张新领土时应遵守相应的规则。[4] 那时候的会议持续时间往往比如今的"三天开完"更长,但即便以当时的标准来看,整场柏林会议也算开得非常久了。整场会议始于1884年11月15日,一直持续到1885年2月26日才结束,至此,殖民国家已经为其后历时六年的"非洲争夺"奠定了规则基础。[5]

---

* 1905年,瑞典承认挪威独立,1884年时两者仍为一个国家。

在这次会议上,俾斯麦和英国大使马利特(E. Malet)的讲话表达出了人道主义宗旨。可以肯定的是,他们强调开展商业贸易,但每个人也都提到了维护土著人群福祉的重要性。[6] 这种对土著福祉的观念是公然自我标榜的家长式作风,但更糟糕的是,即便这样的观念也往往停留在嘴上说说的程度,实际上并没有做到。殖民列强开始了一场竞赛,努力扩大商业版图,提升自身作为殖民国的实力和威望。在未经当地人允许的情况下,土地掠夺不断上演,殖民文化和外来经济制度"强加在拥有悠久历史且仍然充满活力的人民身上"。[7]

时间来到当代,一个更为折中且更不协调的"俱乐部"正在埃塞俄比亚、坦桑尼亚、苏丹、加纳、马达加斯加以及其他非洲国家谋求财富。这个俱乐部的成员非同寻常,有美国的大学如哈佛大学、范德堡(Vanderbilt)大学,有沙特阿拉伯的国王,有韩国企业集团如大宇(Daewoo)集团,有英国金融家,还有其他财力雄厚的投资者。[8] 大量资金涌入非洲大陆,各地都在划分土地,用于不同农作物的生产。这个在21世纪组建的集团要比19世纪的表现更加微妙,但所谓双赢言论仍然比比皆是。尽管会出现土地管理不善、劳动力输入、持续关注出口市场以及将种粮食的农田转化为生物燃料(biofuels)种植地的情况,但与25%的投资回报承诺交织在一起的是各种口号——发展可持续农业实践、创造就业机会、养活饥饿的当地人口,所有这一切都在同时发生。[9] 这些土地交易是否会为当地人带来更多的食物还有待观察,但外国投资者肯定优先满足的是自身的交易胃口。世界银行的数据显示,在过去的几年里,他们已经吞噬的农田面积超过了整个法国的大小。[10]

目前,参与非洲土地交易的各方都希望获得经济回报。富裕的域外国家正在寻求投资机会,而资金紧张的非洲国家希望加速农业发展,创造就业机会,并改善粮食安全。然而,目前上演的局面更像是一个当代版的柏林会议。进行投资的国家都有针对本国粮食安全的考量。此外,还有一些报道指出非洲人被迫从传统的农业和牧业区迁离。[11]

即使投资国在执行这些土地交易时怀揣着良好的意图,但它们仍然可能会遵循错误的指引。这些错误的指导原则在1884年是行不通的,现在也同样如此。要搞清各国目前可以做些什么不一样的事情——就需要先了解可持续福利发展新方向的具体细节——重要的是,要了解经济增长和国际贸易的普遍历史模式。

在过去的200年间,只有少数国家经历了持续的高速经济增长,而且他们实现增长的途径在很大程度上是以牺牲全球其他国家利益为代价的,这导致后者在经济方面几乎停滞不前。[12] 然而,在过去的六七十年中,越来越多的国家开始效仿工业化国家的发展道路,但由于工业化发展速度不同,它们的发展结果也不尽相同。工业化速度的差异在一定程度上解释了全球的南方国家与北方国家之间巨大的贫富差距。目前全球生活在所谓发达国家的人口只占16%,而这些国家的消费支出约占全球的78%。[13] 与此同时,世界上仍有40%人口在日均不到2美元的生活水平线上挣扎。[14]

这种差距是一个全球性的问题。世界上的穷人必须能与富人在同一个经济系统内获得需求的满足,这个系统要承认:地球是一颗资源有限的行星,它存在生态极限。但主流经济学只会重复说增长本身就是"解决方案"。经济学家曾经认为人均收入的增加会促进社会变得更公平[例如"库茨尼茨曲线"(Kuznets curve)假说],但这一研究的基础假设在经济发展与增长的关系方面过于简化。[15] 还有一些经济学家认为较高的收入可以减少环境的恶化(基于"环境库茨尼茨曲线"假设)。[16] 该理论认为,富裕国家往往有更好的生态环境质量,因为它们可以将多余资源用于污染防治和生态修复(尽管更现实的解释是富裕国家倾向于购买更多的境外产品,而这些产品的制造和运输过程往往与其他地区的资源消耗和污染排放相关)。

于是乎,根据主流经济学理论,变得富裕不仅解决了贫困和社会问题,而且为解决环境问题提供了良方。但在上述情况下,这一理论与现实发展并不相符。实证证据对这2类库茨尼茨曲线假设都提出了严重质疑。[17] 此外,如第二章所述,由于地球存在生物物理极限,想通过推动全球经济的持续增长来解决贫困和不平等问题在本质上是不可能的。

然而,不幸的是,在全球政策议程上与增长和发展相关的主流观点阻碍了其他观点的实现。千年发展目标(Millennium Development Goals)是全球国家共同努力的结果,其中提出的目标包括减少贫困并确保所有人都有能力满足其基本需求。[18] 自2000年千年发展目标公布以来,大多数有关如何实现目标的论述都集中于怎样运用经济增长作为一种政策工具。因此,有关发展的讨论通常围绕刺激经济和扩大贸易展开。各国政府与国际组织很少考虑采取替代方案,这种方案能够改善所有国家的社会状况、技术或环境条件。[19]

上述情况造成的结果是,无论是富裕国家还是贫穷国家,全都在错综复杂的国际贸易网络中相互纠缠。正在非洲上演的土地掠夺现实就是一个令人震惊的例子。另一个例子来自学者惠伦(C. Wheelan)的著作《赤裸裸的经济学》(Naked Economics)*。在书中思考"谁养活了巴黎"这个问题时,他写了下面这段话(虽然写作本意是赞美市场具有让人意想不到的效果)。

适量的新鲜金枪鱼以某种方式从南太平洋的捕鱼船队上运输到巴黎里沃利街(Rue de Rivoli)一家餐馆的餐桌上。每天早上,顾客想要的东西在社区的水果小店都应有尽有——从咖啡到新鲜的木瓜——尽管这些商品可能来自10~15个不同的国家。简而言之,一个复杂的经济系统每天涉及数十亿单交易,其中绝大多数都没有任何政府的直接参与。[20]

惠伦所说的"适量"新鲜金枪鱼可能满足了巴黎小酒馆制作金枪鱼三明治的需求,但同时这也对应着金枪鱼种群的消失。2008年,一家澳大利亚报纸报道了南太平洋上两处广阔的海域禁止捕捞金枪鱼的新闻,报道称"其目的是阻止这种珍贵的野生鱼类被长期过度捕捞"。[21] 金枪鱼的困境反映出全球贸易可能会耗尽自然资源储备,但全球贸易产生的其他影响也同样令人

---

* 该书中译本译者为孙稳存,中信出版社2003年8月第一版。

不安。商品在世界各地之间的运输(例如将木瓜运到巴黎)会涉及极其复杂的过程,同时这也是一种能源密集型过程。例如,在制造和销售产品时,原材料通常来自多个国家。这些原材料在某个(或某些)遥远的地方集中起来,然后被制成产品,再运送到其他地区进行消费。有时这种交易会产生很荒谬的结果,那就是几乎相同的产品被来回交易了好几次。[22]

在这样的贸易网络中,北方国家开始依赖南方国家提供的原材料、廉价劳动力和消费市场。反过来,南方国家又依赖北方国家以获取制成品、直接投资和出口收益。这种相互依赖关系虽然从某些方面来说对彼此有利,但其中也存在着风险和潜在问题。[23] 这种潜在的危险性在2008年金融危机的余波中表露无遗。不负责任的金融决策对富裕国家的消费产生了影响,在富裕国家出现的消费降级现象通过层层级联传到(cascaded to)相对贫穷的贸易依赖国,并将后者的众多国民一下子推入了经济困境。[24] 联合国的数据显示,富裕国家金融系统的崩溃使低收入国家中的将近1亿居民陷入了极端贫困。[25]

我们需要做的是避免这种系统性失灵再次出现,并找到当前错综复杂的国际贸易往来的替代方案。正如旅行者需要地图的帮助来寻找最合适的路线、避免迷路,我们也同样需要一张经济发展的地图,它能正确指明现阶段的环境、社会和经济挑战。

我们能采取哪些替代措施?

如果当前的发展地图(通过国际贸易来追求持续的经济增长)正将我们导向生存环境恶化以及自然资源遭受掠夺的境地,例如发生在非洲的土地交易,那么探讨如何制作一张更好的地图可谓正当其时。这张新地图必须具有这些满足各国需求的功能:不仅能指导高收入国家减少消费,还能指导低收入国家在增加人民福祉的同时维持国家生态足迹不超过可持续范围。换句话说,这张地图必须能够指引全球的任何一个国家从当前的经济起点走向稳态经济的最佳目的地。

因此，这份地图必须能够清晰显示哪些国家应该追求去增长化，哪些国家仍应以经济增长为目标，哪些国家正在接近稳态经济状态。西欧和北美的富裕国家在建立稳态经济系统前，可能需要先缩小其经济规模。非洲的撒哈拉以南地区贫穷国家似乎仍能从经济增长中获得大量收益（只要这种收益能获得公平分配的话）。印度、南美和东欧国家又应该怎么做呢？

图14.1提供了一份概念性地图——实际上与其说是地图(map)，不如说更像信息线图(chart)——我们可以用它来帮助回答这些问题。每个国家在图上的位置是我们根据2个维度因素绘制的：一个是与该国生态系统承载力比较的相对经济规模；一个是该国每年资源使用情况的变化。第一个因素对应第三章介绍的"经济尺度"概念。第二个因素使用的生物物理术语衡量

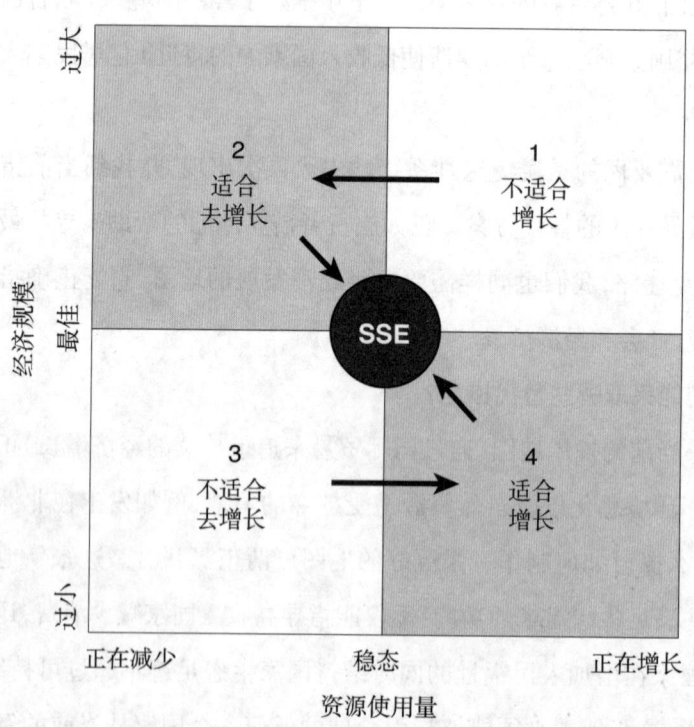

图14.1 实现稳态经济的路径"地图"[①]

的是国家经济体的资源使用量是否增长。结合这2个因素之后,我们可以将各大经济体分置于图表上的4个类别(象限)中:① 不适合增长;② 适合去增长;③ 不适合去增长;④ 适合增长。[26]

一旦某个国家在图表上的位置已经确定,其经济系统通往稳态经济的路径就变得清晰了。如果国家处于象限1(不适合增长),则说明该国的经济增长消耗了过多资源,而且资源使用量仍在增长。这类国家要实现稳态经济,必须先实施去增长战略。如果国家处于象限2(适合去增长),则说明即便该国的资源使用量正在出现减少的趋势,但它仍然消耗了过多的资源,这类国家需要保持去增长战略,直到资源使用量降至可持续水平,在这条水平线上该国经济可以长期保持稳态。如果国家处于象限3(不适合去增长),则说明该国目前正在面临一些前所未有的挑战,它经济发展过程中的资源使用量低于最优水平,并且还在下降,因此,此类国家经济在达到稳态之前必须继续维持增长战略。最后,如果国家处于象限4(适合增长),则说明该国资源的消耗率低于最优水平,但其资源使用量正在上升。此类国家的经济规模可以保持继续增长,直至达到最优规模并实现资源使用量的稳态。

图14.1为各国提供了一份通往实现可持续的公平经济的地图,但为了使这份地图在现实中行之有效,我们需要对经济规模和资源使用情况确定一些严格而可靠的指标。这些指标应该采用一种基于消费的方法来表征国际贸易。按这种方法,假如一件商品在中国生产而由美国人消费,那么它产生的环境影响将归因于后者。

我们还需要定义某个经济系统的最优规模。"最优"可以代表"最大可持续"规模。在这样的定义下,一个经济系统可以按照与其相应生态系统的再生能力匹配的速度来使用资源。如果用生态足迹作为规模指标,那么最优规模就可被定义为公平的地球份额(fair earthshare,指在平均分配情况下,地球上每个人可以获得的全球生态系统承载力相应份额)。

另一种选择是将经济系统的最优规模定在最大可持续水平以下的某个点,这样做能保证生态承载力留有一定的缓冲空间。在理想情况下,社会指标也将被用来帮助确定经济系统的最优规模。例如,某个国家可能存在未使用的生态承载力,这意味着经济规模还有继续发展的空间。但如果该国在尚未使用这些剩余生态承载力的情况下,其人民福祉指标都已获得足够的分数,那么我们就可以得出这样的结论:这个国家的经济系统已经达到了最优规模。[27]

我们需要认识到:通往稳态经济的实现路径本身是一回事,但如何踏上这条路则是另一回事。一个国家如果想真正迈出第一步,就必须开始行动,摆脱那些不必要的贸易关系。要做到这一点,该国必须提升本地生产的能力,并战胜目前内嵌于国际贸易协议中的经济学教条(doctrines)。

各国可以自行鼓励企业进行独立的本地化生产,但它们必须通过合作来重构国际贸易协议。思考这样一个情景:甲国的生产者将产品制造过程中产生的环境成本和社会成本算在该产品的价格中(这一举措与稳态经济转型方向相符)。如此一来,甲国生产的产品可能会比乙国的产品更贵,后者通过将这些成本外部化来追求经济增长。在没有任何补偿措施的情况下,甲国将由于寻求可持续发展的行为而处于不利境地。这个问题的一种解决方案是:甲国需要对低廉的进口商品引入补偿性关税,从而保护本国工业免于同其他国家发生不公平竞争,这种不公平性来自其他国家未将环境成本和社会成本内部化的行为。[28]但更好的解决方案是所有国家都同意将其产品的环境成本和社会成本内部化。

现在我们来考虑另一个潜在障碍因素:资本撤离。如果某国开始将环境和社会成本内部化,资本投资者可能会因为担心利润下滑而逃离该国。这种资本撤离可以通过实施资本管制和外资的最低驻留时间(minimum residency times)等措施来制止。毫不奇怪的是,目前的国际贸易协议中没有为实现可持续发展征收关税或者进行资本管制的相应规定(因为协议的制定目的就是为经济扩张服务）。

我们需要维持国际贸易以便从中获益,但目前国际贸易框架中的缺陷不能再被继续无视下去。将生产过程的环境成本和社会成本内部化的国家应被鼓励积极开展国际贸易,同时,未将此类成本内部化的国家将被限制开展国际贸易。重构国际贸易协议以及提升本地生产能力的努力将为各国带来4个方面的利好。

1. 产业流失国能通过更多产品和服务的本地化生产来恢复其经济的安全性和韧性。

2. 倒逼那些目前依靠从外国进口产品来实现"离岸外包式污染转移"(offshoring pollution)的国家发展本地生产的清洁制造工艺。

3. 通过创造本地就业岗位和经济机会使低收入国家得以摆脱贫困。

4. 所有国家都将在国际贸易中减少产品的长距离来回运输,从而降低该过程的能源使用量。

提升本地生产能力的策略对类似坦桑尼亚的国家可能更为有利,这类国家的营养不良人口比例已经处于危险状态。利用当地现有的技术在小型农场上开展有机农业,可以在增加粮食产量的同时防止环境破坏。[29] 事实上,一些坦桑尼亚人已经开展了这类实践。自2004年以来,坦桑尼亚达累斯萨拉姆(Dar es Salaam)市*南部的姆库兰加区(Mkuranga District)的农民一直在合作生产有机腰果和蔬菜。农业实践提升了当地的水土保持效果,农民之间通过合作建立起社区内部互信,最重要的是农民现在能够为社区儿童提供更多(且更有营养)的食物。[30] 这些本地农民正在为实现一个更美好的未来奠定基础,显然他们对坦桑尼亚的重要性超过了那些把土地卖给外国投资者的人。

---

* 坦桑尼亚的旧都,从20世纪70年代开始,坦桑尼亚一直在执行迁都计划,将首都从沿海的达累斯萨拉姆迁往内陆城市多多马(Dodoma)。

我们该何去何从?

我们建议:各国需要认识到增长存在极限,同时通过重构国际贸易格局、更多地关注本地产能的提升来助力发展稳态经济。这个建议听起来很诱人,但在实践中存在棘手问题——处理这个棘手问题需要所有国家采取前所未有的合作态度与行动。考虑到全球资源的使用量已经处于不可持续水平线,整个世界不可能等到所有发展中经济体都达到一定的经济规模和工业化水平之后才开始朝向稳态经济转型。发展中国家需要确定一些可用路径来提升人民的福祉,而且相比当今工业化国家曾经的发展历程,发展中国家必须选择一条资源密集度更低的发展路径。[31] 与此同时,高消费国家需要为其过度消费产生的影响承担更大的责任。

因此,在全球政策议程中所有国家都需要对其发展路径强有力地发声,并努力加强彼此之间的合作。为了实现世界从增长时代向可持续发展时代的有序转型,人们不能将世界简单地看作单个国家的集合,它们为争夺世界的主导地位而相互竞争。相反,我们需要将自己视为由异质的社会和文化交织而成的命运共同体(whose fates are intertwined)。已经到达增长尽头的富裕经济体和仍然需要增长的贫穷经济体必须在共同发展的共生机制下协同合作,才能实现全人类的繁荣。我们要做的第一步就是推动联合国、世界银行、国际货币基金组织、世界贸易组织等国际组织实行民主化的工作机制,因为这些组织代表了地球上所有人的利益而非仅仅代表少数国家的利益。[32]

一旦全球能够就增长的极限达成一些基本协议,那些富裕国家因其经济进一步增长付出的代价便会超出其收益,从而迫使它们在稳态经济转型过程中发挥带头作用。这些富裕经济体实现稳态甚至是去增长状态后将向全球释放出生态空间,从而让贫穷国家得以扩大经济规模,让经济增长给后者带来实打实的好处。[33] 同时,这些富裕国家还需要在技术转让方面体现领导力。因为从技术丰富国家向技术匮乏国家的技术转移一旦实现,就可以帮助后者提升本地生产能力,从而改善全球人类福祉。在推进全球稳态经济转型的过程中,富裕国家与低收入国家之间的贸易往来可能会减少,因而可能会加剧南方国家与北方国家之间的贫富差距。为了应对这种情况,鼓励开展南南贸易极有必要。[34] 事实上,这类贸易活动已经发展起来,来自低收入国家的出口产品(大部分来自于中国、印度和其他五个国家)中有近40%会流向其他低收入国家。[35]

与此同时,全球北方国家必须在某些领域向南方国家学习领导力。在提升人类福祉和生态管理水平方面,许多低收入和中等收入国家的成效明显优于高收入国家。以南方国家为中心的草根运动为社会带来了巨大的积极改变。例如,贸易平等化运动一直致力于实现这样的愿景:贸易收益能够公平地惠及低收入生产者。

1776年,经济学家、哲学家亚当·斯密(Adam Smith)出版了《国富论》(*The Wealth of Nations*)。不到200年之后,另一位经济学家、哲学家科尔(L. Kohr)出版了《国家的分裂》(*The Breakdown of Nations*)。斯密的论点是国家可以通过采用自由市场策略来实现财富和权力的集中,而科尔的论点是(通过不受约束的经济增长以及财富和权力的过度集中实现的)过大的国家规模挑起了大规模战争、引发了严重的社会弊病以及其他领域的系统崩溃。[36]

两个多世纪以来,自由市场经济体一直孜孜不倦地践行斯密的发展"药方",例如追求开明利己主义,并采用分工来提高生产率。然而,斯密当年所处的世界与现在完全不一样,那时全球人口较少、制造资本比较匮乏,另外人类造成的环境影响也比较小。从现代化的视角来看,斯密所设计的国家财富增加方案似乎已经过时,甚至可以说存在道德问题。例如,他在《国富论》中写过这么一段话。

进行殖民统治时应当选择土地荒芜或人烟稀少的国家,这样当地人就会轻易地把统治权让给新来的殖民者,而这块地方就会比其他任何人类社会更快地扩大财富、实现繁荣。在过去的多个世纪里,殖民者在荒凉野蛮的国家与当地人一起掌握了农业知识,并创造出其他更有用的技艺,远比当地人自己发展起来的更先进。[37]

实施亚当·斯密"药方"的国家可能使用了一些暴力和不公平的手段(例如"争夺非洲"),但它们确实积累了原始财富。然而,它们"按方抓药"这一路走来,不知不觉已经走到了系统崩溃的险峻悬崖边缘。科尔将第二次世界大战带来的大规模暴行与历史上因财富和权力的过度集中而产生的其他冲突联系起来。他的论点"'小'(smallness)是可持续发展的基础"在人们心中引发的共鸣与日俱增。他写道:"在特定的尺度界限以下,所有的一切都可以融合、连接或不断累积。但当这一切的规模超过极限,它们都会崩塌或爆炸。"[38] 从这一观点来看,全世界迫切需要实现从"贪多"转向"适度"的目标转型。各国都需要寻找政治诉求来维持对国家经济规模和权力方面的制衡。现在正是实现适度经济规模之时,我们应培育限制国家欲望的能力,加强国家合作,这样才能通过适度的经济规模为国家带来财富,而不致身处系统崩溃边缘。

图片注释

① 为了实现稳态经济,一个国家必须在不超过其生态系统承载力的经济规模下稳定其资源使用量。每个国家通往稳态经济的路径都取决于该国的发展起点所处的象限位置。图14.1资料来源见本章注释26。

第十五章

时不我待，无须再等

——采取行动，开始转型

我们先说好了：在地球需要我们的时候，关于拯救地球是否可能的讨论就先放到一边吧。不要被那些自称知道哪些事肯定做不到的"智叟"吓倒。做我们该做的事，做完后再来检查它是不是真的彻底不可能。

——保罗·霍肯（Paul Hawken）[1]

新的经济蓝图

根据希腊神话,太阳神赫利俄斯(Helios)每天驾驶着火红的战车穿越天空,照亮整个地球。他已经完成了90万次从日出到日落的旅程,而帕台农神庙则一直矗立在雅典卫城的顶端。这座古老的建筑已经保存了2000年,因为建筑师在构思建造之初就考虑到了它的耐久性问题。为了建这座神庙,他们开发了一种永恒的设计理念,建筑工人则为神庙提供了坚实的地基和支柱架构。同样的原则也适用于创造持久经济系统的过程:我们从设计一张优质蓝图开始,构建一个强大的经济基础,并在此基础上通过精心的设计来树立相应的政策支柱。

正如本书第一编所述,为了应对这个时代的社会和环境挑战,我们需要一张崭新的经济蓝图。以追求经济增长的永续为目标的BAU情景最终会将人类引向失败。在一颗资源有限的星球上,所谓延续BAU情景本身就是不可持续的,而且该情景正在破坏经济系统赖以生存的自然系统。在这样的情景下,我们无法解决失业、贫困和不平等问题。对于那些已经拥有充足物质财富的人来说,这样的情景也不会改善其福祉。为了解决这些问题,我们需要一个旨在实现稳态而非永续增长的新经济结构。

参加2010年在英国利兹大学举办的稳态经济会议的人数超过了250人。他们提供了丰富的思想,我们也将他们的思想整合到稳态经济的蓝图中。虽然还有更多工作有待完成,但这栋新经济大厦的地基已经清晰地呈现出来(图15.1)。这一基础包含我们定义的经济特征——这些特征指引我们向心中选择的理想迈进。这座大厦的支柱架构由旨在实现这些经济理想长期运作的政策组成。这一架构所支撑的屋顶(顶层设计)代表了新经济的最终目标:可持续且公平的人类福祉。

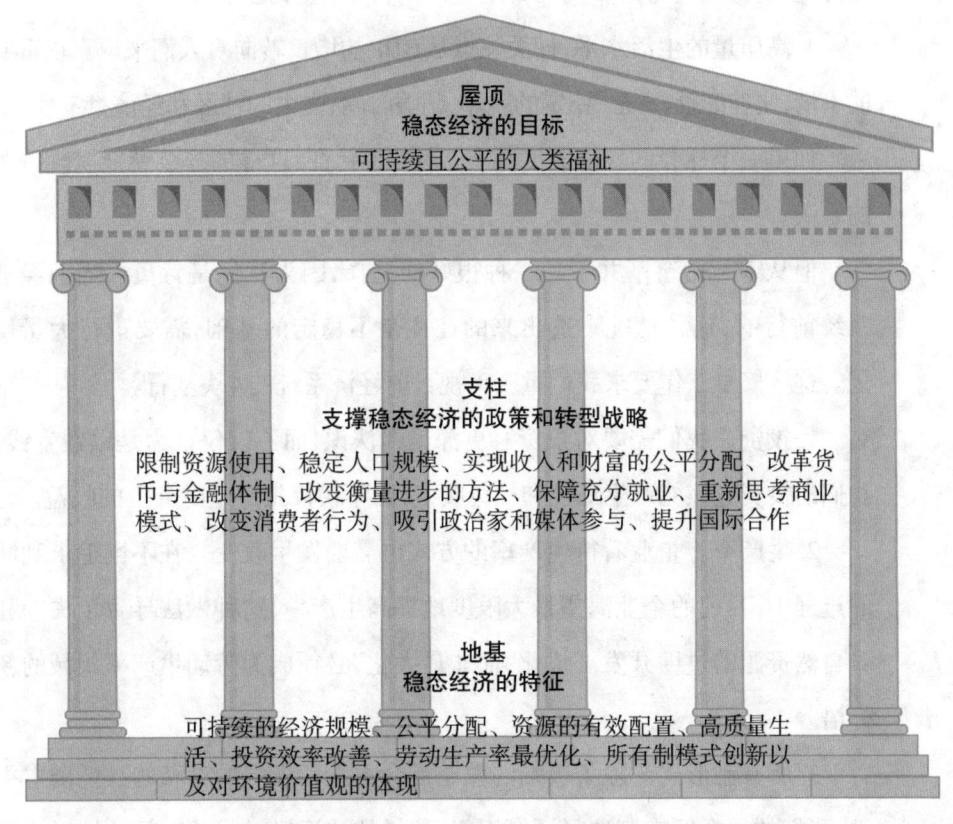

图15.1 构建稳态经济(SSE)大厦的蓝图[①]

稳态经济的基础

稳态经济的基础包含本书第一编讨论的4个关键特征。

1. 可持续的规模,即物质和能源的使用具有稳定性且保持在生态极限内。这意味着需要稳定人口规模和制造资本的存量。在某些经济体中,这意味着可持续规模的实现可能需要采用去增长战略。

2. 公平的分配机制,即人人都有平等的机会获得财富和收入,限制不平等的行为可以防止贫富差距扩大。

3. 高效的资源配置,即在相互竞争的全球贸易中,社会需要利用市场力量分配资源,同时考虑市场在哪里起作用,在哪里不起作用。

4. 高质量的生活水平,即关注点从 GDP 的增长转向对人们来说真正重要的事情,比如健康、幸福、稳定的就业、闲暇时间、强大的社区和经济稳定性。

如果一个社会的经济制度具有上述 4 个特征,这样的社会就能实现持久的繁荣。

但从零开始筑基并不是一种很好的选择,因为我们是背负着当前经济系统前行的,这种情况下造出来的往往是不稳定的基础,需要进行大量修复。这些修复工作要求我们重新审视目前经济系统的 4 块基石。

1. 投资。我们需要对投资有更深刻的认识,而不仅仅认为是以钱生钱。我们的投资应该能产生环境和社会收益,而不仅仅是产生财务上的收益。

2. 生产率。企业看待生产率的方式也需要发生改变。在不懈追求利润的过程中,目前的企业渴望最大限度地提高生产率,这种做法导致了失业和对自然资源的过度开发。"优化,而非最大化"必须成为劳动生产率领域的新标语。

3. 所有制形式。除了极端的教条社会主义和极端的自私的放任资本主义,我们的混合所有制选择还有很多,这样的认识经过很长时间的探讨才得到认可。一个稳态经济系统将包含各种所有制形式,尤其是那些建立在民主原则基础上的所有制形式。

4. 环境价值。我们需要重新认识一个最基础的真理,它似乎曾一度被我们丢弃:人类,至少在经济领域,是一颗有生命星球的组成部分。我们依赖自然界生存,而这一事实反映在我们所做的经济决策中。

很难想象还会有什么项目比稳态经济的筑基工程更有价值,但这项工程仍然需要广泛的公众支持(相信随着增长的极限陆续显现,这种支持肯定会随之出现)。一旦获得了这种支持,我们必须做好相应的准备,在筑基工程之上建立一套有凝聚力的政策和战略。

稳态经济的支柱架构

本书的第二编"适度的策略"描述了支撑稳态经济系统的7个政策方向。

1. 限制资源的过度使用和废弃物的产生。

2. 稳定人口规模。

3. 公平分配收入和财富。

4. 改革货币金融制度。

5. 改变我们衡量进步的方法。

6. 保障充分就业。

7. 重新思考企业如何创造价值。

我们还需要额外的3个支柱架构(在本书的第三编中阐述)来为朝向稳态经济的转型过程赋能。

1. 用可持续发展文化来取代消费主义文化。

2. 激发政治辩论,倡导媒体报道增长的极限和实现稳态经济的替代方案。

3. 改变对国家发展无益的增长目标,加强国际合作。

虽然实现稳态经济的10个想法是我们在不同章节中提出的,但它们不是独立发挥作用的。就如同真实建筑中的支柱架构一样,经济政策和转型战略必须携手并进,共同支撑经济系统健康运行。例如,限制吞吐量的政策必须与公平分配收入和财富的政策配套,以保障每个人都能公平分享物质流和能流。然而,在一个人口规模持续增长的世界里,限制吞吐量的政策可能是无效的,因此稳定人口规模的政策才是至关重要的。

在第七章中,我们提出了使人们的工作更民主化的制度。推进民主化制度需要企业从根本上改变运作方式,也许可以按照第十一章中讨论的思路开展工作。向形式更民主化的商业组织(如合作社)的转变可能会削弱当前商业实践中实现经济增长的必要性,从而减少资源的使用。

在第十章中,我们提出减少工作时间来实现充分就业,减少工作时间可能会导致资源使用量的减少和人民福祉的增加。然而,为了减少人们的工作时间,他们需要先在消费领域接受"适度"的概念。因此,远离消费主义的行为改变与重塑就业类型的政策将会双管齐下。一些政策如采用新的衡量进步标准,单凭本身就很可能获得公众的支持。但在大多数情况下,很难想象推进一项政策的同时不去推进另一项配套政策。

综上所述,本书推荐的支撑政策和战略相辅相成,这是件好事,它表明:面对经济或者环境冲击时,稳态经济将通过政策之间的相互制衡成为一种具有稳定性的经济。这种稳定性与当前以增长为基调的经济系统形成了鲜明对比,后者远未达到平衡。油价上涨和债务违约等冲击已经把以增长为基调的经济体推向了系统崩溃的边缘。

本书中探讨的任一项政策的实施都需要将消费主义文化转变为可持续文化。如果不在全社会推动关于经济目标和增长极限的广泛讨论,或者不加强国际合作,这些政策和转变便都无法实现。简而言之,我们需要构建起所有的经济支柱架构,也许不能同时建成,但至少要先提出构建完整经济架构的理念。

稳态经济的顶层设计

打地基、竖支柱,最终目的是为屋顶(顶层设计)提供支撑。毕竟屋顶将为整座大厦挡风遮雨,提供庇护。经济的顶层设计或者说最终目标是实现可持续且公平的人类福祉。这个表达中的每一部分都起到了关键作用。

● **可持续**。为保证当代人的幸福而牺牲后代人的幸福是毫无意义的。为享受今天的美好生活而粗放消耗属于明天的资源,这样实现的繁荣是不可持续的。

● **公平**。经过那么多年的努力,人们始终未能提供公平的机会,使现有的经济系统脱离永续增长的轨道。建筑在他人不幸上面的个人幸福破坏了社区和社会健康发展的基础。

● **人类福祉**。通过幸福和生活满意度等主观指标来衡量人类福祉,我们需要使其成为经济发展的统一主题。如果人们不能过上快乐、满意的生活,他们就不会长久接受自己身处的现状。

本书中所阐述的基础和支柱为实现可持续且公平的人类福祉提供了希望。戴利对稳态经济下过一个定义,这是一种"通过维持较低'吞吐量'比率,也就是说自生产的最初阶段直到消费的最后阶段,物质和能源的消费均维持在可行的最低吞吐量水平,从而使人口规模和人造物品的存量维持在某种足够的期望值水平上"。[2] 这样的经济系统能够实现其目标(可持续且公平的人类福祉)的最大化,同时节约了福祉的最终来源(物质流和能流)。这是一种真正的适度经济。

新经济大厦

许多人在开始思考对永续增长的追求存在问题时,会对"非增长型经济究竟会是一种怎样的经济"产生不安的疑问。我们希望自己能对实现稳态所需的制度和政策提供一些描述思路。一个非增长型经济体显然不必重蹈覆辙,再去重犯追求增长的经济系统带来的经济衰退和萧条等错误。戴利开玩笑地说,有些人错误地认为实现稳态经济意味着"暴政下黑暗的经济冻结状态"。[3] 其实,稳态经济并不意味着贫困,也不需要采取政治性高压手段。它甚至并不意味着回到"美好的旧日时光"。事实上,实现稳态经济意味着人们迈向"美好的崭新生活"的过程。正如维克托针对加拿大经济系统构建的模型所表明的那样,我们可以在一个规模稳定的经济系统中实现重要的社会目标。[4]

因为我们想了解稳态经济在实践中的运作流程,以及世界向稳态经济转型的路径,所以我们开始着手写作本书。我们还想更好地了解后代如何在地球承载力范围内实现繁荣与发展。沿着这条道路,我们对各种可能的路径越来越充满希望。我们无意掩饰向稳态经济转型的过程中存在的困难——这可能是个极为艰巨的转型过程——但这场旅程最终到达的目的地非常值得期待。一旦社会能够抛开对经济增长的痴迷,就会为长期经济繁荣的实现奠定基础。为了让人们对未来的生活有一个大致的了解，我们对稳态经济系统中的 10 个令人鼓舞的场景画了一张速写。

1. 消费。人们的消费能够满足其需求，并且在不破坏地球生命支持系统的情况下过上有意义的、快乐的生活。他们会选择对消费的能源和物质负责，在可能的情况下节约、节省并回收这些物质。炫耀性消费将不复存在。公民（没错，是公民而非消费者）认识到物质主义文化是一种濒临破产的意识形态，一条无法通往幸福的道路。他们已经忘掉了追求更多东西的囤积习惯，而专注于那些更有价值的东西。

2. 人口。随着人口规模变得稳定（在有些地方会出现下降），街道将变得不那么拥挤。因为每个人都能获得足够的资源来过上高质量的生活，疯狂的贸易竞争得到了平息。拥挤的贫民窟已经成为供历史学家探究的陈迹。

3. 家庭。人们在家庭中强调健康的生活方式和人际关系。由于每周的工时缩短了，家庭成员之间可以有更多闲暇相处，也可以发展一些个人爱好。也许他们每隔一段时间就学会一种新乐器、一种新语言，或者看一次日落。孩子的需求能够得到更多关注，而"希望自己和家人在一起的时间能再多一点"的呼声将变得稀少。

4. 社区。由于我们将发展经济的重心从全球转向本地，社区之间的联系变得更紧密、更具有弹性，也更睦邻友好。充满活力的本地经济为当地的企业提供支持，并使财富在社区内保持流通。社区的布局根据以人为本的尺度进行设计（或重新设计），这能够让人们更加轻松地从一个地方导航到另一个地方，并对当地的风光留下深刻印象。

5. 商业。富有企业家精神的企业在提供服务时不仅是为了赚取利润，也是为了改善社会和环境条件。由于工作场所采用了民主化结构布局，员工会发现自己拥有更多机会来发挥自己的创造力，探索创新的想法。员工若具有更强烈的使命感，他们在工作中便会感到更加充实、更具活力。

6. 城市。在重新规划设计的城市里，工作的人口更少，人们生活区域的土地利用布局更加紧凑。建筑和交通运输网络的使用效率更高,需要消耗的能源更少。自然区域和花园重新融入城市景观。同时,在本地开展合作的企业、商家以及区域性贸易活动为当地的人们创造了良好的就业前景。改造后的城市景观既改善了人们的环境,使其更为宜居,又实现了更小的生态足迹。

7. 农业。不断增加粮食生产的需求已被消除,这就在景观尺度上减轻了人类造成的压力,也减少了用于作物生产的土地面积。农业部门分散到当地的生产、分配和消费体系中,减少了大规模农业综合经营活动的开展,也减少了燃料的投入、化学品的使用以及对长途运输的依赖和不必要的包装。食品的消费者(包括我们所有人!)可以期待食品安全性的提升,我们能获得更健康的食品,并在农民和食品的其他生产、销售者之间建立更紧密的联系。

8. 自然。不再会有追求永续增长的经济系统来挤占自然空间,我们的土地和水域进入一个新的恢复时代。人们有更多的户外娱乐机会。野生物种变得更加丰富,恢复后的生态系统提供重要生态功能(如气候调节、粮食生产、水源净化等)的生态系统服务能力得到了增强。

9. 能源。人们在实现目标的同时会寻求能源投入最小化的方法,于是节能将成为一个优先考虑的特别事项。社会将逐步淘汰化石燃料,转而倾向于利用基于太阳能输入的能源如光伏电池、风能涡轮机、生物燃料和水力发电机等。企业和家庭将改造现有的能源使用结构,以提高能源效率并淘汰高耗能的机器,尤其是那些单纯彰显身份地位的耗能"油老虎""电老虎"。

10. 货币。人们对于金钱和投资的期望将会调整到与现实情况相符的位置。庞氏骗局和一夜暴富的白日梦将迅速消失。取而代之的是人们将对可以获得适度报酬的真实财富进行投资,如投资建设低碳基础设施、恢复生态系统、改善社会条件以及开发有效的创新技术。当我们学会在储蓄范围内限制借款额度时,我们就能从巨大的债务危机中摆脱出来。随着收入差距和财富差距的逐步缩小，通往幸福的大道上没有人会掉队，也没有人会变得极度富有。

这些稳态经济的场景速写描绘了这样的社会：人们在这种社会中能够更好地与栖居之地融合，并更好地开展所行之事。生活在这样的经济环境中会激发人们的一种专注力，那就是对他们所获得丰富资源的欣赏力。我们参与经济活动不是为了获得单纯的经济报酬，也并非因为我们被教导**理应**（supposed to）这么做，而是因为我们在积极努力地为自身、家庭、社区、社会乃至整个地球生物圈创造成果。

开建大厦的缘由

稳态经济的想法已经到来，但即使这一想法获得了坚定的核心支持者，它仍然尚未能抓住广大公众的想象力。从书籍到同行评议论文，从博客到视频播客，经济过度增长的后果已经被大量的资料来源记录（尽管经济增长并非总是被指认为造成这些后果的罪魁祸首）。一堆堆资料的每个页面上都记录着有关生物多样性丧失、生态系统衰退、收入差距扩大、失业增多、资源短缺、贫困加剧等方面的统计数据。很明显，增长在许多国家已经不再是一个合适的经济目标，是时候去尝试一下其他经济目标了。

我们试图编制一套全面的思想和政策来阐明稳态经济系统的运作机理，但我们也有足够的自知之明，明白这项工作还远未完成。即使在这张新经济的蓝图中，仍有某些政策部分显得比较模糊。然而，全社会应该对"为了更多的操作细节可以再等下去"这种想法的诱惑进行抵制。目前的蓝图草案已经包含了经过精心设计的经济特征，可以开建此类经济系统。此外，我们面临一个选择：要么现在就采取行动，通过明智的改革构建稳态经济系统；要么推迟行动，直到沉迷于追求经济增长的后果把我们推入一个资源枯竭、生态系统容量不断下降的世界中永远沉沦。第一种选择将为人们带来益处，可以使人们免受资源枯竭的痛苦，保护生态系统的承载力，并使经济系统朝着实现可持续且公平的人类福祉的方向迈进。那么，请问第二个选择真的还能成为选择吗?

是时候开启适度经济了,现在,此刻,正当其时!稳态经济的概念已经发展了数个世纪。长期以来,经济学家一直在思考从增长型经济向稳态经济的转型。18世纪,亚当·斯密预见了这种转型。他认为:从长远来看,人口增长将导致收入的下降,自然资源将变得越来越稀缺,劳动分工所带来的效率提升将接近极限。他甚至预测出经济增长的持续期限大约只有200年。[5]

19世纪,经济学先驱、天才哲学家穆勒(J. S. Mill)提出了"静止状态"(stationary state)的概念。他认为,经过一个阶段的经济增长,经济将达到恒定的人口数量和恒定的资本存量,他还认为这种发展情景是积极的。

毋庸多言,资本和人口的静止状态并不意味着人类进步的静止状态。人类依然有广阔的空间发展各式各样的精神文化,实现道德进步和社会进步;当人们的思想不再被求生存的技艺所束缚,生活的艺术就会有更大的改善空间。[6]

20世纪最重要的经济学家之一凯恩斯满心期待人类社会总有一天会关注经济的目标(例如人类幸福和福祉)而非手段(经济规模的增长和对个体利润最大化的追求)。他发表的文章《我们子孙后代的经济可能性》(Economic Possibilities for Our Grandchildren)引起了人们对稳态的共鸣,并暗示了向非增长型经济的转型。

因此,我认为我们可以自由地回到一些最可靠的传统美德原则上来——贪婪是一种恶习,获取高利贷是一种轻罪,嗜钱如命是可恨的……我们对目标的重视将再次高于手段,我们将优先选择美好的而非有用的事物。[7]

过去的3个世纪以来,这些思想家都在研究相关议题。在21世纪的今天,越来越多的生态经济学家、可持续性科学家、人类福祉研究者以及热心公民认识到:当今世界迫切需要从关注经济增长转向关注可持续发展和公平的人类福祉。这份蓝图仍在不断绘就,但稳态布局尚未付诸实践。蓝图肯定可以改进(尤其是在全社会对政策实施的经验进行总结与积累之后),

但更值得加以确认的是，目前已有的思想足以开创一种新的经济形态。

宏大的建设工程

危机往往会产生连锁反应，一场危机会成为下一场危机的铺垫。正是由于这种连锁影响的存在，我们正面临着可怕的经济、环境双重危机组合，包括债务缠身的金融体系、普遍的失业、富人和穷人之间的不平等、气候变化、物种灭绝和自然资源供应减少等。然而，危机的解决方案也会产生连锁反应。[8] 一旦我们决定继续推动稳态经济大厦的构建进程，相关的政策和战略可以相互加强、相互促进。

当这种连锁反应发生时，稳态经济将从一个粗略的草图推进为现实。在建立一种全新经济系统的过程中有太多事情需要去做，但首先请记住，是人类构建了经济系统。经济"法则"并不像万有引力定律，它们是可以改变的。最后，经济制度和支撑经济系统的政策都存在文化依赖性。由于文化是经济系统中各项事务发生、发展的源泉，因此，只有当文化发生转变时，经济学范式才会发生相应的转变。人们必须认识到：谈及人们的幸福感和生活满意度时，消费只是整幅大图景中的一小部分。世界各地的公民，尤其是那些生活在高消费国家的公民，都需要为实现包含适度理念的文化而努力——这一过程需要有效的行动支撑。

《深度经济》(*Deep Economy*)一书的作者麦吉本理解并支持这种实现向适度相关的文化转变的观点，从他本人的身上也能感觉到一种有效的行动主义的存在。作为网站350.org的创始人，他成功地组织了旨在解决气候危机的草根运动和全球公共行动。尽管麦吉本发起的运动已经取得成功，但他仍保持着脚踏实地的做事风度。当被要求谈论下作为一名活动家的经历时，麦吉本似乎对真的会有人在这个议题上征求他的建议感到惊讶。即便如此，他的建议对任何有兴趣研究建立稳态经济所需文化转变的人都很有帮助。以下是他建议的一些原则。

● **让人们感兴趣，相信自己在做好事。** 他将这个原则比喻为百乐餐

(potluck dinner)：只要你设定一个日期和具体时间,人们就会带着各自的食物来,一般很多事情就会获得解决。

● 将科学和艺术结合在一起。科学事实提供了起点,但艺术和意象提供了灵感。

● 享受其中。激励人们进入一项事业的最好方法之一就是为他们创造沉浸其中的享受机会。

● 在攻击和激化之余思考其他方案。在许多情况下,创造性和艺术性的行动可能比激进行动更为有效。

● 使用不同的"通货"(different currencies)。老牌利益集团大多会将金钱视为通货,虽然活动家也可以使用金钱,但他们可能会在其他"通货"(比如共同的目标或密切的社区关系)中找到力量。

实现文化和人们行为方式的巨大转变可能听起来令人望而生畏,但是还是有希望做到的。我们需要做的就是仔细观察文化和行为方式随着时间推移而发生变化的多样化方式。因为在这个高度互联的世界里,发生变化的速度比历史上任何时期都要快。

随着文化发生转变,当科研人员开始持续推进针对如何管理一个非增长型经济系统的思考,使经济转型概念得以传播,开始认真落实政策支撑的时候就到了。经济制度民主化、生态税制改革、缩短工作时间等政策都是对无效制度的积极回应。然而,支撑政策的实施要求我们克服根深蒂固的做事方式。在这一过程中,机遇和挑战并存。我们应该从采用政治上最可行的政策开始(利用机遇),利用这些政策来刺激具有互补性的变革(克服挑战)。既然在采用新的进步衡量指标方面已经有了强力支持,那么推动这一变革来激发我们需要的其他变革将是十分有意义的。

与社会大众反其道而行,这件事是相当有挑战性。认可一个不受欢迎的观点,向其他人解释它是真理,也可能成为一种孤独的体验。(不信的话你可以去问问当年的伽利略!)支持那些被许多人视为无益的政策也会令人不安，因为这些政策与传统的经济增长智慧背道而驰。在考虑是否往稳态经济转型时，人们很容易出于对主流观念的敬畏而屈服——这些观念说没有经济增长就会产生失业，但请记住，主流观念并不会思考稳态经济系统乃至为它绘制一张充满希望的蓝图。在向稳态经济转型的过程中，将有许多工作岗位可供选择，相比于扩大经济规模过程中涉及的众多工作繁重的岗位，这些岗位将会更有意义。正如梭罗所写，"仅仅拥有勤劳这种品质是不够的，蚂蚁也很勤劳。要思考的是：你不辞辛劳是为了实现什么？"[9]

与此同时，转型将为提升人们的生活质量提供机会。生活质量的提升曾经和经济增长齐头并进，这也许是事实。但是，增长的边际收益递减以及过度增长带来的负面后果改变了这一事实，正如麦吉本形象地描述的那样。

在人类历史长河的大部分时间里，有两只小鸟栖息在同一根树枝上，一只叫"更好"，一只叫"更多"。你可以扔出石头，指望一石二鸟。这就是自亚当·斯密以来，人们在几个世纪中不懈追求经济产出最大化的原因……但我们此时此刻的显著特征是："更好"这只鸟儿飞过了几棵树，开始筑巢了。一切都已经改变。现在，想象你手里攥着的是自己的生命之石或社会之石，你必须在两只鸟之间做出选择。这是想要"更多"还是"更好"的选择。[10]

这是我们对于未来前景所做的一个发自内心的评估，也是一件好事，因为调整我们的目标、朝着"更好"的方向丢出石块，这是需要勇气的。勇气将会打开我们的思路，让我们去真正思考什么才是科学的。我们的自我意识也会告诉我们这一点。打破老旧的经济模式，颠覆难以动摇的精英思想，并且促使我们的行动与地球的承载力相协调，这同样需要勇气。

实现人类繁荣和可持续经济的实际行动不包括经济上的紧急求助，也不包括徒劳地试图从一个已然过度增长的经济体中榨取更多的经济增长。这当然也不包括将越来越多的基于债务的经济"刺激"投入不稳定的金融体系，或者削减宝贵的公共服务资金。真正的行动要求我们认识到经济增长存在局限性，并接受可行、可取的替代方案：那就是稳态经济方案。但我们必须现在就行动起来,因为时间才是我们面临的终极限制,时间是一种我们永远都会觉得稀缺的必需品。

图片注释

① 构建稳态经济大厦的蓝图包括地基(由稳态经济的特征定义的经济基础)、支柱(相应的经济政策和转型战略)和屋顶(以实现可持续、公平的人类福祉为最终目标的顶层设计)。

注　释

第一章

1. E.F. Schumacher. *A Guide for the Perplexed*. 122. New York: Harper & Row. 1977.

2. Wendell Berry. "Three Ways of Farming in the Southwest (1979)," in *The Gift of Good Land*. 47-76. New York: North Point Press. 1982.

3. Herman Daly and Joshua Farley. *Ecological Economics: Principles and Applications*. Washington, D.C.: Island Press. 2003.

4. Dan O'Neill, Rob Dietz, and Nigel Jones, eds. "Enough Is Enough: Ideas for a Sustainable Economy in a World of Finite Resources. The Report of the Steady State Economy Conference" Center for the Advancement of the Steady State Economy and Economic Justice For All, Leeds, U.K. 2010. http://steadystate.org/enough-is-enough/ (accessed October 12, 2011).

5. Tim Jackson. *Prosperity without Growth: Economics for a Finite Planet*. London: Earthscan. 2009.

6. Tim Jackson. "Investment, Productivity, and Ownership". Steady State Economy Conference, Leeds, U.K. June 19, 2010. http://steadystate.org/learn/leeds2010/videos/ (accessed October 12, 2011).

第二章

1. Telephone conversation between Kenneth Boulding and Lindsey Grant. March 1988.

2. Jack Santa-Barbara. Interview with Rob Dietz. November 14, 2011.

3. Herman Daly and John Cobb, Jr. *For the Common Good: Redirecting the Economy toward Community, the Environment, and a Sustainable Future*, 2nd ed. Boston: Beacon Press. 1994.

4. Angus Maddison. "Statistics on World Population, GDP and Per Capita GDP, 1-2008 AD". Groningen Growth and Development Centre, University of Groningen. 2010. http://www.ggdc. net/MADDISON/Historical_Statistics/horizontal-file_02-2010. xls (accessed November

22, 2011).

5. Fridolin Krausmann et al. "Growth in Global Materials Use, GDP and Population during the 20th Century" *Ecological Economics* 68(10):2696–2705. August 2009.

6. Johan Rockström et al. "Planetary Boundaries: Exploring the Safe Operating Space for Humanity" *Ecology and Society* 14 (2): 32. 2009.

7. Ibid.

8. Brad Ewing et al. *Ecological Footprint Atlas 2009*. Oakland, Calif.: Global Footprint Network, 2009. http://www. footprintnetwork. org/images/uploads/Ecological_Footprint_Atlas_2009.pdf (accessed December 5, 2011).

9. Global Footprint Network. "National Footprint Accounts: 2010 Edition" 2010. http://www.footprintnetwork.org (accessed December 5, 2011).

10. Quoted in Steven Stoll, "Fear of Fallowing: The Specter of a No-Growth World" *Harper's Magazine*. March 2008.

11. Thomas Friedman. "The Inflection Is Near?" *New York Times*. March 7, 2009. http://www.nytimes.com/2009/03/08/opinion/08friedman.html (accessed December 5, 2011).

12. Richard Heinberg. *The End of Growth: Adapting to Our New Economic Reality*. 2–3. Gabriola Island, Canada: New Society Publishers. 2011.

13. David Murphy and Charles Hall. "Year in Review—EROI or Energy Return on (Energy) Invested" *Annals of the New York Academy of Sciences* 1185:102–118. January 2010.

14. Ibid.

15. Ibid.

16. 能源数据代表总初级能源消费量。能源数据来源:the U.S. Energy Information Administration, "International Energy Statistics" (2011). http://www. eia. gov/countries/data. cfm (accessed November 28, 2011). GDP 数据来源:the World Bank, "World Development Indicators, September 2011 Edition" (University of Manchester: ESDS International, 2011). http://dx.doi.org/ 10.5257/wb/wdi/2011-04 (accessed November 24, 2011).

17. Andrew Simms, Victoria Johnson, and Peter Chowla. *Growth Isn't Possible*. London: New Economics Foundation. 2010.

18. Ibid., 24.

19. James Hansen et al. "Target Atmospheric CO_2: Where Should Humanity Aim?" *The

Open Atmospheric Science Journal 2:217. 2008.

20. Jeremy Grantham. "Time to Wake Up: Days of Abundant Resources and Falling Prices Are Over Forever" *GMO Quarterly Newsletter*. April 2011. reprinted in The Oil Drum, http://www.theoildrum.com/node/7853 (accessed November 14, 2011).

21. Leslie Christian and Carsten Henningsen, *Portfolio 21 Annual Report*, June 30, 2011.

22. 幸福度数据的计算方法基于此文献：Richard Layard, *Happiness: Lessons from a New Science* (New York: Penguin Press, 2005), 30. 1946–1971 年的幸福度数据来自：the American Institute of Public Opinion, as reported in Tom Smith, "Happiness: Time Trends, Seasonal Variations, Intersurvey Differences, and Other Mysteries," *Social Psychology Quarterly* 42(1): 18–30 (1979). 1972–2010 年的幸福度数据来自：the National Opinion Research Center, "General Social Survey 1972–2010, Cumulative Datafile" (Chicago: National Opinion Research Center, 2012), http://www3.norc.org/GSS+Website (accessed February 14, 2012). GDP 数据来自：the U.S. Bureau of Economic Analysis, "Current-Dollar and Real GDP" (Washington, D.C.: U.S. Department of Commerce, 2012), http://www.bea.gov/national/index.htm (accessed February 14, 2012).

23. 生活满意度数据来自：Ruut Veenhoven, "World Database of Happiness" (Erasmus University Rotterdam, 2011), http://worlddatabaseofhappiness.eur.nl (accessed November 12, 2011). GDP 数据来自：the World Bank, "World Development Indicators, September 2011 Edition."

24. Anne Krueger. "Letting the Future In: India's Continuing Reform Agenda" keynote speech, Stanford India Conference, Stanford University, Stanford, Calif. June 4, 2004. http://www.imf.org/external/np/speeches/2004/060404.htm (accessed November 30, 2011).

25. United Nations Millennium Project. "Fast Facts: The Faces of Poverty" United Nations Millennium Project, U.N. Development Group. 2006. http://www.un millenniumproject.org/resources/fastfacts_e.htm (accessed August 3, 2010).

26. World Bank. "Macroeconomics and Growth" 2008. http://go.worldbank.org/E5RR830FI1 (accessed September 19, 2010).

27. David Woodward and Andrew Simms, *Growth Isn't Working: The Unbalanced Distribution of Benefits and Costs from Economic Growth*. London: New Economics Foundation. 2006.

28. Richard Wilkinson and Kate Pickett. *The Spirit Level: Why Greater Equality Makes*

Societies Stronger. 235. London: Bloomsbury Press. 2009.

29. United Nations Development Programme. *Human Development Report 2009: Overcoming Barriers: Human Mobility and Development.* New York: Palgrave Macmillan, 2009. http://hdr.undp.org/en/reports/global/hdr2009/ (accessed November 30, 2011).

30. Wilkinson and Pickett, *The Spirit Level.*

31. OECD. Stat. "Key Short-Term Economic Indicators: Harmonised Unemployment Rate" Organization for Economic Co-operation and Development. 2012. http://stats.oecd.org/index.aspx (accessed February 12, 2012).

32. John Maynard Keynes. *First Annual Report of the Arts Council (1945–1946).* London: U.K. Arts Council. 1946.

第三章

1. Jackson. *Prosperity without Growth.* 13 (cited in chap. 1, n. 5).

2. National Park Service. *Chesapeake and Ohio Canal: A Guide to Chesapeake and Ohio Canal National Historical Park, Maryland, District of Columbia, and West Virginia.* 24. Washington, D.C.: Bernan Assoc. 1991.

3. Joel Cohen. *How Many People Can the Earth Support?* 369. New York: W. W. Norton & Company. 1995.

4. Ibid., 368–369.

5. Erik Assadourian. "The Rise and Fall of Consumer Cultures" in *State of the World 2010: Transforming Cultures*, edited by Linda Starke and Lisa Mastny, 3–20. Washington, D.C.: Worldwatch Institute. 2010.

6. Richard Horan, Erwin Bulte, and Jason Shogren. "How Trade Saved Humanity from Biological Exclusion: An Economic Theory of Neanderthal Extinction" *Journal of Economic Behavior and Organization* 58(1): 1–29. September 2005.

7. Paul Ehrlich. *The Population Bomb.* San Francisco: Sierra Club/Ballantine Books.1968.

8. Daly and Farley. *Ecological Economics.* 63. (cited in chap. 1, n. 3).

9. Gregg Easterbrook. "The Man Who Defused the 'Population Bomb'" *Wall Street Journal.* September 16, 2009. http://online.wsj.com/article/SB10001424052970203917304574411382676924044.html (accessed December 8, 2011).

10. Paul Ehrlich. "Homage to Norman Borlaug" *International Journal of Environmental Studies* 66(6): 673–677. 2009.

11. Jackson. *Prosperity without Growth*. 68.

12. 材料密集度数据来自：the Sustainable Europe Research Institute, "Global Material Flows Database" (Vienna: Sustainable Europe Research Institute, 2010), http://www.material-flows.net (accessed November 24, 2010). GDP 数据来自：the World Bank, "World Development Indicators, September 2011 Edition" (cited in chap. 2, n. 16).

13. 能源使用量数据来自：the U.S. Energy Information Administration, "International Energy Statistics" (cited in chap. 2, n. 16). GDP 数据来自：the World Bank, "World Development Indicators, September 2011 Edition" (cited in chap. 2, n. 16).

14. Peter Victor. *Managing without Growth: Slower by Design, Not Disaster*. 125. Cheltenham, U.K.: Edward Elgar Publishing. 2008.

15. Jackson. *Prosperity without Growth*. 80–81.

16. Ibid., 81.

17. Ibid., 81–82.

18. Chris Goodall. "Peak Stuff: Did the U.K. Reach a Maximum Use of Material Resources in the Early Part of the Last Decade?" Oxford: Carbon Commentary Research Paper. October 13, 2011. http://www. carboncommentary. com/wp-content/uploads/2011/10/Peak_Stuff_17.10.11.pdf（accessed November 29, 2011）.

19. Glen Peters et al., "Growth in Emission Transfers via International Trade from 1990 to 2008" *Proceedings of the National Academy of Sciences* 108 (21): 8903–8908. 2011.

20. William Stanley Jevons. *The Coal Question: An Enquiry Concerning the Progress of the Nation, and the Probable Exhaustion of Our Coal-Mines*, 3rd ed. 140. New York: Augustus M. Kelley. 1905.

21. Steve Sorrell. *The Rebound Effect: An Assessment of the Evidence for Economy-Wide Energy Savings from Improved Energy Efficiency*. London: Sussex Energy Group and U.K. Energy Research Centre. October 2007. http://www.ukerc.ac.uk/Downloads/PDF/07/0710Rebound Effect/0710ReboundEffectReport.pdf（accessed December 7, 2011）.

22. Peter Victor. "Managing without Growth" keynote presentation, Steady State Economy Conference, Leeds, U.K. June 19, 2010. http://steadystate.org/learn/ leeds2010/videos/（ac-

cessed October 20, 2010).

23. N. Gregory Mankiw. *Principles of Economics*, 4th ed. 557–558. Mason, Ohio: Thomson Higher Education. 2007.

第四章

1. Herman Daly. *Steady-State Economics: Second Edition with New Essays*. xv. Washington, D.C.: Island Press. 1991.

2. Jose Delreal. "Students Walk out of Ec 10 in Solidarity with 'Occupy'" *Harvard Crimson*. November 2, 2011. http://www.thecrimson.com/article/2011/11/2/mankiw-walkout-economics-10/ (accessed December 1, 2011).

3. Post-Autistic Economics Network. "A Brief History of the Post-Autistic Economics Movement" http://www.paecon.net/HistoryPAE.htm (accessed December 1, 2011).

4. Daly. *Steady-State Economics*. 16–18.

5. Herman Daly. "The Steady-State Economy: Toward a Political Economy of Biophysical Equilibrium and Moral Growth" in *Valuing the Earth: Economics, Ecology, Ethics*, edited by Herman Daly and K. N. Townsend, 325–326. Cambridge, Mass.: MIT Press. 1993.

6. Daly. *Steady-State Economics*. 182.

7. Herman Daly. "Two Meanings of 'Economic Growth'" *Daly News*. March 1, 2010. http://steadystate.org/two-meanings/ (accessed October 12, 2011).

8. Krueger. "Letting the Future In" (cited in chap. 2, n. 24).

9. Wilkinson and Pickett. *The Spirit Level* (cited in chap. 2, n. 28).

10. Victor. *Managing without Growth*. 171–173 (cited in chap. 3, n. 14).

11. 图4.1基于此文献重绘：Victor, *Managing without Growth*, 174. 注意维克托在2008年金融危机之前就完成了这项模型研究工作，因此危机造成的经济变化会影响模型外推结论的可靠性。

12. Ibid., 173–176.

13. Hansen et al. "Target Atmospheric CO_2: Where Should Humanity Aim?" (cited in chap. 2, n. 19).

14. Larry Elliott. "Can a Dose of Recession Solve Climate Change?" *The Guardian*. August 24, 2008.

15. Victor. *Managing without Growth*. 178.

16. Ibid. 181.

17. Jackson. "Investment, Productivity, and Ownership" (cited in chap. 1, n. 6).

18. Ibid.

19. Ibid.

20. E.F. Schumacher. *Small Is Beautiful: Economics as If People Mattered* (1973). First Harper Perennial Edition with a new foreword by Bill McKibben. 59. New York: Harper Perennial. 2010.

21. Jackson, "Investment, Productivity, and Ownership."

22. James Famiglietti et al. "Satellites Measure Recent Rates of Groundwater Depletion in California's Central Valley" *Geophysical Research Letters* 38. 2011.

23. "BP Leak the World's Worst Accidental Spill" *The Telegraph*. August 3, 2010. http://www.telegraph.co.uk/finance/newsbysector/energy/oilandgas/7924009/BP-leak-the-worlds-worst-accidental-oil-spill.html (accessed February 4, 2012).

24. Serge Latouche. *Farewell to Growth*. Cambridge, U.K.: Polity Press. 2009.

François Schneider, Giorgos Kallis, and Joan Martínez-Alier. "Crisis or Opportunity? Economic Degrowth for Social Equity and Ecological Sustainability. Introduction to This Special Issue" *Journal of Cleaner Production* 18 (6): 511–518. 2010.

Joan Martínez-Alier. "Socially Sustainable Economic De-Growth" *Development and Change* 40 (6): 1099–1119. 2009.

25. Giorgos Kallis. "In Defence of Degrowth" *Ecological Economics* 70 (5): 873–880. March 2011.

26. Research & Degrowth. "Degrowth Declaration of the Paris 2008 Conference" *Journal of Cleaner Production* 18 (6): 523–524. April 2010.

27. Victor. *Managing without Growth*. 193 (cited in chap. 3, n. 14).

28. Center for the Advancement of the Steady State Economy. "CASSE Position on Economic Growth" May 2004. http://steadystate.org/act/sign-the-position/ (accessed December 10, 2011).

第五章

1. Donella Meadows, "Earth Day Plus Thirty, as Seen by the Earth," Donella Meadows Institute, April 20, 2000, http://www. donellameadows. org/archives/earth-day-plus-thirty-as-seen-by-the-earth/ (accessed February 7, 2012).

2. Peter Menzel. *Material World: A Global Family Portrait*. 28-34 (Getu family), 136-143 (Skeen family). San Francisco: Sierra Club Books. 1994.

3. U.S. Census Bureau. "Median and Average Square Feet of Floor Area in New Single-Family Houses Completed by Location" 2011. http://www.census.gov/ const/C25Ann/sftotalmedavgsqft.pdf (accessed December 12, 2011).

4. Sean Cole. "An Average Family? Meet the Simpsons" *Marketplace*. November 9, 2007. http://www. marketplace. org/topics/sustainability/consumed/average-family-meet-simpsons (accessed December 12, 2011)

5. Self Storage Association. "2011 Self Storage Industry Fact Sheet" June 30, 2011. http://www. selfstorage. org/ssa/Content/NavigationMenu/AboutSSA/FactSheet/2011SSAFACTSHEET-revised6-30-11.doc (accessed December 12, 2011).

6. Ibid.

7. Jon Mooallem. "The Self-Storage Self" *New York Times Magazine*. September 2, 2009.

8. Paul Brunner and Helmut Rechberger. *Practical Handbook of Material Flow Analysis*. 3. Boca Raton, Fla.: CRC Press. 2004.

9. Fridolin Krausmann et al. "Growth in Global Materials Use, GDP and Population during the 20th Century" (cited in chap. 2, n. 5).

10. Paul Brunner and Helmut Rechberger. "Anthropogenic Metabolism and Environmental Legacies" in *Encyclopedia of Global Environmental Change*, vol. 3, edited by T. Munn. 54-72. West Sussex, U.K.: John Wiley & Sons. 2001.

11. Herman Daly. "Economics in a Full World" *Scientific American* 293 (3): 100-107. September 2005.

12. Henry George. *Progress and Poverty: An Inquiry into the Cause of Industrial Depressions, and of Increase of Want with Increase of Wealth*. 173-174. London: Reeves. 1884.

13. Lee Hannah et al. "A Preliminary Inventory of Human Disturbance of World Ecosystems" *Ambio* 23 (4/5): 246-250. July 1994.

14. David Trauger et al. *The Relationship of Economic Growth to Wildlife Conservation*. Technical Review 03-1. Bethesda, Md.: The Wildlife Society. 2003.

15. Herman Daly. "Toward Some Operational Principles of Sustainable Development" *Ecological Economics* 2 (1): 1-6. 1990.

16. Victoria Johnson. "Workshop 1: Limiting Resource Use and Waste Production" Steady State Economy Conference, Leeds, U.K. June 19, 2010. http://steadystate.org/wp-content/uploads/WS1_Proposal_ResourceUse.pdf (accessed February 7, 2012).

17. Daly. *Steady-State Economics*. 61-68 (cited in chap. 4, n. 1).

18. Feasta. *Cap and Share: A Fair Way to Cut Greenhouse Gas Emissions*. Dublin, Ireland: Feasta. May, 2008. http://www.feasta.org/documents/energy/Cap-and-Share-May08.pdf (accessed December 16, 2011).

19. Herman Daly. *Ecological Economics and Sustainable Development: Selected Essays of Herman Daly*. 111. Northampton, Mass.: Edward Elgar Publishing. 2007.

20. Robert Dietz and Brian Czech. "Conservation Deficits for the Continental United States: An Ecosystem Gap Analysis" *Conservation Biology* 19 (5):1478-1487. October 2005.

21. J. Michael Scott, Robbyn Abbitt, and Craig Groves. "What Are We Protecting?" *Conservation Biology in Practice* 2: 18-19. 2001.

22. Ana Rodrigues et al. "Effectiveness of the Global Protected-Area Network in Representing Species Diversity" *Nature* 428 : 640-643. April 8, 2004.

23. Ana Rodrigues et al. "Global Gap Analysis: Priority Regions for Expanding the Global Protected-Area Network" *BioScience* 54 (12): 1092-1100. December 2004.

24. Aldo Leopold. *A Sand County Almanac and Sketches Here and There*. 221. London: Oxford University Press. 1949.

25. United Nations, European Commission, International Monetary Fund, Organisation for Economic Co-operation and Development, and World Bank. *Handbook of National Accounting: Integrated Environmental and Economic Accounting 2003*. New York: United Nations. 2003.

26. Ezra Markowitz and Tom Bowerman. "How Much Is Enough? Examining the Public's Beliefs about Consumption" *Analyses of Social Issues and Public Policy* 12 (1): 167-189. February 2011.

第六章

1. "Sir David Attenborough Calls for UK Baby Limit to Stop 'Frightening' Population Growth" *Daily Mail*. April 14, 2009. http://www.dailymail.co.uk/news/article-1169707/Sir-David-Attenborough-calls-UK-baby-limit-stop-frighteningpopulation-growth.html (accessed October 12, 2011).

2. U.K. Office for National Statistics. "National Population Projections, 2010-Based Projections" October 26, 2011. http://www.ons.gov.uk/ons/rel/npp/national-population-projections/2010-based-projections/index.html (accessed November 15, 2011).

3. Ewing et al. *Ecological Footprint Atlas 2009.* (cited in chap. 2, n. 8).

4. Maddison. "Statistics on World Population, GDP and Per Capita GDP, 1-2008 AD" (cited in chap. 2, n. 4).

5. National Geographic. *7 Billion Is a Big Number.* Video. Washington, D.C.: National Geographic Society. 2011. http://video.nationalgeographic.com/video/player/specials/sitewide-redesign/ngm-7billion.html (accessed October 12, 2011).

6. United Nations. *World Population Prospects: The 2010 Revision.* New York: Population Division, Department of Economic and Social Affairs, United Nations. 2011.

7. 1900—1950年数据来自：Maddison, "Statistics on World Population, GDP and Per Capita GDP, 1－2008 AD." 1950年之后数据来自：the United Nations, *World Population Prospects: The 2010 Revision.*

8. Population Reference Bureau. World Population Data Sheet 2007. Washington, D.C.: Population Reference Bureau. 2007. http://www.prb.org/pdf07/07wpds_eng.pdf (accessed October 12, 2011).

9. U.S. Central Intelligence Agency. "Country Comparison: Total Fertility Rate" in *The World Factbook*. U.S. Central Intelligence Agency. 2012. https://www.cia.gov/library/publications/the-world-factbook/rankorder/2127rank.html (accessed February 8, 2012).

10. Dan Glaister. "Number of Babies Born in the US Reaches Record Levels" *The Guardian*. March 18, 2009. http://www.guardian.co.uk/world/2009/mar/18/birth-rate-us-baby-boomers (accessed October 13, 2011).

11. Fred Weir. "A Second Baby? Russia's Mothers Aren't Persuaded" *The Christian Science Monitor*. May 19, 2006. http://www.csmonitor.com/2006/0519/p01s04-woeu.html (ac-

cessed February 8, 2012).

12. U.S. Central Intelligence Agency. "Country Comparison: Total Fertility Rate" in *The World Factbook*.

13. Gretchen Daily and Paul Ehrlich. "Population, Sustainability, and Earth's Carrying Capacity" *BioScience* 42: 761-771. 1992.

14. John Polimeni et al. *The Jevons Paradox and the Myth of Resource Efficiency Improvements*. London: Earthscan. 2008. Brian Czech. "Prospects for Reconciling the Conflict between Economic Growth and Biodiversity Conservation with Technological Progress" *Conservation Biology* 22: 1389-1398. 2008.

15. Christian Kerschner. "Economic De-growth vs. Steady-state Economy" *Journal of Cleaner Production* 18: 544-551. 2010.

16. Latouche. *Farewell to Growth*. 25-29 (cited in chap. 4, n. 24). George Monbiot. "The Population Myth" *The Guardian*. September 29, 2009. http://www.monbiot.com/2009/09/29/the-population-myth/ (accessed October 21, 2010).

17. Anthony LoBaido. "The Overpopulation Lie" *WorldNet Daily*. May 2, 2000. http://www.wnd.com/?pageId=5695 (accessed October 21, 2010). "How to Deal with a Falling Population" *The Economist*. July 26, 2007. http://www.economist.com/node/9545933 (accessed October 21, 2010).

18. Melanie Phillips. "The Deep Green Fear of the Human Race" February 2, 2009. http://www.melaniephillips.com/the-dep-green-fear-of-the-human-race (accessed September 13, 2010).

19. Marq de Villiers. *Our Way Out: Principles for a Post-Apocalyptic World*. 188. Toronto, Canada: McClelland & Stewart. 2011.

20. John Guillebaud. *Youthquake: Population, Fertility and Environment in the 21st Century*. London: Optimum Population Trust. 2007. http://populationmatters.org/wp-content/uploads/youthquake.pdf (accessed October 21, 2010).

21. U.S. Central Intelligence Agency. "Country Comparison" in *The World Factbook*. U.S. Central Intelligence Agency. 2012. https://www.cia.gov/library/publications/the-world-factbook/index.html (accessed February 8, 2012).

22. De Villiers. *Our Way Out*. 199-200.

23. Wolfgang Lutz and Samir KC. "Global Human Capital: Integrating Education and Population" *Science* 333 (6042): 587–592. July 29, 2011.

24. Jeffrey Sachs. *Common Wealth: Economics for a Crowded Planet.* 187–188. New York: The Penguin Press. 2008.

25. Emma Lazarus. "The New Colossus" in Lloyd Douglas, *The Statue of Liberty*. 19. New York: Rosen Book Works. 2003.

26. U.S. Congressional Budget Office. "Immigration Policy in the United States" Washington, D.C.: U.S. Congressional Budget Office. February 2006. http://www.cbo.gov/ftpdocs/70xx/doc7051/02-28-Immigration.pdf (accessed February 8, 2012).

27. Victor. *Managing without Growth.* 197 (cited in chap. 3, n. 14).

28. Ibid., 198–201.

29. Albert Bandura. *Social Foundations of Thought and Action: A Social-Cognitive Theory.* Englewood Cliffs, N.J.: Prentice-Hall. 1986.

30. Population Media Center. "What We Do" http://www.populationmedia.org/what/ (accessed October 18, 2011).

31. William Ryerson. "The Effectiveness of Entertainment Mass Media in Changing Behavior" Population Media Center. http://www.populationmedia.org/wp-content/uploads/2007/08/EFFECTIVENESS-OF-ENTERTAINMENT-EDUCATION-012609. pdf (accessed October 18, 2011).

32. Global Population Speak Out. "The Global Population Speak Out" http://www.populationspeakout.org (accessed October 18, 2011).

33. Jonathan Tilove. "Time to Move Over, Mr. 200 Millionth" *San Diego Union-Tribune.* September 20, 2006. http://www.signonsandiego.com/uniontrib/20060920/news_1n20woo.html (accessed October 14, 2011).

第七章

1. Alexis de Tocqueville. *Democracy in America.* (1835) 1. Indianapolis, Ind.: Hackett Publishing Company. 2000.

2. Samuel Charters. *The Complete Blind Willie Johnson.* compact disc booklet. Columbia/Legacy. April 20, 1993.

Francis Davis. *The History of the Blues.* 119. New York: Hyperion. 1995.

3. Charters. *The Complete Blind Willie Johnson.*

4. Davis. *The History of the Blues.* 119.

5. Nobel Prize Committee. "The Nobel Prize in Literature 1949" http://www.nobelprize.org/nobel_prizes/literature/laureates/1949/ (accessed December 29, 2011).

6. University of Mississippi. "The Mississippi Writers Page: William Faulkner" November 11, 2008. http://www.olemiss.edu/mwp/dir/faulkner_william/ (accessed December 29, 2011).

7. Quoted in Daniel Singal, *William Faulkner: The Making of a Modernist,* 268. (Chapel Hill: University of North Carolina Press, 1999).

8. Robert Reich. "Foreword" in Wilkinson and Pickett. *The Spirit Level.* vi. (cited in chap. 2, n. 28).

9. 数据为20:20收入不平等值的均值，原始数据来自：the United Nations Development Programme,*Human Development Reports*(2003, 2004, 2005, and 2006). 此套数据集与以下文献中使用的数据集相同：Wilkinson and Pickett in *The Spirit Level.*

10. Wilkinson and Pickett. *The Spirit Level.* 20.

11. Ibid., 1–45.

12. Gerald Marwell and Ruth Ames. "Economists Free Ride, Does Anyone Else?: Experiments on the Provision of Public Goods, IV" *Journal of Public Economics* 15(3).1981.

13. Raj Patel. *The Value of Nothing: How to Reshape Market Society and Redefine Democracy.* 29–30. New York: Picador. 2009.

14. Henry Wallich. "Zero Growth" *Newsweek.* January 24, 1972.

15. Wilkinson and Pickett. *The Spirit Level.*

16. Equality Trust. "Why Equality: Frequently Asked Questions" http://www.equalitytrust.org.uk/why/evidence/frequently-asked-questions (accessed January 3, 2012).

17. Daniel Pink, *Drive: The Surprising Truth about What Motivates Us* (New York: Riverhead Books, 2009), 85–146.

18. Wilkinson and Pickett. *The Spirit Level.* 5–10.

19. Robert Putnam. *Bowling Alone: The Collapse and Revival of American Community.* New York: Simon & Schuster. 2000.

20. Wilkinson and Pickett. *The Spirit Level.* 236–237.

21. Stephen Bezruchka, Tsukasa Namekata, and Maria Gilson Sistrom. "Improving Economic Equality and Health: The Case of Postwar Japan" *American Journal of Public Health* 98 (4): 589-594. April 2008.

22. Citizen's Income Trust "Citizen's Income Online" http://www.citizensincome.org/ (accessed July 30, 2010).

23. Michael Marmot et al. *Fair Society, Healthy Lives: The Marmot Review.* London: The Marmot Review. February 2010. http://www.instituteofhealthequity.org/projects/fair-society-healthy-lives-the-marmot-review (accessed January 3, 2011).

24. Sylvia Allegretto. "The Few, the Proud, the Very Rich" *The Berkeley Blog.* University of California at Berkeley. December 5, 2011. http://blogs.berkeley.edu/2011/12/05/the-few-the-proud-the-very-rich/ (accessed January 3, 2012).

25. Kate Pickett. "Workshop 3: Distribution of Income and Wealth" Steady State Economy Conference, Leeds, U.K. June 19, 2010. http://steadystate.org/wp-content/uploads/WS3_Proposal_Distribution.pdf (accessed August 20, 2010).

26. David Herrera, "Mondragon: A For-Profit Organization That Embodies Catholic Social Thought" *Entrepreneur.* 2004. http://www.entrepreneur.com/tradejournals/article/116926710_1.html (accessed August 20, 2010).

27. Will Hutton. "Hutton Review of Fair Pay in the Public Sector: Terms of Reference" HM Treasury. 2010. http://www.hm-treasury.gov.uk/indreview_willhutton_fairpay_tor.htm (accessed August 20, 2010).

28. UK Co-operatives. "About Co-operatives" http://www.uk.coop/co-operatives (accessed July 30, 2010).

29. Gar Alperovitz, Thad Williamson, and Ted Howard. "The Cleveland Model" *The Nation.* March 1, 2010. http://www.thenation.com/article/cleveland-model (accessed January 3, 2012).

第八章

1. Bill McKibben. *Deep Economy: The Wealth of Communities and the Durable Future.* 162. New York: Times Books. 2007.

2. John Fullerton. interview with Rob Dietz. January 17, 2012.

3. Daly and Farley. *Ecological Economics*. 245.（cited in chap. 1, n. 3）.

4. Neva Goodwin, Julie Nelson, and Jonathan Harris. *Macroeconomics in Context*. Armonk, N.Y.: M. E. Sharpe. 2009.

5. Frederick Soddy. *Wealth, Virtual Wealth, and Debt*. London: George Allen & Unwin. 1926.

6. Philip Lawn, "Facilitating the Transition to a Steady-State Economy: Some Macroeconomic Fundamentals" *Ecological Economics* 69（5）: 931-936. March 15, 2010.

7. GDP数据为现行价格。GDP数据来自: the World Bank, "World Development Indicators, September 2011 Edition" (cited in chap. 2, n. 16). 货币供应量数据来自: the Bank of England series "LPQAUYN: Quarterly amounts outstanding of M4 (monetary financial institutions' sterling M4 liabilities to private sector) (in sterling millions) seasonally adjusted" (Bank of England, November 25, 2009). M4指标衡量的是广义货币供应量，包括英镑的纸币和硬币、英镑存款(包括存款凭证)、商业票据、债券、浮动利率票据和其他几种类型的资产。

8. Josh Ryan-Collins et al. *Where Does Money Come From? A Guide to the UK Monetary and Banking System*. 15-16. London: New Economics Foundation. 2011.

9. Ibid., 55-56.

10. Board of Governors of the Federal Reserve System. "Reserve Requirements" October 26, 2011. http://www.federalreserve.gov/monetarypolicy/reservereq.htm（accessed January 19, 2012）.

11. Joshua Feinman, "Reserve Requirements: History, Current Practice, and Potential Reform" *Federal Reserve Bulletin*. June 1993. http://www.federalreserve.gov/monetarypolicy/0693lead.pdf（accessed January 19, 2012）.

12. Board of Governors of the Federal Reserve System. "Reserve Requirements."

13. James Robertson and John Bunzl. *Monetary Reform—Making It Happen!*. London: International Simultaneous Policy Organisation. 2003.

14. Mary Mellor. *The Future of Money: From Financial Crisis to Public Resource*（London: Pluto Press, 2010）.

15. David Korten. *Agenda for a New Economy: From Phantom Wealth to Real Wealth*. San Francisco: Berrett-Koehler. 2009.

16. U.S. Bureau of Economic Analysis. "Industry Economic Accounts Information Guide"

Washington, D.C.: U.S. Department of Commerce. February 2, 2012. http://www.bea.gov/industry/iedguide.htm#gdpia_ad (accessed February 29, 2012).

17. Molly Scott Cato and Mary Mellor. "Workshop 4: Money and the Financial System" Steady State Economy Conference, Leeds, U.K. June 19, 2010. http://steadystate.org/wp-content/uploads/WS4_Proposal_Money.pdf (accessed August 5, 2010).

18. Daly and Farley. *Ecological Economics*. 252–254. (cited in chap. 1, n. 3).

19. Joseph Huber and James Robertson. *Creating New Money: A Monetary Reform for the Information Age*. London: New Economics Foundation. 2000.

20. BerkShares, Inc. "BerkShares Web Directory" http://www.berkshares.org/directory/index.htm (accessed January 24, 2012). BerkShares, Inc. "BerkShares Exchange Banks" http://www.berkshares.org/banks.htm (accessed January 24, 2012).

21. B£ Group. "B£ e–Currency" http://brixtonpound.org/b-e-currency/ (accessed February 12, 2012).

22. Dave Harvey. " 'Bristol Pound' Currency to Boost Independent Traders." *BBC News*. February 5, 2012. http://www.bbc.co.uk/news/uk-england-bristol-16852326 (accessed February 12, 2012).

23. Richard Douthwaite. *The Ecology of Money*, *Online Edition*. Dublin: Feasta. 2006. http://www.feasta.org/documents/moneyecology/contents.htm (accessed September 19, 2010).

24. Pietro Alessandrini and Michele Fratianni. "Resurrecting Keynes to Stabilize the International Monetary System" *Open Economies Review* 20 : 339–358. January 10, 2009.

25. Douthwaite. *The Ecology of Money*.

Molly Scott Cato, "Sustainable Economics: A New Financial Architecture Based on a Global Carbon Standard" in *The Transition to Sustainable Living and Practice*, Advances in Ecopolitics, vol. 4, edited by L. Leonard and J. Barry, 55–76. Bingley, U.K.: Emerald Group Publishing. 2009.

26. Rupert Neate. "France Plans Tobin Tax on Financial Transactions" *The Guardian*. January 30, 2012. http://www.guardian.co.uk/business/2012/jan/30/france-tobin-tax-nicolas-sarkozy?newsfeed=true (accessed February 12, 2012).

27. Binyamin Appelbaum. "Bailed-Out Banks Raking in Big Profits" *Washington Post*. October 16, 2009. http://www.washingtonpost.com/wp-dyn/content/article/2009/10/15/

AR2009101504007.html (accessed January 25, 2012).

28. David Korten et al. "How to Liberate America from Wall Street Rule" New Economy Working Group. July 2011. http://www.yesmagazine.org/pdf/liberateamericadownload.pdf.

29. Milton Friedman. *Capitalism and Freedom*. 2. Chicago: University of Chicago Press. 1982.

第九章

1. Robert F. Kennedy. "Excerpt of a Speech" (1968) in Robert Costanza et al., "Estimates of the Genuine Progress Indicator (GPI) for Vermont, Chittenden County and Burlington, from 1950 to 2000" *Ecological Economics* 51 : 139–155. 2004.

2. Nadia Mustafa. "What about Gross National Happiness?" *Time*. January 10, 2005. http://www.time.com/time/health/article/0,8599,1016266,00.html (accessed October 3, 2011).

3. Gross National Happiness USA. "What Is GNH?" http://www.gnhusa.org/what-is-gnh/ (accessed August 17, 2011).

4. John de Graaf. "The Landlocked Heart of Gross National Happiness" *Utne Reader*. December 4, 2009. http://www.utne.com/mind-body/Bhuton-Heart-of-Gross-National-Happiness.aspx (accessed October 3, 2011).

5. Allegra Stratton. "Happiness Index to Gauge Britain's National Mood" *The Guardian*. November 14, 2010. http://www.guardian.co.uk/lifeandstyle/2010/nov/14/happiness-index-britain-national-mood (accessed October 3, 2011).

6. Australian Bureau of Statistics. "Measures of Australia's Progress: Is Life in Australia Getting Better?" http://abs.gov.au/about/progress (accessed October 3, 2011).

7. United Nations. "Happiness Should Have Greater Role in Development Policy" UN News Centre. July 19, 2011. http://www.un.org/apps/news/story.asp? NewsID=39084 (accessed August 17, 2011).

8. "Government Drafts 'Happiness Indicators' to Supplement Economic Data" *The Japan Times*. December 6, 2011. http://www.japantimes.co.jp/text/nn20111206a7.html (accessed February 13, 2012).

9. Saamah Abdallah. "Workshop 5: Measuring Progress/Quality of Life" Steady State Economy Conference, Leeds, U.K., June 19, 2010. http://steadystate.org/wp-content/uploads/

WS5_Proposal_MeasuringProgress.pdf (accessed October 3, 2011).

10. U.S. Bureau of Economic Analysis. "Current-Dollar and Real GDP" (cited in chap. 2, n. 22).

11. Layard. *Happiness*. 32-33 (cited in chap. 2, n. 22).

12. Juliet Michaelson et al. *National Accounts of Well-Being: Bringing Real Wealth onto the Balance Sheet*. London: New Economics Foundation. 2009.

13. European Commission. "Beyond GDP: Measuring Progress, True Wealth, and the Well-Being of Nations" http://www.beyond-gdp.eu/ (accessed October 12, 2011).

Organisation for Economic Co-operation and Development. "Better Life Initiative: Measuring Well-Being and Progress" Paris: Organisation for Economic Co-operation and Development. http://www.oecd.org/betterlifeinitiative (accessed October 12, 2011)

Joseph Stiglitz, Amartya Sen, and Jean-Paul Fitoussi. *Report by the Commission on the Measurement of Economic Performance and Social Progress*. Paris: Commission on the Measurement of Economic Performance and Social Progress. 2009. http://www.stiglitz-sen-fitoussi.fr (accessed October 12, 2011).

14. Abdallah. "Workshop 5: Measuring Progress/Quality of Life".

15. Mark Easton. "Britain's Happiness in Decline" *BBC News*. May 2, 2006. http://news.bbc.co.uk/1/hi/programmes/happiness_formula/4771908.stm (accessed October 12, 2011).

16. Chris Coulter and Hazel Henderson. "Worldwide Support for True Wealth Measures: Three-Quarters Say Governments Should Look beyond Economics and Measure Social and Environmental Progress" press release. London: GlobeScan and Ethical Markets Media. November 12, 2007. http://www.globescan.com/ news_archives/emm_beyondgdp.htm (accessed October 12, 2011).

17. Daniel O'Neill, "Measuring Progress in the Degrowth Transition to a Steady State Economy" *Ecological Economics* (in press). doi: 10.1016/j.ecolecon.2011.05.020.

18. Research & Degrowth. "Degrowth Declaration of the Paris 2008 Conference" (cited in chap. 4, n. 26).

19. David Leonhardt. "How Obama Reconciles Dueling Views on Economy" *New York Times Magazine*. August 20, 2008. http://www.nytimes.com/2008/08/20/world/americas/20iht-24obamanomicst.15470639.html (accessed October 13,2011).

20. 关于可持续经济福利, 参见: Herman Daly and John Cobb, Jr., *For the Common Good* 443-507 (cited in chap. 2, n. 3). 关于 GPI, 参见: John Talberth, Clifford Cobb, and Noah Slattery, *The Genuine Progress Indicator 2006: A Tool for Sustainable Development* (Oakland, Calif.: Redefining Progress, 2007).

21. GPI 数据来自: John Talberth, Clifford Cobb, and Noah Slattery, *The Genuine Progress Indicator 2006*. GDP 数据来自: the U.S. Bureau of Economic Analysis, "National Economic Accounts" (Washington, D.C.: U.S. Department of Commerce). http://www.bea.gov/national/index.htm (accessed June 7, 2009).

22. Saamah Abdallah et al. *The Happy Planet Index 2.0: Why Good Lives Don't Have to Cost the Earth*. London: New Economics Foundation. 2010.

23. International Monetary Fund. "World Economic Outlook Database" September 2011. http://www.imf.org/external/pubs/ft/weo/2011/02/weodata/download.aspx (accessed October 3, 2011).

24. Abdallah et al. *The Happy Planet Index 2.0*.

25. U.K. Department for Environment, Food and Rural Affairs. "National Indicators" London: U.K. Department for Environment, Food and Rural Affairs. 2011. http://sd.defra.gov.uk/progress/national/ (accessed August 25, 2011).

26. Abdallah. "Workshop 5: Measuring Progress/Quality of Life".

27. Ewing et al. *Ecological Footprint Atlas 2009* (cited in chap. 2, n. 8).

28. O'Neill. "Measuring Progress in the Degrowth Transition to a Steady State Economy".

29. Donella Meadows, *Indicators and Information Systems for Sustainable Development: A Report to the Balaton Group*. viii, 5. Hartland, Vt.: The Sustainability Institute. 1998. http://www.biomimicryguild.com/alumni/documents/download/Indicators_and_information_systems_for_sustainable_develoment.pdf (accessed February 13, 2012).

第十章

1. From a discussion during "Workshop 8: Employment" at the Steady State Economy Conference. Leeds, U.K. June 19, 2010.

2. Deb Wren, interview by Rob Dietz, December 17, 2011.

3. Victor. *Managing without Growth*. 12-13 (cited in chap. 3, n. 14).

4. "Consumer-Product Diversity Now Exceeds Biodiversity" *The Onion* 34(12). October 21, 1998. http://www.theonion.com/articles/consumerproduct-diversity-now-exceeds-biodiversity,1535/ (accessed February 14, 2012).

5. Martin Pullinger and Blake Alcott. "Workshop 8: Employment" Steady State Economy Conference, Leeds, U.K. June 19, 2010. http://steadystate.org/wp-content/uploads/WS8_Proposal_Employment.pdf (accessed August 9, 2010).

6. Christer Sanne. "A Steady State of Leisure?" Steady State Economy Conference, Leeds, U.K. June 19, 2010. http://steadystate.org/wp-content/uploads/WS8_DiscussionPaper_ChristerSanne.pdf (accessed August 9, 2010).

7. Jackson. *Prosperity without Growth*. 130–133 (cited in chap. 1, n. 5).

8. Juliet Schor. *The Overworked American: The Unexpected Decline of Leisure*. 129. New York: Basic Books. 1993.

9. Andrew Clark. "Work, Jobs, and Well-Being across the Millennium" in *International Differences in Well-Being*, edited by Ed Diener, Daniel Kahneman, and John Helliwell. 449. Oxford, U.K.: Oxford University Press. 2010.

10. Jonathan Grossman. "Fair Labor Standards Act of 1938: Maximum Struggle for a Minimum Wage" Washington, D.C.: U.S. Department of Labor. http://www.dol.gov/oasam/programs/history/flsa1938.htm#1 (accessed December 19, 2011).

11. Juliet Schor, *Plenitude: The New Economics of True Wealth*. 105. New York: Penguin Press. 2010.

Tim Robinson, *Work, Leisure and the Environment: The Vicious Circle of Overwork and Overconsumption*. Cheltenham, U.K.: Edward Elgar. 2007.

12. Mathieu Gorse. "Italy Quietly Raises Retirement Age" *The Sydney Morning Herald*. July 30, 2010. http://news.smh.com.au/breaking-news-world/italy-quietly-raises-retirement-age-20100730-10ya1.html (accessed December 19, 2011).

13. Juliet Schor. "Sustainable Consumption and Worktime Reduction" *Journal of Industrial Ecology* 9 (1–2): 37–50. January 2005.

14. Pullinger and Alcott. "Workshop 8: Employment".

15. Robert Maier, Willibrord de Graaf, and Patricia Frericks. "Policy for the 'Peak Hour' of Life: Lessons from the New Dutch Life Course Saving Scheme" *European Societies* 9 (3):

339-358. 2007.

16. International Labour Organization. "Key Indicators of the Labour Market(KILM), Seventh Edition" 2011. http://kilm.ilo.org/kilmnet/ (accessed October 27, 2011).

17. Eurostat. "Eurostat Statistics Database: Labour Force Survey" 2010. http:// epp.eurostat.ec.europa.eu/portal/page/portal/statistics/search_database (accessed August 9, 2010).

18. Robert Costanza et al., "Scaling Back Our Energy-Hungry Lifestyles Means More of What Matters, Not Less" *Grist*. December 9, 2007. http://grist.org/?p=20707(accessed December 21, 2010).

19. Pullinger and Alcott. "Workshop 8: Employment".

20. Ibid.

21. Robert Drake. "A Prideful Recollection of the Old CCC" *The Minnesota Volunteer*. 3-9. July-August 1983. http://webapps8.dnr.state.mn.us/mcv_pdf/articles/83_Prideful_Recollection_of_the_Old_CCC__A.pdf (accessed December 21,2011).

22. Joy Stiles. "Interview with Isaac Louderback" 2. Shenandoah National Park. September 30, 1995. http://www.nps.gov/shen/historyculture/upload/ccc_oral_history_isaac_louderback.pdf (accessed December 21, 2011).

23. Ibid.

Drake. "A Prideful Recollection of the Old CCC".

24. Stiles. "Interview with Isaac Louderback".

25. Drake. "A Prideful Recollection of the Old CCC".

26. Ibid.

27. Stiles. "Interview with Isaac Louderback".

28. Drake. "A Prideful Recollection of the Old CCC".

29. Stiles. "Interview with Isaac Louderback".

第十一章

1. Karl-Henrik Robèrt. "Foreword" in Brian Nattrass and Mary Altomare, *The Natural Step for Business: Wealth, Ecology, and the Evolutionary Corporation*, 2nd ed. xiv. Gabriola Island, Canada: New Society Publishers. 2001.

2. Dr. Seuss. *The Lorax*. New York: Random House. 1971.

3. Ibid., 24.

4. Ibid., 40.

5. Ibid., 49.

6. Johnnie Moore and Samuel Luoma. "Hazardous Wastes from Large-Scale Metal Extraction: A Case Study" *Environmental Science and Technology* 24 : 1278-1285. 1990.

7. Colorado State University Department of Biology. "Berkeley Pit History" 2003. http://rydberg.biology. colostate. edu/Phytoremediation/2003/Boczon/Berkeley_Pit_History. html（accessed October 20, 2011）.

8. Edwin Dobb. "New Life in a Death Trap" *Discover*. December 2000. http:// discovermagazine.com/2000/dec/featnewlife (accessed October 20, 2011).

9. Joel Bakan. *The Corporation: The Pathological Pursuit of Profit and Power*. London: Constable. 2005.

10. Matthew Doeringer. "Fostering Social Enterprise: A Historical and International Analysis" *Duke Journal of Comparative & International Law* 20 (2): 304. 2010.

11. 企业收入数据来自："Global 500: Our Annual Ranking of the World's Largest Corporations" *Fortune*. July 26, 2010. http://money. cnn. com/magazines/fortune/global500/2010/full_list/ (accessed October 20, 2011).GDP 数据来自 : the World Bank, "World Development Indicators & Global Development Finance" 2011. http://databank. worldbank. org/ddp/home.do (accessed October 20, 2011).

12. Alexander Osterwalder and Yves Pigneur. *Business Model Generation: A Handbook for Visionaries, Game Changers, and Challengers*. Hoboken, N.J.: John Wiley & Sons. 2010.

13. Robin Roy. "Sustainable Product-Service Systems" *Futures*. 32 (3-4): 293. 2000.

14. Paul Hawken, Amory Lovins, and Hunter Lovins. *Natural Capitalism*, rev. ed. 139-141. London: Earthscan. 2010.

15. Roy. "Sustainable Product-Service Systems" 295.

16. Michael Porter and Mark Kramer. "The Big Idea: Creating Shared Value" *Harvard Business Review*. 64. January-February 2011.

17. Ibid., 76.

18. Bradley Parrish. *Sustainability Entrepreneurship: Design Principles, Processes, and Paradigms*. 51. Ph.D. diss. University of Leeds. 2007.

19. The Big Issue. "About Us" http://www.bigissue.com/about-us (accessed March 3, 2012).

20. International Co-operative Alliance. "Statement on the Co-operative Identity" May 26, 2007. http://www.ica.coop/coop/principles.html (accessed March 5, 2012).

21. Douglas Booth. "The Macroeconomics of a Steady State" *Review of Social Economy* 52 (2): 2-21. 1994.

22. Douglas Booth. *Regional Long Waves, Uneven Growth, and the Cooperative Alternative.* New York: Praeger Publishers. 1987.

23. James Hall. "John Lewis Has Come out of the Recession Fighting" *The Telegraph*. December 19, 2009. http://www.telegraph.co.uk/finance/newsbysector/retailandconsumer/6844453/John-Lewis-has-come-out-of-the-recession-fighting.html (accessed October 20, 2011).

24. Co-Operative Group Limited. "The Co-operative Membership" http://www.co-operative.coop/membership/ (accessed October 20, 2011).

25. Mondragon Corporation. "Mondragon" http://www.mondragon-corporation.com/language/en-US/ENG.aspx (accessed February 16, 2012).

26. André Reichel. "Workshop 9: Business and Production" Steady State Economy Conference, Leeds, U.K. June 19, 2010. http://steadystate.org/wp-content/uploads/WS9_Proposal_Business.pdf (accessed October 20, 2011).

27. Doeringer. "Fostering Social Enterprise" 295.

28. 截至2012年3月2日，在英国注册的CIC公司有6217家。数据来源：The Regulator of Community Interest Companies, "Community Interest Company Register" http://www.bis.gov.uk/cicregulator/cic-register (accessed March 2, 2012).

29. The Regulator of Community Interest Companies. "Community Interest Companies: Frequently Asked Questions" 10. 2009. http://www.bis.gov.uk/cicregulator/ leaflets (accessed March 2, 2012).

30. Reichel. "Workshop 9: Business and Production".

31. The Natural Step Network. "Solutions for Business" http://www.naturalstep.org/en/usa/solutions-business (accessed March 5, 2012).

32. Praxiom Research Group Limited. "ISO 14001 2004 Translated into Plain English"

December 22, 2011. http://www.praxiom.com/iso-14001-2004.htm (accessed March 5, 2012).

33. International Organization for Standardization. "ISO 26000:2010" 2011. http://www.iso.org/iso/catalogue_detail?csnumber=42546 (accessed March 5, 2012).

34. Reichel. "Workshop 9: Business and Production".

35. Ibid.

36. SROI Network. "What Is Social Return on Investment?" http://www.thesroinetwork.org/what-is-sroi (accessed March 3, 2012).

37. Doeringer. "Fostering Social Enterprise" 323.

38. Adam Liptak. "Justices, 5-4, Reject Corporate Spending Limit" *New York Times*. January 21, 2010. http://www.nytimes.com/2010/01/22/us/politics/22scotus.html?pagewanted=all (accessed March 5, 2012).

39. Tiffany Ray. "Riverside: Lawyer Advocates Rescinding Corporate Rights" *The Press-Enterprise*. March 1, 2012. http://www.pe.com/business/business-headlines/20120301-riverside-lawyer-advocates-rescinding-corporate-rights.ece (accessed March 5, 2012).

40. Buckminster Fuller Institute. "Buckminster Fuller Challenge" http://challenge.bfi.org/movie (accessed February 16, 2012).

41. The Collins Companies. "The Company—Commitment" http://www.collinsco.com/commitment/ (accessed November 7, 2011).

第十二章

1. Clive Hamilton and Richard Denniss. *Affluenza: When Too Much Is Never Enough*. 24. Crows Nest, Australia: Allen and Unwin. 2005.

2. David Fell. "Workshop 7: Changing Behaviour (The Psychology of Consumerism)" Steady State Economy Conference, Leeds, U.K. June 19, 2010. http://steadystate.org/wp-content/uploads/WS7_Proposal_ChangingBehaviour.pdf (accessed November 21, 2011).

3. See Oliver James, *Affluenza* (London: Vermillion, 2007); Neal Lawson, *All Consuming* (London: Penguin Books, 2009); Tim Kasser, *The High Price of Materialism* (Cambridge, Mass.: MIT Press, 2002); and John de Graaf, David Wann, and Thomas Naylor, *Affluenza: The All-Consuming Epidemic* (San Francisco: BerrettKoehler, 2001).

4. Thorstein Veblen. *The Theory of the Leisure Class*. New York: MacMillan. 1899.

5. Victor Lebow. "Price Competition in 1955" *Journal of Retailing*. Spring 1955. http://classroom.sdmesa.edu/pjacoby/journal-of-retailing.pdf (accessed January 6, 2012).

6. Annie Leonard. "The Story of Stuff" December 4, 2007. http://www.storyofstuff.org/movies-all/story-of-stuff/ (accessed January 6, 2012).

7. Christer Sanne. *Keynes Barnbarn: En Bättre Framtid med Arbete och Välfärd* [Keynes' Grandchildren: Looking for a Better Future with Work and Welfare]. Stockholm: Formas. 2007.

8. Dan Heath and Chip Heath. *The Myth of the Garage and Other Minor Surprises*. 21. New York: Crown Publishing Group. 2011.

9. Ibid., 22.

10. Lebow. "Price Competition in 1955".

11. Duane Elgin. *Voluntary Simplicity: Toward a Way of Life That Is Outwardly Simple, Inwardly Rich*. New York: William Morrow and Company. 1993.

12. Jody Aked et al. *Five Ways to Well-Being*. London: New Economics Foundation. 2008.

13. Paul Gilding. "The Mother of All Conflicts: Infinite Economic Growth vs. a Finite Planet" Cressman Lecture in the Humanities, University of Oregon, Eugene. November 15, 2011. http://media.uoregon.edu/channel/2011/11/15/the-mother-of-all-conflicts-infinite-economic-growth-vs-a-finite-planet/ (accessed November 22, 2011).

14. Fell. "Workshop 7: Changing Behaviour (The Psychology of Consumerism)".

15. Ibid.

16. Rob Hopkins. *The Transition Handbook: From Oil Dependency to Local Resilience*. White River Junction, Vt.: Chelsea Green Publishing. 2008.

17. "Idea: Planned Obsolescence" *The Economist*. May 23, 2009. http://www.economist.com/node/13354332 (accessed January 9, 2012).

18. Tirtha Dhar and Kathy Baylis. "Fast Food Consumption and the Ban on Advertising Targeting Children: The Quebec Experience" *Journal of Marketing Research* 48 (5): 799–813. October 2011.

19. Heath and Heath. *The Myth of the Garage and Other Minor Surprises*. 22.

20. Fell. "Workshop 7: Changing Behaviour (The Psychology of Consumerism)".

第十三章

1. Tim Adams. "Margaret Atwood on a Voyage to the World's End" *The Observer*. August 29, 2009. http://www.guardian.co.uk/theobserver/2009/aug/30/margaret-atwood-novel-ecology (accessed January 30, 2012).

2. Patti Domm. "Economic Growth Picks Up, So Why All the Gloom?" *CNBC Executive News*. January 27, 2012. http://www.cnbc.com/id/46163831 (accessed January 27, 2012).

3. Associated Press. "Bright Spot in Europe: Poland's Economy Grows 4.3 Percent in 2011 Despite Euro Troubles" *The Washington Post*. January 27, 2012. http://www.washingtonpost.com/business/economy/polands-economic-growth-accelerated-to-43-percent-in-2011-despite-euro-troubles/2012/01/27/gIQAbJEtUQ_story.html (accessed January 27, 2012).

4. Iain Laing. "Scotland Is Celebrating GDP Growth" *The Journal*. January 19, 2012. http://www.nebusiness.co.uk/business-news/latest-business-news/2012/01/19/scotland-is-celebrating-gdp-growth-51140-30153271/ (accessed January 26, 2012).

5. Emily Kaiser. "Analysis: Asia's Economic Growth Slipping into Neutral" *Reuters*. January 19, 2012. http://www.reuters.com/article/2012/01/19/us-asia-economy-idUSTRE80I0E420120119 (accessed January 27, 2012).

6. Binyamin Appelbaum. "Fed Signals That a Full Recovery Is Years Away" *New York Times*. January 26, 2012. http://www.nytimes.com/2012/01/26/business/economy/fed-to-maintain-rates-near-zero-through-late-2014.html (accessed January 26, 2012).

7. Pamela Sampson. "World Stock Markets Fall as Improvement in US Economic Growth Falls Short of Investor Hopes" *The Washington Post*. January 27, 2012. http://www.washingtonpost.com/business/markets/world-stock-markets-muted-ahead-of-us-economic-growth-figures-for-fourth-quarter/2012/01/27/gIQABpWAVQ_story.html (accessed January 27, 2012).

8. Michael Steininger. "An End to Cut, Cut, Cut? Merkel and Sarkozy Agree to Focus on Growth" *Christian Science Monitor*. January 9, 2012. http://www.csmonitor.com/World/Europe/2012/0109/An-end-to-cut-cut-cut-Merkel-and-Sarkozy-agree-to-focus-on-growth (accessed January 27, 2012).

9. Hans Nichols. "Obama Says He Is 'Hopeful' for 2012, Greater Economic Growth" *Bloomberg Businessweek*. January 11, 2012. http://www.businessweek.com/news/2012-01-11/obama-says-he-is-hopeful-for-2012-greater-economic-growth.html (accessed January 26, 2012).

10. Nicholas Winning. "Bold Action Can Fuel European Growth, Says British Prime Minister" *The Wall Street Journal*. January 27, 2012. http://www.theaustralian.com.au/business/wall-street-journal/bold-action-can-fuel-european-growth-says-british-prime-minister/story-fnay3ubk-1226254991572 (accessed January 27,2012).

11. Daly. "Economics in a Full World" (cited in chap. 5, n. 11).

12. Eric Zencey. "Mr. Soddy's Ecological Economy" *New York Times*. April 11, 2009. http://www.nytimes.com/2009/04/12/opinion/12zencey.html (accessed January 27, 2012).

13. Wendell Berry. "Faustian Economics: Hell Hath No Limits" *Harper's Magazine*. 35-42. May 2008.

14. Stoll, "Fear of Fallowing" (cited in chap. 2, n. 10).

15. "The Folly of Growth" Special Issue, *New Scientist* 200(2678). October 18, 2008.

16. Cecilia Rouse. question-and-answer session following "Closing Discussion: Progress of the Obama Administration in Moving toward a Green Economy" 10th National Conference on Science, Policy and the Environment. National Council for Science and the Environment. Washington, D.C. January 22, 2010.

17. Jimmy Carter. "'Crisis of Confidence' Speech" Miller Center, University of Virginia. July 15, 1979. http://millercenter.org/scripps/archive/speeches/detail/3402 (accessed January 27, 2012).

18. Center for the Advancement of the Steady State Economy. "CASSE Position on Economic Growth" (cited in chap. 4, n. 28).

19. Ian Christie, "Workshop 6: Engaging Politicians and the Media" Steady State Economy Conference, Leeds, U.K. June 19, 2010. http://steadystate.org/wp-content/uploads/WS6_Proposal_Engagement1.pdf (accessed February 18, 2011).

20. Spanner Films. "Franny Armstrong" http://www.spannerfilms.net/people/franny_armstrong (accessed January 29, 2012).

21. Dan Kahan. "Fixing the Communications Failure" *Nature* 463:296-297. January 21, 2010.

22. Paris: "First International Conference on Economic De-growth for Ecological Sustainability and Social Equity" April 2008. http://events.it-sudparis.eu/degrowthconference/en/.

Barcelona: "Second International Conference on Economic Degrowth for Ecological Sustainability and Social Equity" March 2010. http://barcelona.degrowth.org/.

Montreal: "International Conference on Degrowth in the Americas" May 2012. http://montreal.degrowth.org/.

Vienna: "Growth in Transition" January 2010. http://www.growthintransition.eu/engagement/conference/.

Leeds: "The Steady State Economy Conference: Working towards an Alternative to Economic Growth" June 2010. http://steadystate.org/leeds2010/. (all conference webpages accessed January 30, 2012).

23. Research & Degrowth. "Degrowth Declaration of the Paris 2008 Conference" (cited in chap. 4, n. 26).

24. Brian Czech. "The Foundation of a New Conservation Movement: Professional Society Positions on Economic Growth" *BioScience* 57 (1): 6. 2007.

25. Inge Røpke. "Trends in the Development of Ecological Economics from the Late 1980s to the Early 2000s" *Ecological Economics* 55 (2): 262–290.2005.

26. Roger Lowenstein. "Occupy Wall Street: It's Not a Hippie Thing" *Bloomberg Businessweek*. October 27, 2011. http://www.businessweek.com/magazine/occupy-wall-street-its-not-a-hippie-thing-10272011.html (accessed February 18, 2012).

第十四章

1. Schumacher. *A Guide for the Perplexed*. 1. (cited in chap. 1, n. 1).

2. Tom Boden, Gregg Marland, and Bob Andres. "Fossil-Fuel CO_2 Emissions" Carbon Dioxide Information Analysis Center, Oak Ridge National Laboratory. http://cdiac.ornl.gov/trends/emis/meth_reg.html (accessed January 14, 2012).

3. World Coal Association. "Uses of Coal" 2012. http://www.worldcoal.org/coal/uses-of-coal/ (accessed January 14, 2012).

4. H.L. Wesseling. *Divide and Rule: The Partition of Africa, 1880–1914*, translated by Arnold Pomerans. 113–114. Westport, Conn.: Praeger Publishers. 1996.

5. M.E. Chamberlain. *The Scramble for Africa*. 55. London: Longman Group. 1974.

6. Wesseling. *Divide and Rule*. 114–115.

7. Chamberlain. *The Scramble for Africa*. 99.

8. 关于哈佛大学和范德堡大学,参见:John Vidal and Claire Provost, "US Universities in Africa 'Land Grab,'" *The Guardian*, June 8, 2011, http://www.guardian.co.uk/world/2011/jun/08/us-universities-africa-land-grab (accessed January 11, 2012). 关于沙特阿拉伯、大宇集团和英国金融家,参见:John Vidal, "How Food and Water Are Driving a 21st-Century African Land Grab," *The Observer*, March 6, 2010, http://www.guardian.co.uk/environment/2010/mar/07/food-water-africa-land-grab (accessed January 11, 2012).

9. "Buying Farmland Abroad: Outsourcing's Third Wave" *The Economist*. May 21, 2009. http://www.economist.com/node/13692889 (accessed January 11, 2012).

10. Vidal and Provost. "US Universities in Africa 'Land Grab'".

11. Shepard Daniel and Anuradha Mittal. *The Great Land Grab: Rush for the World's Farmland Threatens Food Security for the Poor*. Oakland, Calif.: The Oakland Institute. 2009.

12. Angus Maddison. *The World Economy: Historical Statistics*. Paris: Development Centre of the OECD. 2003.

13. Assadourian. "The Rise and Fall of Consumer Cultures" (cited in chap. 3, n. 5).

14. United Nations Development Programme. *Human Development Report 2007/2008: Fighting Climate Change: Human Solidarity in a Divided World*. 25. New York: Palgrave Macmillan. 2007.http://hdr.undp.org/en/reports/global/hdr2007-8/(accessed November 30, 2011).

15. Simon Kuznets. "Economic Growth and Income Inequality" *American Economic Review* 45 (1): 1-28. March 1955.

16. Amy Richmond and Eric Zencey. "Environmental Kuznets Curve" in *Encyclopedia of Earth*, edited by Cutler Cleveland. Washington, D.C.: National Council for Science and the Environment. 2006. http://www.eoearth.org/article/Environmental_kuznets_curve (accessed August 25, 2010).

17. Ha Joon Chang. *Kicking Away the Ladder: Development Strategy in Historical Perspective*. London: Anthem Press. 2002.

Graham Dunkley. *Free Trade: Myth, Reality and Alternatives*. London: Zed Books. 2004.

David Stern. "The Rise and Fall of the Environmental Kuznets Curve" *World Development* 32 (8): 1419-1439. 2004.

Julianne Mills and Thomas Waite. "Economic Prosperity, Biodiversity Conservation, and the Environmental Kuznets Curve" *Ecological Economics* 68 :2087-2095. 2009.

18. Ha Joon Chang. "Hamlet without the Prince of Denmark: How Development Has Disappeared from Today's Development Discourse" in *Towards New Developmentalism: Market as Means Rather than Master*, edited by Shahrukh Rafi Khan and Jens Christiansen. 47–58. Abingdon, Canada: Routledge. 2010.

19. Marco Sakai, "Workshop 10: Global Issues" Steady State Economy Conference, Leeds, U.K. June 19, 2010. http://steadystate.org/wp-content/uploads/WS10_Proposal_GlobalIssues.pdf (accessed October 3, 2011).

20. Charles Wheelan. *Naked Economics: Undressing the Dismal Science*. 4. New York: W. W. Norton. 2010.

21. Nick Squires. "Tuna Fishing Ban for South Pacific Zones" *The Telegraph*. May 30, 2008. http://www.telegraph.co.uk/earth/earthnews/3343197/Tuna-fishing-ban-for-South-Pacific-zones.html (accessed January 16, 2012).

22. Andrew Simms, Dan Moran, and Peter Chowla. *The UK Interdependence Report: How the World Sustains the Nation's Lifestyles and the Price It Pays*. London: New Economics Foundation. 2006.

23. Pinelopi Goldberg and Nina Pavcnik. "Trade, Inequality, and Poverty: What Do We Know? Evidence from Recent Trade Liberalization Episodes in Developing Countries" in *Globalization, Poverty, and Inequality*, edited by Carol Graham and Susan Collins. 223–269. Washington, D.C.: Brookings Institution Press. 2004.

24. Massoud Karshenas. *The Impact of the Global Financial and Economic Crisis on LDC Economies*. New York: United Nations-OHRLLS. 2009. http://eprints.soas.ac.uk/8021/1/Financial_crisis_and_LDCs.pdf (accessed June 14, 2010).

25. United Nations. *The Millennium Development Goals Report 2009*. New York: United Nations. http://www.endpoverty2015.org/files/MDG%20Report%202009%20ENG%2014-06-23.pdf (accessed June 13, 2010).

26. O'Neill. "Measuring Progress in the Degrowth Transition to a Steady State Economy" (cited in chap. 9, n. 17).

27. Ibid.

28. Booth. "The Macroeconomics of a Steady State" (cited in chap. 11, n. 21).

29. United Nations Environment Programme. *Organic Agriculture and Food Security in*

Africa. New York: United Nations. 2008. http://www.unctad.org/en/docs/ditcted200715_en.pdf (accessed January 21, 2012).

30. Ibid.

31. Sakai. "Workshop 10: Global Issues".

32. Ibid.

33. Peter Victor and Gideon Rosenbluth. "Managing without Growth" *Ecological Economics* 61 : 492-504. 2007.

34. Sakai. "Workshop 10: Global Issues".

35. United Nations Development Programme. *Human Development Report 2005: International Cooperation at a Crossroads: Aid, Trade and Security in an Unequal World*. New York: United Nations Development Programme. 2005. http://hdr.undp .org/en/reports/global/hdr2005/ (accessed June 14, 2010).

36. Adam Smith. *An Inquiry into the Nature and Causes of the Wealth of Nations* (1776). London: T. Nelson and Sons 1865.

Leopold Kohr, *The Breakdown of Nations* (1957). New York: E.P. Dutton. 1978.

37. Smith. *An Inquiry into the Nature and Causes of the Wealth of Nations*. 231.

38. Kohr. *The Breakdown of Nations*. 82.

第十五章

1. Paul Hawken. "Commencement: Healing or Stealing" University of Portland. May 3, 2009.http://www.up.edu/commencement/default.aspx?cid=9456 (accessed February 20, 2012).

2. Daly. *Steady-State Economics*. 17. (cited in chap. 4, n. 1).

3. Herman Daly. "A Steady-State Economy: A Failed Growth Economy and a SteadyState Economy Are Not the Same Thing; They Are the Very Different Alternatives We Face" 2. U.K. Sustainable Development Commission, London. April 24,2008. http://www.sd-commission.org. uk/publications.php?id=775 (accessed October 12, 2011).

4. Victor. *Managing without Growth*. 181 (cited in chap. 3, n. 14).

5. Joseph Spengler. "Adam Smith on Population Growth and Economic Development" *Population and Development Review* 2 (2): 167-180. June 1976.

6. John Stuart Mill. *Principles of Political Economy with Some of Their Applications to So-*

cial *Philosophy*, rev. ed., vol. 2. 264. New York: P.F. Collier & Son. 1900.

7. John Maynard Keynes. "Economic Possibilities for Our Grandchildren" in Keynes, *Essays in Persuasion*. 371–372. New York: Harcourt, Brace and Company. 1932.

8. De Villiers. *Our Way Out*. 7–8. (cited in chap. 6, n. 19).

9. Henry David Thoreau. *The Quotable Thoreau*, edited by Jeffrey S. Cramer. 466. Princeton, N.J.: Princeton University Press. 2011.

10. McKibben. *Deep Economy*. 1. (cited in chap. 8, n. 1).

汉英人名对照表

(按汉译人名的汉语拼音排序)

阿卜杜拉	Saamah Abdallah
阿姆斯特朗	Franny Armstrong
阿特伍德	Margaret Atwood
爱登堡	David Attenborough
埃姆斯	Ruth Ames
埃利奥特	Larry Elliott
安嫩伯格	Walter Annenberg
奥巴马	Barack Obama
奥德伦	Sheryl Odlum
奥尔科特	Blake Alcott
奥尼尔	Dan O'Neill
巴特利特	Albert Bartlett
班杜拉	Albert Bandura
贝里	Wendell Berry
俾斯麦	Otto von Bismarck
博尔丁	Kenneth Boulding
博洛格	Norman Borlaug
波特	Michael Porter
布朗	John Brown
戴利	Herman Daly
丹佛	John Denver
德法奇奥	Peter DeFazio
德·维利耶	Marq de Villiers
迪茨	Rob Dietz
凡勃伦	Thorstein Veblen

法利	Joshua Farley
福克纳	William Faulkner
富勒	Buckminster Fuller
富勒顿	John Fullerton
弗里德曼,米尔顿	Milton Friedman
弗里德曼,托马斯	Thomas Friedman
福特	Henry Ford
格兰瑟姆	Jeremy Grantham
古多尔	Chris Goodall
海因伯格	Richard Heinberg
汉密尔顿	Clive Hamilton
汉森	James Hansen
惠伦	Charles Wheelan
霍肯	Paul Hawken
吉尔丁	Paul Gilding
伽利略	Galileo Galilei
杰克逊	Tim Jackson
杰文斯	William Stanley Jevons
卡亨	Dan Kahan
卡森	Rachel Carson
卡特	James Earl "Jimmy" Carter
凯恩斯	John Maynard Keynes
凯托	Molly Scott Cato
科布,戴维	David Cobb
科布,约翰(小)	John Cobb, Jr.
科恩	Joel Cohen
科尔	Leopold Kohr
克雷默	Mark Kramer
柯林斯	Truman Doud Collins
克鲁格	Anne Krueger

科斯坦萨	Robert Costanza
肯尼迪	Robert F. Kennedy
库兹涅茨	Simon Smith Kuznets
莱昂哈特	David Leonhardt
赖尔森	Bill Ryerson
赖歇尔	André Reichel
劳德巴克	Isaac Louderback
劳斯	Cecilia Rouse
雷博	Victor Lebow
雷恩	Deb Wren
利奥波德	Aldo Leopold
卢卡斯	Caroline Lucas
罗伯特	Karl-Henrik Robèrt
罗克斯特伦	Johan Rockström
罗斯福(小)	Franklin D. Roosevelt
马丁	Roger Martin
马丁内斯-阿列尔	Joan Martínez-Alier
马利特	Edward Malet
马维尔	Gerald Marwell
麦迪逊	Angus Maddison
麦吉本	Bill Mckibben
曼昆	Gregory Mankiw
梅多斯	Donella Meadows
梅勒	Mary Mellor
门泽尔	Peter Menzel
穆勒	John Stuart Mill
彭诺克	Michael Pennock
皮克特	Kate Pickett
普林格	Martin Pullinger
乔治	Henry George

切赫	Brian Czech
萨科齐	Nicolas Sarkozy
萨克斯	Jeffrey Sachs
圣巴巴拉	Jack Santa-Barbara
舒马赫	Ernst Friedrich Schumacher
斯蒂伦	William Styron
斯密,亚当	Adam Smith
斯托尔	Steven Stoll
苏斯博士	Dr. Seuss, Theodor Seuss Geisel
索迪	Frederick Soddy
梭罗	Henry David Thoreau
索洛	Robert Solow
托宾	James Tobin
托克维尔	Alexis de Tocqueville
旺楚克	Jigme Singye Wangchuck
威尔金森	Richard Wilkinson
维克托	Peter Victor
沃尔顿,巴德	Bud Walton
沃尔顿,山姆	Sam Walton
西蒙	Julian Simon
希思,丹	Dan Heath
希思,奇普	Chip Heath
扬松	AnnMari Jansson
尤拉	Dasho Karma Ura
约翰逊,林登	Lyndon Johnson
约翰逊,"盲人"	Blind W. Johnson
赞西	Eric Zencey

致　谢

离开众多杰出人士给予的支持和付出，我们不可能写成这本《适度经济》。我们要特别感谢参与组织和主办稳态经济会议的所有同仁。感谢 David Adshead，Lorna Arblaster，Claire Bastin 和 Nigel Jones 承担了整个大会的组织活动，并在起草会议报告方面发挥了极为重要的作用。我们要特别感谢会议的演讲者与提案作者，他们为本书中诸多的想法提供了灵感。感谢 Saamah Abdallah，Blake Alcott，Franny Armstrong，Molly Scott Cato，Ian Christie，David Fell，Tim Jackson，Victoria Johnson，Roger Martin，Mary Mellor，Kate Pickett，Martin Pullinger，André Reichel，Marco Sakai，Andrew Simms 以及 Peter Victor 等人提供的灵感与思路。当然，我还要感谢本次会议的众多协调员、报告人和与会者，他们贡献了数量可观的专业知识，我们也尽可能地在本书中吸纳了这些知识。本次会议得以顺利召开还得益于生态建筑协会（the Ecology Building Society）与一名匿名人士的慷慨捐助。

罗伯还要感谢杨（Jennifer Yang）在整个写作过程中给予的爱、支持和后勤支援。她忍受了所有抱怨，仍以优雅的风姿完成了任务。罗伯的孩子 Skya Dietz 提供了撰写本书的主要动机——她这代人将面临书中所述的一切长远的环境挑战与经济挑战。

丹要感谢他（过去和现在）的室友，感谢他们在餐厅里为其提供充裕的写作时间，感谢他的父母 Nancy & Michael O'Neill 给予他的爱和支持。他还要特别感谢 Mireia Pecurul 和 John Davis，感谢他们之间深厚的友谊，在那数不清的深夜里促膝长谈，为他提供了良好的建议。

将经济学家视为英雄的行为并不常见，但这就是我们崇敬赫尔曼·戴利的方式。终其一生，戴利致力于发展稳态经济的理念，这也启发了我们撰写本书以推动实现可持续、公平的经济目标。Brian Czech（CASSE 中心的创始人)激励了本书的撰写,并为坚持不懈地推进出版树立了榜样。

我们也要感谢珊瑚虫漫画网,该网站为本书提供了急需的漫画(更多漫画见 polyp.org),从而使幽默风格贯穿全书。我们还要感谢 Dave Abson、Tim Foxon、Austin Bruce Hallock 和 Jessica Osorio,他们审读本书手稿,敏锐地提出了许多编辑建议,从而帮助我们更加条理清晰地陈述自己想要表达的内容。我们还要感谢 Aashish Khullar 对早期研究的贡献。

作为新手作者,出版这本书对我们而言可谓过程艰难。我们要感谢每一位帮助我们寻找出版渠道、提供相关建议的人,感谢 Neal Maillet 以及他在 Berrett-Koehler 出版社的同事们,他们的精诚合作以及对作者与书中想法的认可,引导我们完成了本书。最后,我们要感谢多年来支持我们探索和推广稳态经济理念的所有家庭成员、朋友和同事。

罗伯·迪茨

丹·奥尼尔

作者生平

作者照片由杨拍摄

罗伯·迪茨在无意中发现了关于"增长存在极限"的理解秘诀。

他对增长极限的怀疑始于对消费主义文化的内核已经开始腐化的质疑。四年正规环境科学教育的熏陶再加上选修经济学学士学位课程之后,他对主流经济学观点的有效性产生了一些怀疑。

姑且不论这些最初的影响因素,只考虑罗伯职业生涯中一连串的工作情况,就可以明白他撰写《适度经济》一书的初衷。自从在华盛顿特区的咨询公司担任经济分析师的那几年开始,他对经济学的学科基础积累了浓厚的兴趣。同时,他获得了环境科学与工程学科的研究生学位,其中涉及地理学和生物学研究。此外,他还在美国鱼类和野生动物管理局和美国地质调查局担任过政府工作,是从总统管理项目实习生(Presidential Management Fellow)开始一路干过来的。由于工作性质具有较大的学科交叉性,他阅读了很多高影响力著作,比如大卫·奥尔(David Orr)、德内拉·梅多斯和赫尔曼·戴利的书。另外,他的涉猎清单上还同行评议科学期刊上的海量论文,这些论文记录的环境事实包括物种灭绝、气候变化和其他环境灾难。上述所有工作经历使罗伯头脑中的思想慢慢变得成熟,这是一个对在工作和娱乐之间取得平衡有着强烈渴望的头脑,因此你可以理解为什么他认为"在有限资源的星球上追求无限的经济增长"不是个好想法。

如果你按照适度经济的"药方"为实现稳态经济转型做些什么,那会怎么样?罗伯的第一反应是被吓到了:他为此被很多人讽刺,人们也不愿意和他在一起生活,于是他感到有些不悦,然后采取了一些更具有建设性的措施。

首先,他做了几个深呼吸。然后,他怀揣着满腔热情,带着妻子和年幼的女儿搬到了俄勒冈州科瓦利斯市的生态村庄。他的想法是努力在这个村庄社区留下自己的足迹(生态足迹则应该是淡淡的)并过上美好的生活。接下来,他成为了CASSE的首任执行董事,这是一个旨在促进人类的繁荣而非永续经济增长的非营利性组织。他在这个职位上工作了四年,之后尝试成为一名作家。《适度经济》是他出版的第一本书。

作者照片由福克斯(Phil Faulks)拍摄

丹·奥尼尔总是对"大局观(big picture)"情有独钟。他的童年是在对加拿大西部广阔天空的探索中度过的,那时他经常仰望夜空,梦想成为一名天文学家。作为一名维多利亚大学(University of Victoria)的本科生,丹在追求"大局观"之路上获得了物理学学士学位与朱比利科学奖(Jubilee Medal for Science)。在毕业后为大公司设计能源使用管理系统时,他被另一个跨度广泛的话题所吸引——环境状况。这个话题指引他周游全国各地,他来到加拿大新斯科舍省(Nova Scotia)的哈利法克斯市(Halifax),在那里他获得了戴豪斯大学(Dalhousie University)的环境研究硕士学位。在这段学习经历中,他选修了生态经济学课程,而这门课大大地改变了他的认知。他意识到,人类面临的众多最严峻的环境、社会问题都有一个共同的原因——我们当前的经济系统正在不惜一切代价追求规模上的增长。

完成硕士学位的攻读后,丹回到了维多利亚市居住,担任省府地区(the Capital Regional District)的规划分析师。他的主要职责是对城市区域增长战略目标的实现情况进行评估。

丹发现，尽管增长战略为城市的发展带来了很多益处，但我们仍需转向一种完全不同的经济模式，方能协调城市经济、社会和环境目标之间的冲突。为此，他移居英国，在利兹大学开始攻读生态经济学博士学位。在飞越大西洋的航班上，他读到了赫尔曼·戴利的《稳态经济学》(Steady-State Economics)一书，彻底颠覆了他的世界观。丹意识到稳态经济将是未来的经济发展模式，但目前需要更多研究来使其在实践中发挥作用。

在丹完成博士学业并参与本书的撰写之后，他前往利兹大学(the University of Leeds)担任生态经济学讲师，并在CASSE中心担任首席经济学家。他的研究继续聚焦为实现成功的非增长型经济所需的变革。为此，他设计了一个新的国民经济核算体系，用以衡量特定经济体与稳态经济目标的接近程度，以及这种接近对该经济体的社会绩效意味着什么。参与研究或教学工作之余，丹喜欢在闲暇时光去约克郡的山谷中徒步旅行，口中哼唱着一些关于追求经济增长之误的歌曲。

Enough is Enough: Building a Sustainable Economy in a World of Finite Resources
Copyright © 1994 by Robert Dietz
Copyright licensed by Berrett-Koehler Publishers
arranged with Andrew Nurnberg Associates International Limited
Chinese (Simplified Characters) Edition Copyright © 2021
By Shanghai Scientific & Technological Education Publishing House Co., Ltd.
All rights reserved. No part of this publication may be reproduced, distributed, or transmitted in any form or by any means, including photocopying, recording, or other electronic or mechanical methods, without the prior written permission of the publisher, except in the case of brief quotations embodied in critical reviews and certain other noncommercial uses permitted by copyright law.

上海科技教育出版社业经Berrett-Koehler出版社授权取得本书中文简体字版版权

责任编辑　彭容豪
封面设计　李梦雪

SHIDU JINGJI ZAI YOUXIAN ZIYUAN DE SHIJIE LI GOUJIAN KECHIXU JINGJI
适度经济——在有限资源的世界里构建可持续经济
［美］罗伯·迪茨　［加］丹·奥尼尔　著
曹莉萍　译

出版发行		上海科技教育出版社有限公司
		（上海市闵行区号景路159弄A座8楼　邮政编码201101）
网	址	www.sste.com　www.ewen.co
经	销	各地新华书店
印	刷	上海新华印刷有限公司
开	本	720×1000　1/16
印	张	16.75
版	次	2024年12月第1版
印	次	2024年12月第1次印刷
书	号	ISBN 978-7-5428-8280-6/G·4958
图	字	09-2021-0439
定	价	68.00元